JN436976

이제는 한 걸음 물러서서

이제는 한 걸음
물러서서

펴낸곳 서울대학교출판문화원
펴낸이 오연천
지은이 이상옥

초판 1쇄 인쇄 2013년 7월 25일
초판 1쇄 발행 2013년 7월 31일
출판등록 제15-3호

주소 서울 관악구 관악로 1 우편번호 151-742
대표전화 02-880-5252 **팩스** 02-888-4148
마케팅팀(주문상담) 02-889-4424, 02-880-7995
이메일 snubook@snu.ac.kr
홈페이지 www.snupress.com
영문홈페이지 eng.snupress.com

ISBN 978-89-521-1398-6 03810

이제는

한 걸음 물러서서

이상옥 산문집

서울대학교출판문화원

머리말

다시 한 권의 산문집을 엮습니다. 근년에 꽃 이야기를 중심으로 한 『가을 봄 여름 없이』(신구문화사, 2010)라는 책을 낸 적이 있습니다만, 일반 산문집으로는 『두견이와 소쩍새—눈뜸과 귀띔의 글들』(시와시학사, 1997)에 이어 15년 만에 나오는 책입니다. 하지만 그간 써 온 글들을 다시 읽어 보면서 나는 적이 망설이지 않을 수 없었습니다.

무엇보다, 나는 늘 너무 나대지 말고 한 발짝 물러서서 지내는 것을 사회생활의 귀한 덕목이라고 여기며 살아왔습니다. 또 어떤 식으로든 나 자신을 드러내는 것을 되도록 꺼려 온 편입니다. 지난날을 돌이키는 글을 쓸 때는, 물론, 단순한 회고(回顧)에 그치지 말고 반성을 곁들인 회고(懷古)가 되게 하자고 마음먹곤 했습니다. 하지만 근년에 쓴 회고적 성격의 글들이 더러 지난날의 언행을 생경하게 들춰내기도 하므로, 글 중의 일부가 본의 아니게 자기과시를 위해 씌어졌다는 의심을 받게 될까 두렵습니다.

또 한 가지, 나는 평생 어문학 주변에서 학생들에게 문학이랍시고 가르쳤고, 영어와 영문학을 공부하는 학생들 앞에서도 늘 우리글로 읽고 쓰는 일의 중요함을 강조했습니다. 뿐만 아니라 아름답고 감동적인 글을 논리적으로 똑 떨어지게 써 내는 이들을 나는 무척 존경해 왔습니다. 그 과정에 비록 스스로 좋은 글을 쓰는 법을 익히지는 못했지만 적어도 잘 쓴 글과 그렇지 못한 글을 구별할 줄은 알게 되었다고 자부합니다. 그러므로 다시 산문집을 내려니 자연히 좌고우면하지 않을 수 없습니다. 특히 아는 것이 많고 글을 잘 쓰는 주위 분들의 눈치가 여간 보이질 않습니다.

이런 망설임에도 불구하고 책을 내기로 한 것은 비록 변변찮은 글들이지만 오랫동안 지녀 왔던 내 나름의 생각들을 진솔하게 표현했으며 내가 기억하는 한 사실에 충실했다는 믿음이 있기 때문입니다. 그리고, 허영심인지 모르겠습니다만, 하찮은 내용이나마 사람들과 공유하자, 단 한 사람이라도 읽고 공감해 준다면 그런 대로 보람 있는 일이 아니겠느냐는 바람도 없지 않습니다.

모든 글은 그 시의성(時宜性)을 고려하여 말미에 처음 쓰인 연도를 밝혔습니다. 대체로 청탁을 받고 쓴 것들이지만 일부는 생각이나 취미를 함께 나누는 사람들끼리 돌려 읽기 위해 썼습니다. 그중에는 올해까지 여섯 권이 나온 산문동인지 『숙맥』에 실렸던 글들이 섞여 있습니다. 그리고 '월류재통신'이라는 부제를 달고 있는 짤막한 글들은 내 유일한 사이버공간 놀이터인 들꽃 사진 동호인 사이트 '인디카(indica.or.kr)'의

'삶의 향기'란에 올리기 위해 쓴 것들입니다. 졸고를 읽고 의견을 보태거나 질정해 주신 동인 및 동호인 여러분들께 이 자리를 빌려 고마움을 표합니다.

2013년 3월

이상옥

차례

회고와 성찰의 글들 /

마음속의 초상화들 /

월류재통신 (51~60) /

문학과 예술에 대한 생각들 /

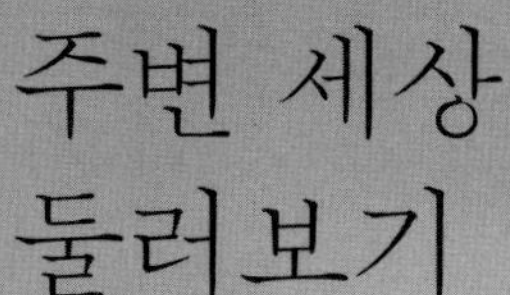

주변 세상 둘러보기

좋은 열매가 기대되는 씨를 뿌리기에도
우리 생은 너무 짧지 않은가

개코 마스크

'개코 마스크'라고 불러 보겠습니다. 그 명칭을 모르기 때문입니다. 왜, 있지 않습니까? 요즘 동네 뒷산을 오르다 보면 베이지색이 도는 천 조각으로 얼굴을 가리고 다니는 이들을 심심찮게 만날 수 있는데, 그 물건의 이름을 모르기에 '개코 마스크'라고 불러 보겠다는 뜻입니다. 누가 이유를 묻는다면 그 마스크를 쳐다볼 때마다 개코를 한 괴물이 연상되기 때문이라고 답하겠습니다.

몇 해 전에 뒷산의 호젓한 오솔길에서 그 해괴한 것으로 얼굴을 가린 사람과 처음 마주쳤을 때 얼마나 놀랐는지 모릅니다. 무슨 괴물 아니면 흉악범이 나타난 줄 알았기 때문입니다. 그 후 이내 그 용도는 알게 되었습니다만, 웬일인지 이제는 그때의 경악감 대신에 불쾌감이 드는 것을 어찌할 수 없습니다. 햇빛이 점차 뜨거워지면 그 마스크로 얼굴을 가린 사람들의 수가 부쩍 늘어나는데, 만나는 빈도가 높아져도 부정적인 감정은 조금도 줄어들지 않으니 무슨 까닭인지 모르겠습니다. 특히 잔뜩 찌푸린 날에도 그 마스크를 하고 다니는 것을 볼 때는 더더욱 언짢아집니다. 빛이 그토록 싫으면 집에 있지 외출은 왜 하느냐고 따지고 싶지만, 물론 그럴 때마다 남의 일에 참견하지 말라는 소리가 들리는 듯합니다.

그 마스크를 하고 다니는 사람들이야 피부미용을 위해서라고 변명하겠지만, 그 이면에 모종의 수상쩍은 저의가 숨어 있을 거라는 생각을 버릴 수 없으니 웬일일까요? 무엇보다도 그것을 착용하고 다니는 사람들이 마음속으로 "나는 너희들을 훤히 보지만 너희는 내가 누군지 모르겠지?" 하면서 의기양양해 하고 있을 듯해서 아주 못마땅합니다. 물론, 이런 말을 한다면, 당사자들은 펄쩍 뛰겠지만 그런 생각이 드는 것만은 어쩔 수가 없습니다.

그런 식으로 마스크를 하고 다니는 사람들을 산이나 들에서만 만날 수 있는 것은 아닙니다. 교통량이 많은 한길에서도 그런 사례를 얼마든지 볼 수가 있지요. 무슨 소리냐고요? 바로 차창을 시커멓게 코팅하고 다니는 자동차 이야기입니다. 그것도 가벼운 코팅이 아니라 마치 까만 장막을 친 것 같다든지, 심지어는 거울처럼 빛을 반사하도록 무엇인가를 하얗게 처바르고 다니는 차도 있습니다. 그런 차를 볼 때마다 도대체 차 안에서 남몰래 무슨 수상쩍은 짓을 하려기에 저러고 다니는가 싶어집니다. 뿐만 아니라, 도로에서 얌체 짓을 하거나 위험한 곡예운전을 하는 차가 나타날 때 대체 누가 저러나 싶어 쳐다보면 거의 언제나 시커먼 차창 때문에 운전자가 보이질 않습니다. 그럴 때면 그 차 속에서 운전자가 입을 비쭉거리며 "용용 죽겠지!" 하는 소리가 들리는 듯해서 몹시 속이 상합니다.

차창을 까맣게 하는 것도, 개코 마스크의 경우처럼, 강한 빛과 자외선을 차단하기 위해서라고 합니다. 하지만 그런 목적을 위해서는 그렇게 진하게 착색할 필요가 없다는 것이 정설입니다. 더욱이 일정한 수준 이상으로 빛을 차단하는 것은 안전 운행에 방해가 되며, 따라서 불법이라고 합니다. 하지만 필요 이상으로 차장을 어둡게 하고 다니는 차가 무수히 도로를 질주하고 있는데도 그것을 단속하는 법규는 어디서 잠자고 있는지 모르겠습니다. 제발 법이 좀 제대로 시행되었으면 좋겠습니다.

어디 그뿐이겠습니까. 우리 주변에는 이런 유형의 마스크 이외에 무형의 마스크를 쓰고 다니는 사람들도 많습니다. 최근에 어느 단체에서는 회원 명단이 공개된 데에 항의하며 소송을 제기한 적이 있습니다만, 바로 그 단체에서 원한 것이 일종의 무형의 마스크라고 할 수 있겠습니다. 그 단체는 비밀결사가 아니고 불법 단체는 더더욱 아닌가 보던데 그 구성원들이 대체 무얼 숨기려는 것인지 그 심사가 이해되지 않습니다. 그 단체에 가입한 것을 떳떳한 처신이라 여기지 못한다면, 애당초 가입하지 말아야 옳지 않았을까 싶습니다. 특히 사회적으로 사표(師表)가 되어야 할 사람들이 자신의 자유의지에 따라 가입한 단체가 마치 지하조직이라도 되듯 자기의 정체를 숨기려 한다면, 그건 신념이나 자존심을 몰각한 행동이며 개코 마스크나 시커먼 차창 뒤에 얼굴을 숨기려는 행위나 다름없다는 비난을 면하기 어려울 것입니다.

무형의 마스크를 남용하는 가장 심각한 사례는 근년에 우리의 생활환경에서 필수가 된 사이버 공간에서 찾아볼 수 있지 않을까 싶습니다. 자기의 정체를 익명의 아이디 뒤에 숨기고 종회무진 거침없는 의견을 개진하거나 좌충우돌 댓글을 달면서도 발언에 대한 책임을 지지 않는 것이 바로 그것입니다. 구조적으로 익명성의 보호를 받을 수 있는 경우, 강한 윤리의식과 도덕적 자제력을 갖춘 사람들이 아니고는 허무맹랑한 언동으로 휩쓸리기 쉽습니다. 그 결과 오늘날 우리 사회에서는 사이버 공간 특유의 개코 마스크를 쓴 사람들이 지각없는 견해와 악질 루머 및 중상모략을 쏟아 내는 통에 많은 무고한 사람들이 무방비로 시달리고 있습니다.

이래저래 우리는 바야흐로 개코 마스크 전성시대에 살고 있는 셈입니다. 여러 형태의 개코 마스크들이 아무런 제약도 받지 않고 횡행하는 통에 정신을 차리기가 어려울 지경입니다. 하지만 비인간적이고 부도덕해 보이는 이 마스크 쓰기라는 시대적 추세는 조금도 누그러들 기미를 보이지 않으니, 이러다가 우리 사회가 궁극적으로 어디로 굴러가게 될지 예측하기 어려워 두렵기만 합니다. (2010)

옐로스톤의 분수령

미국 와이오밍 주에 있는 옐로스톤 국립공원에는 로키 산맥의 주맥이 지나가는데 그것도 아주 슬그머니 지나간다. 그러므로 공원 남쪽에서 국도를 따라서 올드 페이스풀 간헐천(間歇泉)을 찾아가는 사람들은 부지불식간에 이 산맥을 넘어갔다가 다시 넘어오게 된다. 그러나 호기심이 많은 사람이라면 공원 당국의 안내판을 읽고 분수령에 차를 세운 후에 흥미로운 광경을 보게 될 것이다. 어디선가 흘러내린 실개울이 한 지점에서 둘로 갈라져서 서로 반대되는 방향으로 흘러가는데, 설명에 의하면 한쪽 물은 태평양을 향하고 다른 쪽 물은 대서양을 향한다는 것이다. 얼른 보기에는 아무 의미도 없어 보이는 곳에서 둘로 갈라진 물이 각각 수만 리 떨어진 대양으로 흘러간다니 쉽게 납득이 가지 않는다. 그러나 '분수령(分水嶺)'이란 말의 뜻이 무엇인가. 문자 그대로 물을 갈라놓는 곳이니 발원지가 같은 물이라도 어느 쪽으로 기울어지느냐에 따라서 한쪽은 미시시피 강을 따라가다가 대서양으로 들어가고 다른 쪽은 콜롬비아 강을 거쳐 태평양으로 들어가는 것이다.

로키 산맥이라는 분수령은 물을 태평양과 대서양이라는 두 대양으로 갈라놓기 때문에 그 물 나누기의 결과가 실로 엄청나다. 이는 이 산맥이 위로는 알래스카에서 시작되어 북미대륙을 관통해서 내려오다가 남미에 이르러서는 다시 거대한 안데스 산맥으로 이어지기 때문이다. 하지만 모든 분수령이 이런 대륙적 규모의 큰 차이를 만들어 내는 것은 아니다. 이를테면 우리나라의 백두대간은 하나의 대륙이 아니라 작은 반도를 관통하기 때문에 물을 서해와 동해 쪽으로 가르면서 내려오다가 소백산맥으로 접어들면서부터는 다시 물을 서해와 남해 쪽으로 가를 뿐이다.

이런 지리적 분수령은 단순히 신기하다는 것을 넘어서서 우리로 하여금 많은 생각을 하게 한다. 왜냐하면 이 분수령이 인간의 삶과 관련해서 지닐 수 있는 비유적 의미가 자못 심장하기 때문이다. 누구나 그간 살아온 일생을 돌이켜볼 때면 그 긴 여정이 크고 작은 분수령으로 이루어져 있음을 알게 된다. 그리고 그 삶의 분수령이 빚어낸 결과가 일생의 영욕(榮辱)과 이해득실에 있어서 엄청난 차이를 이루었다는 사실을 깨닫고는 놀랄 것이다.

따라서 삶의 분수령에서 선택의 기로에 설 때마다 고민해야 했던 일을 회고하는 사람들은 필경 "만약 그때 내가…"로 시작되는 가상적 추측을 하면서 온갖 감상에 잠길 수도 있을 것이다. 가령, "만약 담임선생의 진학지도를 뿌리치고 내가 참으로 원하던 학과를 택했더라면…"이라든지, "만약 내가 결혼 조건으로 학벌과 재산만 따지지 않고 나를 쫓아 다니던 그 가난하지만 착실한 청년을 배우자로 택했더라면…"이라든지, "만약 내가 그때 대담하게 사표를 던지고 나와 버렸더라면…"

또는 "만약에 그 친구를 위해서 빚보증을 서주지 않았더라면…" 같은 사례들을 얼마든지 생각해 볼 수 있다. 그런데 이런 가정법 조건절은 많은 경우 비탄이나 회한으로 젖어 있기 쉽다. 그리고 그 조건절을 맺으면서 "…했을 텐데"로 끝나는 말은 놓쳐 버린 기회나 행운에 대한 아쉬움의 감정으로 물들어 있을 가능성이 높다.

특히, 지금 처해 있는 현실을 지극히 불만스럽게 여기는 사람에게는 분수령의 고비마다 자기가 등지고 말았던 길들이 언제나 황금의 길이요 영광의 길로만 비칠 것이다. 그 길이 더 많은 고통과 역경으로 통했을 수도 있지만, 그런 가능성은 현실의 어두운 그늘에 가려져서 전혀 부각되지 않을 것이다. 그래서 그는 자기가 택하지 않은 길에 대해서 연연해하며 마음 아파하고 있을 것이다.

돌이켜 생각하건대, 내 일생에는 그리 높거나 험준한 분수령이 있었던 것 같지 않지만, 자질구레한 고비들이 몇 가지 생각나지 않는 것은 아니다. 이를테면 1960년대 말엽에 미국 인디애나대학의 민속학연구소장 리처드 도슨 교수가 민속학 박사학위 과정을 이수하러 오라는 편지를 보내왔을 때 그것을 수락했더라면 좋았을 것이라는 생각이 이따금 든다. 그랬더라면 그 어려운 영문학으로 학위를 한다고 끙끙거리지 않았을 것 아닌가 싶기 때문이다. 그리고 1980년대 초부터 1990년대 말엽까지 다섯 가지의 대학 보직을 맡느라 20년 가까이 허송하는 대신에 책이나 읽고 글을 쓰는 일에 전념했더라면 더욱 보람 있었을 것이라는 생각도 든다. 하지만 지금 그런 일들은 애써 돌아다보고 싶지 않다. 이제 와서 돌이킬 수도 없는 일들을 떠올려 봐야 모두 부질없는 일이기 때문이다.

한편, 우리가 고비마다 내리는 결단이 모두 잘못되는 것은 물론 아니다. 잘된 결정으로 판명되는 경우도 더러는 있을 것이다. 내 경우에도 그런 고비가 몇 가지 생각난다. 우선 대학 진학을 앞두고 진로를 생각할 때 별 고민 없이 교원의 길을 택한 것은 지금 생각해도 아주 잘 내린 결단이었다. 주위에서는 법대나 의과대학 진학을 은근히 기대하는 눈치였지만 단호히 문리과대학으로 목표를 정하면서 나는 장차 교원이 되겠다고 마음을 먹었고 그 결정에 대해서는 훗날 한 번도 후회한 적이 없다. 뿐만 아니라 이 세상에 다시 태어나는 기적이 일어난다 하더라도 교원의 길을 걷겠다는 말을 나는 아무 망설임 없이 하면서 일생을 살아왔다.

다음으로 군대 복무를 하기로 마음먹었던 일이 생각난다. 1950년대 초에 3년이나 끌던 전쟁이 휴전으로 종식된 후에도 무슨 일인지 젊은이들은 기를 쓰고 군대에 가지 않으려고 했다. 그래서 내 주변에도 군 복무를 면제받은 사람들이 참으로 많았다. 대학을 졸업한 후 입대 통지를 받고 입영할 날을 기다리고 있을 때 내가 재직하고 있던 통신사의 부장은 "너 미쳤니? 군에는 왜 가려고 하니. 내가 손을 써 줄까?" 하고 권유했지만, 그리고 그 당시는 언론 기관이 무소불위(無所不爲)의 세도를 누리고 있었지만, 나는 그분의 호의를 단호히 거부했다. 뿐만 아니라 그때 '합법'으로 위장한 기피자가 되느니 차라리 입대하겠다고 결단을 내린 데 대해서 나는 후회했던 적이 없으며 오히려 지금까지도 자랑스러워 한다.

이제 와서 나는 위의 두 가지 결단을 포함하는 몇몇 가지 결정에 대해서 흐뭇해하는 편이지만, 일생 동안 높고 낮은 분수령들을 무수히 넘으면서 내린 결단 중에는 잘한 결단보다도 잘못된 것이 월등히 많다. 바로 이 점에 있어서는 거의 모든 사람들이 나와 별로 다르지 않을 것이다. 그러므로 대부분의 사람들은 임종의 자리에 누울 때 점점 엷어지는 마지막 의식 속에서 일생 동안 넘어온 분수령들이 주마등처럼 명멸하는 것을 바라보며 보람이나 성취감보다는 회한과 아쉬움을 더 많이 느낄 것이다.

현대 미국 시인 로버트 프로스트가 일찍이 「걷지 않은 길(The Road Not Taken)」이라는 시에서 다음과 같이 읊은 것도 바로 스스로 택하지 않았던 길들에 대한 미련이 절실했음을 말해 주지 않나 싶다.

노랗게 물든 숲 속에서 길이 갈라졌건만
이 한 몸 한꺼번에 두 길을 갈 수 없어
섭섭히 여기며 오랫동안 서 있었네.
눈이 미치는 데까지 한쪽 길을 바라보았지.
길이 휘어 덤불로 사라지는 곳까지.

이윽고 다른 쪽을 걸으니 역시 아름다운 길,
풀이 무성하고 인적이 드물어
마음이 그쪽으로 끌린 것일까.
하기야 지나다닌 흔적으로 말하자면
두 길이 거의 같았었지.

그날 아침 두 길에는 낙엽이 덮였는데

누가 지나간 자국이 보이지 않았지.
오, 첫째 길은 뒀다가 훗날 걸을 수밖에!
하지만 길은 다른 길로 통하는 세상이니
그 길로 돌아올지 의심스럽네.

머나먼 훗날 어딘가에서
오늘 일을 말하며 한숨지으리.
숲 속에서 두 길이 갈라졌는데
인적이 드문 길을 택했었기에
그것으로 모든 것이 달라졌다고.

(2007)

사나사舍那寺에서

지난 5월 초 여러 명의 동호인들과 더불어 양평의 설매재 인근에서 꽃 탐사를 한 적이 있습니다. 얼레지, 꿩의바람꽃, 홀아비바람꽃, 노랑제비꽃 등을 흡족히 살펴본 우리는 점심을 먹고 나서 남은 시간이 아까워 인근에 있는 어느 계곡으로 들어갔습니다. 그 계곡은 소문대로 금낭화가 많았을 뿐만 아니라 홀아비꽃대니 나도개감채 같은 비교적 귀한 꽃도 보였습니다. 그래서 우리는 게걸스럽게 셔터를 눌렀습니다.

탐사 주관자로부터 귀로에 올라야 할 시간이 되었다는 말을 듣고 주차장으로 돌아오는데 저만치 사찰의 기와지붕들이 눈에 들어오지 않겠습니까? 그제야 우리가 찾아온 곳이 사나사(舍那寺) 인근의 개울이라는 생각이 들더군요. 절은 그리 크지 않아서 10여 분이면 충분히 둘러볼 수 있겠다는 생각이 들었지만, 단체로 움직이는 처지인지라 궁금증을 억누르고 차에 오를 수밖에 없었습니다.

그 후 잊힐 만하면 한 번씩 그 절이 생각났고 그럴 때마다 한 차례 일삼아 찾아가 봐야겠다는 생각을 하곤 했지만, 반년이 지나도록 엄두를 내지 못하고 있었습니다. 그러다 지난 가을 어느 날 하늘이 너무 청명해서 어디든 찾아가야 할 것 같다는 생각을 하고 있는데 문득 사나사와 그 봄날 회식 자리에서 먹었던 냉면 생각이 나지 않겠습니까. 그래서 즉흥적으로 나섰습니다.

절 경내에서 가장 먼저 눈에 들어온 것은 그리 크지 않은 한 은행나무에 오밀조밀 달려 있는 열매였습니다. 어느새 잎은 많이 떨어진 앙상한 가지에 매달린 은행 알들을 파란 하늘을 배경으로 쳐다보던 일은 오랫동안 마음속에 각인되어 남을 듯했습니다. 이내 대적광전(大寂光殿)이라는 본전이 보였고, 웬만한 사찰에서는 으레 보이는 몇몇 부속 전각들이 여기저기 배치되어 있었지만 전체적으로 그리 인상 깊은 절은 아니었습니다. 그래서 대충 둘러보고 나오는데 마당 왼편에 부도(浮屠) 하나가 눈에 들어오지 않겠습니까. 그 부도는 생김새가 너무나 평범한 석종(石鐘)이었는데, 여느 부도들과는 달리, 본전 앞마당에 자리 잡고 있는 것이 특이하다 싶어 다가가 보았습니다.

부도 곁에 서 있는 해설판을 읽으면서 저는 적이 놀랐습니다. 그 석종이 원증국사(圓證國師)의 사리탑이었기 때문입니다. 원증국사라면 항간에 태고보우(太古普愚)라는 이름으로 더 잘 알려져 있는 고려 말기의 큰스님 아닙니까. 그런데도 희미한 연꽃 대좌 위에 놓인 종 모양의 화강암 덩어리로 된 부도는 무척 수수해 보였습니다. 많은 고명한 승려들의 부도가 정교하게 디자인되어 있고 그 덕분인지 오늘날 국보 혹은 보물로 지정되어 있는 데 비해, 그 석종은 소박하기가 이를 데 없었습니다. 뿐만 아니라 근처에서 볼 수 있는 탑비는 정도전(鄭道傳)이 쓴 것이라지만 파손되고 마멸되어 온전히 판독하기가 어려울 지경이었습니다.

그 부도를 살피고 있는데 문득 오래전에 익혔던 칠언절구 한 수가 떠오르지 않겠습니까.

白雲雲裡靑山重
靑山山中白雲多
日與雲山長作伴
安身無處不爲家

흰 구름 속에 청산이 겹겹이요
청산 속에는 흰 구름도 많구나
날마다 산과 구름 벗 삼고 사니
몸이 편해 어디나 내 집이로다

우리나라의 역대 불승들이 남긴 선시(禪詩)들을 섭렵하다가 알게 된 태고보우의 「운산(雲山)」이라는 시입니다. 선시라고는 하지만 일반 시인이 소요(逍遙) 중에 얻은 감흥을 표현한 시라고 해도 손색이 없을 듯해서 제가 특히 애송해 왔습니다.

새삼스럽게 뒤져보니 태고보우는 일찍이 열세 살 때 출가한 후 불경 연구와 선(禪) 수행에 정진함으로써 30대에 이미 크게 깨쳤다고 합니다. 40대에는 중국으로 가서 임제선(臨濟禪)을 탐구하였고, 귀국 후에는 소설산(小雪山)으로 들어가 4년 동안 농사를 지었다고 합니다. 그런데 '설산(雪山)'이라는 이름이 지난 봄에 찾아갔던 설매재를 생각나게 하네요. 그 이름이 조금은 비범해서 한 동호인과 함께 그 유래를 두고 궁금해 하던 기억이 생생한데, 이제 생각하니 '설매'는 아마도 소설산에서 유래한 '설뫼'에서 와전된 지명이 아닌가 싶습니다. 뿐만 아니라 재 넘어 가평 쪽의 설악면(雪嶽面)이라는 지명도 소설산과 관계있을 듯하고요. 그러고 보니 소설산은 용문산 전체 혹은 그 한 봉우리의 옛 이름임이 분명합니다.

어쨌든 이 소설산에 머무는 동안 태고보우는 「산중자락가(山中自樂歌)」를 지었다고 합니다. 꽤 긴 그 노래를 다시 찾아서 읽어 보니 특히 다음 구절이 눈에 들어오네요.

君不見太古老僧歌一曲
曲中還有無窮樂
自樂自歌何所爲
樂天知命無爲樂

그대는 듣는가 태고 노승의 이 한 곡을
이 가락 속에는 무궁한 즐거움이 있네
스스로 즐거워 노래하니 어쩌자는 것일까
마음 편히 분수 지키니 무위의 낙일세

비록 시인 스스로 늙은 중의 노래라 칭하고 있기는 하지만 이 「산중자락가」는 불교의 교리나 참선의 길을 선양하려는 의도를 직접적으로는 드러내지 않으며, 오직 무위자연의 경지를 읊은 한 편의 '자락가

(自樂歌)'로 아무런 모자람이 없습니다. 그러므로 이 긴 시가 다음 두 구절로 끝맺는 것도 놀랄 일은 아니라 하겠습니다.

自樂不知時序遷
但看岩花開又落

스스로 즐거워 철이 바뀌는 줄 모르고
피고 지는 바위 꽃을 바라볼 뿐이라네

이처럼 삶과 자연이 합일하는 고고한 경지에서 살고 있던 태고보우가 기울어져 가는 고려의 국운을 바라보는 마음이 어떠했을까 싶습니다. 특히 사승(邪僧) 신돈(辛旽)의 발호로 국정이 극도로 문란해지자 그것을 바로잡고 정치와 종교를 혁신하기 위해 노력하던 그가 번번이 좌절을 겪을 수밖에 없었을 때 그 심경이 얼마나 처참했을까 싶습니다.

여든두 살이 되던 해 여름에 국사(國師) 태고보우는 "돌아가자, 돌아가자"라 하고는 소설산으로 돌아갔고, 얼마 후에는 자기의 죽음을 예언한 후에 다음 임종게(臨終偈)를 남기고 단정히 앉아 입적했다고 합니다.

人生命若水泡空
八十餘年春夢中
臨路如今放皮俗
一輪紅日下西峰

인생은 허망해서 물거품 같고
여든 몇 해 세월도 춘몽이구나.
이제 길에 버리자 이 가죽부대
동그란 붉은 해가 서산에 지네.

속설에 의하면 태고보우의 모친이 해가 가슴으로 들어오는 태몽을 꾸었다고 하니, 그가 임종의 자리에서 한 덩이 붉고 둥근 해로 화한 자신이 '가죽부대' 같은 육신을 해탈하는 모습을 그려 보고 있었던 것은 아주 자연스럽다 하겠습니다.

무심코 찾아갔다가 뜻밖에 만나게 된 부도였기에 그러했는지 모르겠습니다만, 그날 사나사에서 우연히 만난 태고보우의 흔적은 나에게 크나큰 기쁨을 주었습니다. 그 끝에 그에 대해서 좀 더 알게 되니까 6백여 년 전 그가 「산중자락가」를 부르면서 머물던 소설산에 대한 애착이 새삼스럽게 생기네요. 새봄에 홀아비바람꽃과 금낭화가 필 무렵이 되면 설매재와 사나사 골짜기뿐만 아니라 이웃 중미산(仲美山)과 유명산(有明山)까지 포함하는 용문산 일대에서 "피고 지는 바위 꽃"들을 찾아다니며 옛 스님의 숨결을 느껴 볼까 합니다. (2010)

말이 씨가 된다더니

몇 해 전에 10년 동안 아무 말썽 없이 잘 굴러가던 자동차가 아파트 주차장에서 후진하는 도중에 엔진이 꺼지더니 다시 시동이 걸리지 않았습니다. 차를 견인해 간 사람들 말로는 큰 고장이 아니라고 했습니다. 그 후 얼마 동안 잘 굴러가기에 이제는 괜찮은가 보다 싶어졌을 때쯤 이번에는 고속도로 요금징수소에서 다시 엔진이 꺼지지 않겠습니까? 그제야 그 승용차를 구입하던 날 혼자 중얼거렸던 말이 번쩍 생각났습니다.

"이 차는 10년을 타야지."

1990년대 중엽에 미국에서 그 국산 자동차를 사던 날 나는 시동을 걸면서 무심코 마음속으로 그렇게 다짐하고 있었고, 그 후에도 이따금 그 생각을 떠올리곤 했습니다. 기왕에 타고 다니던 차들을 10년도 채 몰지 않고 버리면서 늘 마음이 편치 않았기 때문에 세 번째 차를 살 때는 "10년은 타야 하지 않겠느냐"는 바람을 그런 식으로 표현하고 있었던 겁니다. 그러기에 그 차가 만 10년을 넘기면서 이내 말썽을 부리기 시작하자, 혹시 "10년을 타겠다"는 그 말이 씨가 되었던 것이 아닐까 싶어졌습니다.

그 후 시동 꺼지기는 계속되었고, 그럴 때마다 이왕 다짐하려면 "적어도 10년은 타야지" 혹은 "10년 이상 타리라"고 할 걸 싶었지만, 물론 뒤늦게 후회한다고 될 일이 아니었습니다. 결국 나는 몇 달을 더 버티지 못하고 새 차를 구입하고 말았습니다. 지금 생각하면 10년을 타겠다던 좋은 꿈이 그만 자자구구 실현된 아이러니가 빚어진 셈입니다.

이건 내가 무심코 던진 한 마디 말이 씨가 된 경우라 할 수 있겠지만, 남이 던진 한 마디가 나에게 오랜 절망의 씨가 된 적도 있습니다. 어린 시절에 나는 지방 소도시에서 자랐는데 이가 아프면 으레 S 치과를 찾아가곤 했습니다. 원장 S 선생은 선친과도 친분이 있었을 뿐만 아니라 인격이 원만하고 지방문화 창달에도 기여했기 때문에 의사로서나 일반 시민으로서 널리 존경을 받는 분이었습니다. 초등학교 시절 어느 날 치과에 들르니까 S 선생은 "너는 이가 계란껍질처럼 약해서 걱정이다"라고 하지 않겠습니까. 깜짝 놀란 나는 이내 마음을 가다듬고 물었습니다.

"그러면 어떻게 해야지요?"

"어떻게 하긴! 결국은 틀니를 하고 살아야지."

그날 내가 받은 충격은 너무나 컸습니다. 나는 외할머니의 틀니를 볼 때마다 어린 마음에도 "저런 걸 하고 어떻게 살까" 싶었기 때문입니다.

그 후 나는 치아에 관계되는 한 일종의 자포자기 상태에서 살았습니다. 철이 들어 상급학교에 다니거나 해외유학을 하면서도 나는 늘 계란껍질 같다는 내 치아를 잘 돌보기는커녕 언제쯤이면 이가 다 빠지게 될까 불안해하고만 있었습니다. 1960년대에 스케일링이라는 말을 처음 들어보았지만 나는 물론 그런 것에도 관심이 없었습니다. 그저 충치가 생기면 때우거나 씌우고 더 썩으면 뽑아 버리기를 계속해왔습니다. 그러는 사이에 아래쪽 어금니들은 여러 개가 없어졌습니다. 뿐만 아니라 "이게 다 빠져야 틀니를 할 텐데" 하면서 은근히 기다리는 버릇까지 생겼습니다.

그러던 중 나이가 오십이 되어서야 재직하고 있던 대학의 부속 치과병원을 찾게 되었고 그날 보철과의 J 교수로부터 내 치아는 아직도 건질 것이 많다는 격려의 말을 들었습니다. 그분은 내 치아를 이리저리 손봐주었는데 그 후 지금까지 25년이 되도록 큰 탈 없이 잘 지내고 있습니다. 뿐만 아니라 치주과의 젊은 K 교수가 내 잇몸를 돌봐주기 시작했는데 지금까지 4개월마다 한 차례씩 나는 치주과를 찾고 있습니다. 한번은 K 교수가 수련의들 앞에서 내가 이를 열심히 닦는다고 칭찬하면서 "명의(名醫)는 좋은 환자들이 만드는 거야"라는 말을 하기까지 했습니다. 이런 격려 덕택인지 나의 윗니는 한쪽 사랑니가 빠졌을 뿐 아직도 '말짱한' 편이고 아랫니도 더 이상의 손실 없이 지내고 있습니다. 지금 생각하건대, 어린 시절 S 선생이 내 치아에 대해서 저주가 될 만한 말의 씨를 뿌려 나를 절망케 했다면, J 교수와 K 교수는 뒤늦게나마 희망의 씨를 뿌려 준 셈입니다.

이렇게 우리는 일생을 살면서 더러는 부지불식간에, 또 더러는 의도적으로 말의 씨를 뿌리고 있습니다. 만약에 그 씨가 우리 자신의 삶과 관계되는 것이라면 그 씨가 끝내 열매를 맺느냐 않느냐 또는 그 열매가 크고 값진 것이냐 아니냐 하는 것도 개인적인 문제로 끝나고 말 것입니다. 그러나 우리는 다른 사람들의 삶이나 행태와 관련해서도 말의 씨를 수없이 뿌리면서 살고 있지 않나 싶습니다. 설날 세배 자리에서 의례적으로 던지는 덕담이나 어려움에 처한 이웃을 위한 격려나 위로의 말 같은 긍정적인 씨부터 시작해서 뿌리 깊은 증오나 원한에서 나온 저주 같은 부정적인 씨에 이르기까지 여러 색깔의 의미를 가진 말의 씨가 얼마든지 뿌려질 수 있다는 말입니다.

그런데 부정적인 말, 특히 남을 저주하는 말은 함부로 뱉을 일이 아닙니다. 그 저주가 씨가 되어 혹시 불행의 열매라도 맺게 된다면 그야말로 감당할 수 없는 일이 될 것이기 때문입니다. 오래전에 있었던 일이 생각납니다. 9월에 성묘를 하기 위해 고속도로로 남행하는 길이었습니다. 대전을 지나 옥천쯤 갔을 때 그 당시 갓 출하된 흰색 콩코드 한 대가 하이빔 깜빡이기와 경적 울리기를 거듭하며 뒤따라오더니 이리저리 곡예를 부리며 위태롭게 앞지르기와 끼어들기를 하지 않겠습니까. 참다못한 나는 그만 “저 자식이 저러다 처박힐걸”이라는 말을 내뱉고 말았습니다. 그런데 아니나 다를까 영동 나들목을 지날 무렵 바로 그 새 차가 몹시 상한 채 갓길에 서 있지 않겠습니까.

그 순간 온몸이 오싹해지며 조금 전에 했던 말이 생각났습니다. 뿐만 아니라 그 순간 어린 시절 피난처에서 겪었던 일이 문득 떠올랐습니다. 1950년 여름철 피난길에 경산 자인이라는 곳에서 머물고 있을 때였습니다. 10대 중반의 소년으로 하루하루가 너무 무료했던 나는 어느 날 내 또래의 고종과 그 지역 탐사를 나섰습니다. 경산 읍내까지 걸어갔다가 비포장 국도를 따라 타박타박 걸어서 돌아오는데 이때

금 군용 트럭이 왕래할 뿐 행인들이라고는 거의 없었습니다. 종일 쏘다니느라 잔뜩 지쳐 있던 우리는 군용차에 편승해 보기로 하고 뒤에 오던 미군 스리쿼터 차를 향해 손을 들어 보았습니다. 물론 그 차는 멈추지 않았고 차에 타고 있던 네다섯 명의 사병들이 우리를 향해 주먹을 흔들며 용용 죽겠지 하는 시늉을 해 보였습니다. 그 순간 발끈한 우리는 "이놈들아, 어디 가서 처박혀라" 하고 욕을 퍼부었습니다. 그 차는 흙먼지만 잔뜩 일으키며 지나가 버렸는데, 얼마 동안을 더 걸어가니, 이게 웬일입니까. 바로 그 차가 길가 봇도랑에 비스듬히 처박혀 있었습니다. 다행히도 부상자는 없는 듯, 병사들은 좌왕우왕하고 있었는데 얼굴을 보니 모두 술에 취해 있음이 분명했습니다. 우리는 물론 아무런 가책 없이 천연스럽게 그 현장을 지나갔습니다.

성묘를 마치고 돌아오는 길에 추풍령 근처의 국도에서 나는 그 흰색 콩코드가 구난차에 견인되어 가는 것을 보며 그 차를 향해 악담했던 일을 후회했습니다. 그 차가 사고를 낸 것이 마치 내 악담 때문인 것 같다는 생각이 자꾸만 들었기 때문입니다. "이봐, 난폭 운전 좀 그만두지 그래! 그러다 사고 내겠어." 이런 부드러운 나무람으로도 충분하지 않았을까 싶기도 했습니다.

그 순간 자책감이 엄습해 왔습니다. 이왕에 씨를 뿌리려면 좋은 열매가 기대되는 씨를 뿌려야 할 것이 아닌가. 그런 씨를 뿌리고 거두기에도 우리의 일생은 너무 짧지 않은가, 그런데 어쩌자고 저주의 씨를 뿌리고 다닌단 말인가, 앞으로는 남을 저주하는 말은 절대로 하지 말자, 뭐 이런 생각들이 물밀듯이 밀어닥쳤다는 말입니다.

하지만 이런 다짐은, 다른 많은 맹세가 그렇듯이, 그리 오래 가지 않는 법입니다. 요즘도 나는 차에 오를 때마다 오늘은 입단속을 해야겠다고 단단히 마음먹지만 이내 그 결심은 온데간데없고 번번이 저주의 씨를 뿌리고 있는 내 자신을 보며 소스라치게 놀라곤 합니다. (2010)

'한강의 기적'을 아시나요

'한강의 기적'을 아시나요? 네, 물론 알고 계신다고요. 그 말을 들먹이며 우리가 흐뭇해 한 지도 벌써 30년은 되겠네요.

얼마 전에 어느 신문에는 한 독일 방송회사에서 시행한 여론조사 결과가 발표되었더군요. 3백만 명이나 되는 사람들이 참여했다는 그 조사에서 독일인들은 콘라트 아데나워를 역사상 '가장 위대한 독일인'으로 뽑았다고 하네요. 아데나워가 누구지요? 제2차 세계대전에서 독일이 패한 후 1949년부터 1963년까지 서독의 수상으로 재임하면서 전쟁의 잿더미에서 독일 경제를 다시 일으키는 데 주역을 맡았던 분 아닙니까? 그가 14년이라는 긴 기간 동안 수상 자리에 있다가 퇴임했을 때, 그의 조국은 여전히 동·서독으로 분단되어 있었지만, 경제적으로는 서독이 이미 세계에서 가장 강성한 나라로 되어 있었거든요. 실로 아데나워가 거둔 성과는 너무나 눈부신 것이어서 사람들은 그것을 흔히 '라인 강의 기적'이라고 부른 것 아니겠어요?

처음 수상이 되었을 때 그는 이미 일흔셋이었고 퇴임했을 때는 여든일곱이나 되는 늙은이였습니다. 그러나 그는 여느 젊은이 못지않게 정력적으로 나랏일을 맡아서 돌보았고, 노욕(老慾)이나 망령을 부렸다든지 추문에 휘말렸다는 소문은 나돈 적이 없답니다. 참으로 우리에게는 부러운 이야기가 아닌가요. 그러니 세상을 떠난 지 40년쯤 지나서도 이 '기적'의 주인공은 종교개혁가 마르틴 루터나 공산주의 창시자 칼 마르크스 같은 저명한 역사적 인물들을 제치고 '가장 위대한 독일인'으로 추앙받을 수 있었던 거지요.

독일에서 날아온 그 신문 기사가 문득 '한강의 기적'이라는 말을 떠올리게 했답니다. 누가 맨 먼저 그 말을 지어냈고 어떻게 퍼뜨렸는지 그 경위는 기억나지 않네요. 하지만 그 말을 처음 듣고 우리가 마치 선진국 대열에 들게 된 것처럼 기뻐하던 때가 바로 엊그제 같습니다. 그때는 우리 노동자들이 선진국을 위한 하청 공장에서 열악한 근로조건과 낮은 임금에 시달리며 장시간 고생하면서도 마음 놓고 불평 한 마디 하지 못하던 시절이었지요. 또 지식인들이 바른말을 하다가 서울 남산 어딘가로 끌려가서 혼이 나고 오면 그때부터 말을 에돌리거나 아예 침묵해 버리던 시절이기도 했고요. 그런 살벌한 상황 속에서나마 우리는 한강 변에도 '기적'이 일어나고 있다는 소문을 믿으려 하면서 조금은 민족적 긍지를 느끼지 않았나 싶습니다.

그런데 지금 우리의 실상은 어떤가요? 한강 변에서 기적을 일으켰다는 주역이 궁정동에서 총탄을 맞은 지 4반세기나 지났고, 그 후 정권이 여러 차례 바뀌는 동안 우리의 '기적'은 어떻게 되었나요? 그간 올림픽 경기를 개최하느니 월드컵 축구대회를 여느니 하면서 국민들이 가슴속에 허깨비 같은 자긍심만 가득 채우는 동안 우리의 생활이나 의식이 선진국 수준으로 향상되었나요? 국민소득 1만 불을 달성했다고 떠들어 댄 직후에 들이닥친 외환 위기 때문에 백성들이 지금까지 당하고 있는 고통은 또 어떻게 변명해야 할까요?

그간 여러 여론조사 결과에 의하면, 우리 국민은 박정희를 '가장 존경하는 인물' 또는 '가장 위대한 인물'로 여기고 있다는데, 이건 또 무슨 소리인가요? 1961년에 박 소장이 쿠데타를 일으켜 정권을 잡은 후 여러 차례 치른 총선거며 대통령 선거에서 한 번도 그와 그의 당을 위해서 표를 던져 본 적이 없는 사람들에게는 도저히 이해가 되지 않는 일이군요.

허나, 오죽하면 국민들이 박정희를 존경하고 그가 통치하던 시절을 그리워하게 되었을까 싶기도 하네요. 그가 세상을 떠난 후 국회의원을 여섯 번이나 새로 뽑고 대통령을 다섯 차례나 새로 모셨지만 정치나 경제가 더 나아진 것이 별로 없었다는 뜻이 아닐까요? 아니, 사정이 더 나빠졌다는 뜻인지도 모르겠군요. 그렇다면 독재와 부정부패를 바탕으로 성취한 눈부신 경제 성장을 가리키던 '한강의 기적'은 어떻게 되어 버린 거죠? 그 기적은 그 주역과 더불어 이 세상을 아주 떠나 버린 걸까요. 아니면 혹시 한강 변에서 값이 천정부지로 오른 채 재개발을 기다리며 임립(林立)하고 있는 그 많은 콘크리트 더미들로 화해버리기라도 한 걸까요.

조금만 생각해 보면 박정희의 기적이 아니더라도 이 나라에서는 참으로 많은 기적이 일어나고 있는 걸 알 수 있습니다. 개인의 이기주의와 지역 혹은 단체의 이기주의가 극에 달하고, 또 시위자들과 공권력이 불구대천의 원수처럼 치고받음으로써 사회가 나날이 더 불안해지고 있음에도 불구하고, 아니, 건전한 시민사회의 버팀대라는 중산층이 얇아지고 빈부의 격차가 점차 더 벌어지는가 하면 이념적으로는 좌파와 우파가 극단적으로 분열·대립하고 있음에도 불구하고, 아직도 이 사회가 와우(臥牛)아파트 무너지듯 와르르 허물어지지 않는 것이야말로 한강 변에 일어나고 있는 경이로운 기적이라 해야겠지요.

이윤을 최고 목표로 삼되 그 추구 수단은 정직해야 할 기업들이 분식회계인지 뭔지를 해서 국민을 속이고 또 천문학적 수치의 비자금을 조성해서 못된 일에 펑펑 써왔음에도 불구하고, 아니, 길거리에서 비싼 선물을 주면서까지 잠재적 신용불량자들에게 신용카드를 마구잡이로 발행해 주었음에도 불구하고, 아직도 이 나라의 경제가 성수대교 내려앉듯 급전직하로 떨어지지 않고 있는 것이야말로 한강 변에서 벌어지고 있는 또 하나의 불가사의한 기적이 아닐까요.

어디 그뿐이겠어요. 우리가 민주주의의 간판을 걸고 건국한 후 50여 년 동안 줄곧 더러운 자금을 물 쓰듯이 하며 정치를 해왔다는 엄연한 사실에도 불구하고, 아니, 작금에 세상을 떠들썩하게 하는 정치적 추문을 근거로 미루어보건대, 선거 때마다 이전보다 더 많은 돈을 써왔음이 분명한데도 불구하고, 아직 이 나라가 송두리째 망하지 않고 버텨 나가고 있는 것이야말로 참으로 고맙고도 고마운 한강의 기적이라 해야겠지요.

하지만 이보다 더 큰 기적이 무엇인지 아시나요. 그 모든 기적적인 상황 속에서 걸핏하면 등장하는 '4월 대란설'이니 '10월 위기설' 같은 것들의 협박을 무수히 당하면서도, 그래서 불안과 스트레스 때문에 밤잠을 설치면서도, 우리 착한 백성들이 겉으로는 태연한 척 일상생활을 영위하고 있다든지, '동북아 중심국가'니 '국민소득 2만 불 시대'니 하는 구호들이 모두 알량한 헛소리임을 번연히 알면서도 어리석은 백성이 혹시나 하고 귀담아 들어주고 있으니, 이야말로 한강 변에서 일어날 수 있는 기적 중의 기적이라 해야 하지 않을까요.

그 많은 사찰과 교회에서 숱한 성직자들과 신자들이 우국충정에서 새벽기도며 백일기도를 드리고 있다는데 그 기도는 청허(聽許)되지 않고 있음이 분명하네요. 혹시 우리가 너무 박복한 백성인지라 하늘이 우리를 외면한 나머지 한강 변에서 기적다운 기적을 일으킬 아데나워를 영영 보내주지 않기로 작정한 것이 아닐까 두렵기만 합니다. (2007)

한자와 한문

우선 나 자신은 한글 전용을 원하는 사람임을 밝혀 두기로 한다. 해방 후 나라의 어문 정책이 몇 차례 엎치락뒤치락 곡절을 겪었으나 우리 교육계를 포함하여 사회 각계에서는 어느새 한글 전용이 관행으로 뿌리를 내리고 있다. 그간의 경위를 지켜보면서 근 40년간 교육계에 몸담아 온 나 같은 사람은 별 불편이나 불평 없이 한글을 전용하고 있으니 나라의 어문 정책에 잘 순응해 온 편이라 할 수 있다.

그러나 한글 전용이 우리 문화에 끼치고 있는 역기능에 대해서는 처음부터 의구심이나 경계심이 없었던 것도 아니다. 그것은 한자문화에 오래 젖어 있던 우리 민족이 갑자기 한자가 전용되거나 혼용된 문헌을 멀리할 경우 초래될 사회적 혼란과 문화적 파탄에 대한 두려움이었다. 그런데 근자에 이르러 한글 전용의 관습이 점점 더 몸에 배어 감에 따라 이런 의구심과 경계심이 더욱 첨예화되고 있는 것은 웬 까닭일까? 그것은 아마도 한문을 잘 아는 세대에 의해 주도되었던 한글 전용 정책이 오늘날 이 정책으로 인해 한자와 한문을 멀리하게 된 신세대에 이르러서야 그 역기능을 두드러지게 드러내고 있기 때문이 아닌가 한다.

가령, 어원(語源)을 한자에 두고 있는 낱말을 한글로만 표기할 경우 한자를 익히 알고 있는 사람들은 처음에 그 낱말을 낯설게 여기다가도 곧 익숙해질 수 있다. 그러므로 한문을 아는 세대의 사람들은 처음에 상당한 불편을 겪었음에도 불구하고 이럭저럭 한글 전용에 익숙해질 수 있었다. 반면에, 한자를 알지 못하는 신세대의 경우는 한문으로 된 어원을 모르기 때문에 그 낱말들의 뜻을 이해하는 능력이 한문을 아는 세대에 비해 크게 떨어질 수밖에 없다. 뿐만 아니라 어원에 대한 이해의 부족은 낱말을 올바르게 발음하는 일마저 어렵게 함으로써 의사소통을 어지럽게 할 것이 불을 보듯 뻔한 일이다. 이런 점을 고려한다면, 오늘날 한문과 친하지 못한 세대에 속하는 기자들과 방송인들이 신문이나 방송에서 낱말을 잘못 골라서 쓴다든지 올바르게 발음하지 못해서 독자나 시청자의 빈축을 사는 일이 빈번한 것도 결코 놀랄 일은 아니다.

그러나 참으로 문제가 되는 것은 한글 전용 정책의 폐해가 단순히 낱말의 그릇된 사용이나 부정확한 발음 때문에 빚어지는 혼란에 그치지 않는다는 사실이다. 한글 전용은 우리 전통 문화의 상당한 부분이 한자나 한문에 뿌리내리고 있다는 사실을 송두리째 무시하는 데서 출발했기 때문에 결국은 국민을 무식하게 만들 공산이 높다. 훈민정음이 창제된 후에도 수백 년 동안 한문은 여전히 교양인의 언어로 존중되어 왔고, 한글은 언문(言文)을 일치시키는 유일한 수단임에도 불구하고 여전히 냉대받고 있었다. 이는 물론 통치자들의 잘못된 어문 정책 때문에 빚어진 불행한 결과이기도 하지만 꼭 그 탓으로만 돌릴 수는 없다. 왜냐하면 우리 문화가 오랫동안 한자문화권의 일부로 편입되어 있었고, 따라서 적어도 높은 수준의 교양이나 학문은 한문을 매개로 해서 성립될 수밖에 없었기 때문이다. 이런 엄연한 역사적 사실에도 불구하고 한글 전용 정책으로 인해 한자 및 한문 교육이 외면된다면 머지않은 장래에는 모든 교양인들까지도 소중한 문화유산으로부터 스스로를 소외시키는 불행한 결과를 빚게 될 것이다.

어디 그뿐이겠는가. 누구나 알고 있다시피, 동아시아의 한국, 중국 및 일본은 역사적으로 한자문화권을 형성하며 한문을 매개로 한 유대관계를 맺어 왔다. 오늘날 우리 지역의 세 나라가 성취한 국제적 위상이나 경제적 역량은 이미 무시할 수 없는 수준에 이르렀고, 다가오는 세기에는 이 지역이 세계의 경제와 문화를 선도하는 중요한 위치를 점하게 될 것임을 의심할 수 없다. 그런데도 불구하고 우리나라만이 유독 한자와 한문을 멀리한다면 이는 동아시아 지역에서 우리 스스로를 고립시킴으로써 경제적·외교적으로나 문화적으로 곤경을 자초하는 심각한 결과를 빚을 것이다.

그렇다고 해서 이제 와서 한글 전용 정책을 버리고 국한문 혼용 쪽으로 되돌아가자는 것은 물론 아니다. 이미 자리가 잡혀 가고 있는 한글 전용 정책은 무슨 일이 있어도 고수되어야 한다. 다만 우리의 학교 교육에서 한자와 한문 교육을 좀 더 충실히 함으로써 한문을 아는 사람들이 한글을 전용할 수 있게 하자고 주장하고 싶을 뿐이다. 그러기 위해서는 초등학교 시절부터 학생들이 한자에 익숙해짐으로써 한자나 한문을 거부하거나 기피하지 않게 해줄 필요가 있다.

이를테면 초등학교 저학년부터 학생들이 기초 한자가 병기(倂記)된 교과서로 공부하면서 자연스럽게 한자를 익힐 수 있다면 훗날 한자를 따로 배우는 고통을 겪지 않아도 될 것이다. 한편 중등학교 과정에서는 학생들이 한자뿐만 아니라 한문도 되도록 많이 읽을 수 있도록 하는 배려가 교과과정에 반영되어야 한다. 특히 인문·사회 계열 대학에 진학할 학생들은 적어도 기초 수준의 한문 문헌을 어느 정도 해독할 수 있게 해야 한다.

나라의 어문 정책이나 교육의 방향을 담당하고 있는 사람들은 그간 한문 교육을 소홀히 함으로써 초래된 경제적·문화적 손실의 심각성을 꿰뚫어보고 시급히 의식을 전환해야 한다. 무엇보다 한문은 중국말이고 한글은 세계에서도 가장 과학적이고 우수한 발명품이므로 한글을 전용하는 것이야말로 애국하는 길이라는 식의 어설픈 국수주의적 믿음을 버려야 한다. 그리고 한글 전용의 전제조건이 마치 한자나 한문 교육을 배제하는 데 있다는 식의 그릇된 생각도 버려야 한다. 나아가서는 한자나 한문에 대한 지식에 바탕을 둔 한글 전용이 아니고는 참다운 의미의 한글 전용이 가능하지도 않을 것임을 깨쳐야 한다. 그러나 무엇보다 중요한 것은 우리에게 한글 전용이 습성화되고 있는 동안 부지불식간에 생겨나게 된 한자나 한문에 대한 알레르기 반응이나 부질없는 두려움부터 없애는 것이다. (1999)

가치와 가격

"비싸야 가치가 있지요."

여러 해 전에 나는 이런 해괴한 말을 내 귀로 직접 들은 적이 있다. 어느 날 화랑이 산재해 있는 인사동 거리를 지나다가 마침 한 유명 화가의 판화전이 있기에 무심코 그 전시장에 들러 보았다. 판화는 같은 그림을 여러 장 찍어낸 것이므로 아무리 유명 작가의 것이라도 터무니없이 호가되지는 않을 것이라는 기대에서 나는 값을 물어보았다. 그러나 그 값은 뜻밖에도 꽤 높았다. 자못 놀란 나머지 나는 그만 "거참 꽤 비싸군요"라고 말했던 모양이고, 주인인 듯싶은 분으로부터 위의 대꾸를 듣고 말았다. 나는 혹시 얼떨결에 잘못 들은 것이 아닐까 싶어 그 말의 뜻을 되씹어 보았다. "가치가 있어야 비싸지요"라는 말은 논리적으로 흠이 없지만 그 주인이 그렇게 말할 상황은 아니었다. 그리고 그가 "가치가 있으니까 비싸지요"라고 말했더라면 물론 나는 전혀 놀라지 않았을 것이다. 그러나 내가 들은 말은 이도 저도 아니요 분명히 "비싸야 가치가 있지요"였다.

비싸야 가치가 있다니! 내가 놀란 것은 이 말이 어떤 경우든 화랑의 주인이 고객에게 할 수 있는 말은 아니었기 때문이다. 오히려 이 말은 기껏 화가나 화랑 주인이 혼잣말로 혹은 자기네끼리 할 수 있는 소망의 표현일 뿐이다. 그래서 나는 그날 내가 들은 그 황당한 응답이야말로 그 주인의 의식 속에 깊숙이 배어 있던 불미스러운 소망이 그만 무심결에 밖으로 드러난 결과일 거라는 결론을 내렸다.

본질적 가치가 값을 결정하지 않고 값이 가치를 결정하는 것은 엔간히 가치관이 뒤집혀 버린 사회에서가 아니고는 찾아보기 어려운 현상일 것이다. 이를테면 좋은 물건을 싸게 만들어 출하한다 해도 무조건 비싼 물건만 찾는 사람들에게 외면되고 마는 곳에서는 이미 가치관이 전도되어 있다. 또 값이 싸다는 이유로 팔리지 않던 상품도 값을 인상했더니 불티나게 팔렸다고 한다면 그런 곳에서는 가치관이 한층 더 심각하게 왜곡되어 있는 것이다. 그런데 이런 기막힌 일이 우리나라에서는 빈번하다고 하지 않는가.

이런 가치의 왜곡은 조금 다른 방면에서도 찾을 수 있다. 가령, 아무개는 그림을 잘 그리지만 너무 많이 그리기 때문에 값이 오르지 않는다고 한다면, 여기서도 작품의 고유 가치와 시장 가치 사이에는 괴리가 보인다. 그 결과 그 화가의 그림에 흥미를 느끼는 사람도 "그림은 좋은데 너무 흔해서 소장할 가치가 없다"라고 하면서 구입을 꺼릴 수 있다. 이 경우 그림 수집가는 그림이 좋아서 수집하는 것이 아니고 그림의 시장 가치가 높아서 수집하겠다는 것이므로 예술품 애호를 앞세우며 실은 투기를 하고 있는 셈이다.

오늘날 직업적인 운동선수들에 대한 대중의 열광도 왜곡된 가치관에 근거하고 있지 않나 싶다. 예를 들어, 미국의 프로 야구나 프로 골프 무대에 진출해서 명성을 얻은 우리나라 사람들이 누리고 있는 국민적 인기도, 따지고 보면, 그들이 훌륭한 운동선수들이기 때문만은 아니고 오히려 그들이 벌어들이고 있는 막대한 돈 때문이라고 해야 할 것이다. 이때 대중은 남이 버는 돈의 액수가 엄청나게 많은 것에 공연히 현혹된 나머지 마치 자기네가 그 돈을 벌어들이고 있는 듯한 착각마저 느끼는 모양이다. 만약에 그들이 버는 돈이 미미한 액수에 불과하다면, 야구나 골프의 경기 규정도 잘 모르는 사람들까지 이렇게 열광적인 성원을 보낼 수 있을 것인가? 그러니 이 또한 스포츠맨십이니 경기의 오락성이니 하는 가치들이 돈의 가치 앞에서 기를 펴지 못하는 사례라고 할 수밖에 없다.

이런 몇 가지 경우를 근거로 해서 미루어 보건대, 그날 그 화랑 주인이 "비싸야 가치가 있다"고 한 것도 오늘날 우리 사회에서는 별 저항 없이 받아들여지는 명제일지 모른다. 그 주인이 보기에, 그림의 가치를 높이는 길은 잘 그리는 데 있지 않고 무슨 수를 써서라도 비싸게 파는 데 있다. 따라서 그림의 값이 시장의 자율적 기능에 따라 매겨지는 것이 아니라 화가 자신에 의해 매겨진다고 하는 우리 화단의 해괴한 풍속도 별로 놀랄 일은 아니다. 뿐만 아니라 경제 성장을 최고 가치로 여기는 사회에서 쉽게 돈을 번 사람들이 딱하게도 속물근성 보이기를 부끄러워하지 않는 한 이런 가치 전도 현상이 쉽게 해소될 것 같지도 않다.

이런 그릇된 가치관에 기인하는 논리의 왜곡은 마냥 심상찮게 느껴진다. 그것은 아마도 그 왜곡이 사회 전반의 병리 현상과 선후관계에 있기 때문일 것이다. 사실 오늘날 우리 사회를 휩쓸고 있는 경제적 거품이나 허세 부리기도 이런 사회적 병폐와 관련 있으며, 그런 병적 상황 속에서는 우리의 많은 사회 문제들이 해결되거나 개선될 가능성은 그만큼 더 희박해진다. 그러니 "비싸야 가치가 있다"라는 그릇된 어법이 "가치가 있으니까 비싸다"라는 건전한 논리로 환원될 수 있는 날이 도대체 다가오기나 할 것인가? (2003)

나무와 숲

서양에는 "나무는 보고 숲을 보지 못한다"라는 속담이 있다. 이는 사물이나 사태의 지엽적인 면은 보지만 그 종합적인 모습은 놓치고 마는 어리석음을 경계하는 말이다. 한편 이 말을 뒤집어서 "숲은 보고 나무를 보지 못한다"라고도 할 수 있겠는데, 이 또한 쓰임새 있는 속담으로 손색이 없다. 이런 경구(警句) 속에서 '나무'와 '숲'이라는 말은 각각 사물의 부분과 전체를 비유하고 있을 뿐이며 우리는 둘 중 어느 한쪽에만 의미를 편중시키지 않는다. 이는 우리의 인식 행위에서 세목(細目)과 대강(大綱)에 대한 관심이 상호 배타적일 수 없고 오직 보완관계에 있기 때문이다.

우리는 순수한 인식 행위뿐만 아니라 실생활의 많은 사안에 대해서도 이런 관계를 유추할 수 있다. 가령 정부에서 주택난을 해결한답시고 도처에 고층 아파트 건축을 허가하면서 교통, 교육, 의료 등 사회적 인프라의 구축을 소홀히 했다면 이는 나무만 보고 숲은 보지 못한 격이 된다. 한편 경제개발이라는 국가적 목표를 추진하면서 환경오염,

빈부격차 같은 사회적 파생 문제들을 무시했다면 이는 숲만 쳐다보다가 개개 나무를 외면한 꼴이다. 그간 우리 당국자들이 저지른 미봉적이고 임기응변적이며 무책임한 정책들도 거의 모두 숲과 나무를 아울러 보지 못한 어리석음에서 연유했음을 의심할 수 없다.

이처럼 나무와 숲을 비유하는 속담은 주로 어리석음을 꼬집는 데 쓰이지만, 이를 긍정적인 의미로 고쳐 쓸 수도 있지 않을까 싶다. 가령 "나무를 알면 숲이 더 잘 보인다"라든지 "숲이 보여야 나무도 제대로 볼 수 있다"라는 말을 우리는 생활에서 여러모로 적용해 볼 수 있다. 이를테면, 베토벤의 피아노협주곡들은 하나같이 아름다우므로 그 다섯 편의 곡만으로도 듣고 즐기기에 충분하다. 그러나 이 곡들을 한 층 더 흥미롭게 감상하는 길은 아마도 18세기 후반에서 19세기 후반까지 걸치는 서구 음악이라는 숲에다 베토벤이라는 나무를 담아 놓고 함께 바라보는 데 있을지도 모른다. 가령 베토벤의 제1번 및 제2번 협주곡을 모차르트의 후기 협주곡들과 나란히 놓고 듣는다든지, 브람스의 두 협주곡을 베토벤의 제6번 및 제7번 협주곡쯤 되는 것으로 가상하면서 들을 수도 있을 것이다. 이때 이 작곡가들의 생몰(生沒) 연대를 참작하면서 이 여러 곡들 간의 단속(斷續)관계를 찾아본다면 의외로 흥미로운 점이 발견될지도 모른다. 왜냐하면 1백여 년에 걸쳐 창작되어 온 서구 음악이라는 문맥 속에서 듣는 베토벤의 음악은 그 자체만 놓고 들을 때와는 사뭇 다르게 들릴 수도 있기 때문이다.

한편, 어떤 문예사조를 공부하고자 하는 사람이라면 그것과 관련된 이론가들의 저술을 탐독하고 연구하는 일 이외에 마땅히 관련 작가들의 작품에 대한 개별적 관심까지 기울이지 않으면 안 된다. 가령 누가 영국 낭만주의 문학에 흥미를 가질 경우 이 문학 유파에 대한 저술을 아무리 읽고 연구한다 해도, 많은 관련 시인들의 작품에 대한 개별적 관심을 아끼는 한, 그 연구는 불완전할 것이다. 물론 그가 폭넓은 시야를 가지기 위해서는, 낭만주의의 원류를 찾아 18세기 독문학을 뒤져 본다든지 18세기 후반기에서 19세기에 걸쳐 영국에서 낭만주의가 무성하게 꽃을 피우게 된 역사적 배경을 살펴보는 일도 중요하다. 그러나 이런 것보다 더 긴요한 것은 영국의 주요 시인들의 작품을 깊이 읽어 보는 일이다. 그렇게 하지 않는다면 그 연구는 숲만 보고 나무는 외면하는 우를 범하고 말 것이며, 그 학구적 성과도 한 비평적 근본주의자의 독단적 담론으로 기울어지고 말 공산이 높다.

생각하면, 고대 희랍의 아리스토텔레스 이래로 생물학에서 늘 중요시해 온 분류학도 바로 이 나무와 숲의 관계를 학술적으로 엄밀히 다독거리려는 노력의 소산이 아니었을까 싶다. 즉 모든 생물의 종(種)을 크게 문(門)으로 나누고, 문을 다시 강(綱)으로 나누고 이렇게 단계적으로 목(目), 과(科), 속(屬)으로 나누어 가는 분류법은 바로 숲을 나무로 환원하면서 세밀하게 생각하거나, 거꾸로 나무를 숲으로 환원하면서 종합적으로 생각하려는 사고방식이 빚어낸 결실이라 할 수 있다.

이런 분류법이라는 도구가 없다면 생물학의 발전은 말할 것도 없고 동식물에 대한 일반인의 이해도 그만큼 더디고 불완전하게 이루어질지도 모른다. 예를 들어, 석죽(石竹)과에 속하는 야생화들은 너무 다양해서 나 같은 문외한을 늘 어리둥절케 한다. 토착 식물인 패랭이꽃이나 술패랭이꽃이 외래종인 카네이션과 함께 석죽과에 속한다는 것은 그런 대로 납득될 수 있다. 그러나 이 패랭이속의 꽃들과는 별로 상관없어 보이는 여러 가지 초본들이, 이를테면 여러 종의 별꽃과 개별꽃 그리고 동자꽃 및 장구채에 속하는 꽃들까지도, 모두 석죽과에 속한다는 것은 얼른 이해되지 않는다. 그러나 식물분류학자들은 잎의 생김새, 꽃의 성격과 열매 따위를 놓고 그 공통점과 차이점에 주목하며 이 한 무리의 야생화들을 같은 과로 묶어 분류하고 있다. 그러므로 문외한이라 하더라도 석죽과의 야생화들이 공유하는 특성을 숲으로 삼는 한편 개별적인 종이 지니는 고유의 특성을 나무로 삼고서 곰곰이 살펴본다면 뜻밖에 여러 가지 흥미로운 사실을 새로이 깨칠 수 있다.

이처럼 나무를 보되 숲이라는 틀에 넣어서 보고, 또 숲을 볼 때도 개별적으로 나무에 주목하는 일은 비단 국가 시책 같은 중요한 일뿐만 아니라 우리가 일상생활에서 사물이나 사안을 관찰하거나 인식하고 이해하는 데에도 아주 소중한 도움을 준다. 그러므로 경우에 따라 더러는 쪼개어 생각하고 더러는 뭉뚱그려서 바라보기도 하는 습관을 들여 볼 일이다. (2003)

도시 재개발을 생각하며

아무개 하면 누구나 그 이름을 알 만한 국내의 어느 건설업자와 함께한 자리에서 있었던 일이다. 마침 지은 지 20년밖에 되지 않는 대학 건물을 헐고 다시 지을 필요성이 있다는 이야기가 화제에 오르자 그분은 "20년밖에 되지 않은 건물을 왜 헌답니까? 나는 내가 지은 콘크리트 건물을 20년이 지났다고 헐지는 않겠습니다"라고 말했다. 그러자 그 자리에 합석해서 대학 건물의 부실한 건축이라든지 대학의 장기 발전 계획 등을 근거로 캠퍼스 재개발을 주장하던 사람들은 모두 말문이 막히고 말았다. 이 짤막한 한 마디는 한 토목·건설업자로 출발하여 대성한 그분이 어쩌면 평생 동안 지녀 왔던 소신의 일단을 간명하게 피력하고 있지 않나 싶다. 이런 견실한 믿음이 있었기에 그분이 훗날 우리나라에서 손꼽히는 실업가로 성장할 수 있었구나 하는 생각도 든다.

여기서 우리나라 건설업계의 대부라고 할 수 있는 그분의 견해를 들먹이는 것은 걸핏하면 재개발을 거론하는 오늘날 우리의 현실이 자못 못마땅하기 때문이다. 우리가 도시 재개발이라는 명분으로 멀쩡한 주택들을 헐고 새로 집을 짓기 시작한 지는 벌써 꽤 오래된다. 그 과정에 지은 지 10여 년밖에 되지 않는 많은 단독 주택들이 서 있던 자리에는 소위 다가구 주택이라는 것들이 들어섰고 판잣집이 밀집했던 지역은 고층 아파트 지역으로 변모했다. 이 재개발이라는 것을 정당화하는 데에는 주거환경 개선이라든지 주택난 해소라는 명분이 있었지만 이런 표면적 구실보다도 실은 부동산 개발을 통한 돈벌이라는 논리가 더 크게 작용하고 있지 않았던가 싶다.

거의 모든 돈벌이가 그러하지만 부동산을 통한 돈벌이도 사람들을 무분별하게 만든다. 그래서 재개발이 단위 면적당 인구 밀도를 높이고 교통과 생활환경을 개선하기는커녕 더욱 악화시킨 것도 모두 이런 무분별의 소치라고 할 수 있다. 살기가 괜찮던 주거지역이 다가구 주택 지역으로 변하는 통에 그곳을 떠나지 않을 수 없게 된 사람들이나, 고지대에 고층 아파트가 들어서는 통에 그만 그 주변 경관이 시야에서 사라지는 것을 보고 속상해 하는 사람들이 어디 한둘이겠는가? 그런데도 서울에서는 몇 군데 대규모 아파트 단지가 곧 고층화된 고밀도 주거단지로 재개발될 것이라는 소문이 들린다.

재개발 때문에 생겨나는 그 많은 건축물 쓰레기를 다 어떻게 처리할 것인가 하는 우려는 일단 제쳐 두기로 하자. 대규모의 재개발이 가져올 과도기적인 주택 부족이 사회적으로 대혼란을 일으킬지도 모른다는 우려 또한 접어 두기로 하자. 문제는 이런 물리적 어려움보다도 건축과 재개발이라는 문제를 보는 우리의 안목이나 정신적 자세에 있다. 그간의 사회적 풍조를 근거로 생각하건대, 우리는 새집을 지으면서도 필요하다면 언제든 헐 수 있다는 생각을 하면서 짓고 있지 않았나 싶다. 그러니 집을 제대로 지을 리 만무하고, 이런 부실한 정신 상태는 규모가 큰 공공건물이나 시설을 지을 때에도 그대로 작용하고 있지 않았을까 두렵다. 근년에 있었던 서울의 어느 백화점이나 교량이 붕괴된 사고를 보면 이런 우려가 결코 근거 없지 않음을 알 수 있다.

멀쩡한 집을 헐고 새집을 짓겠다는 자세도 그렇다. 새로 지을 때보다도 훨씬 적은 비용을 들여 수리해서 살 생각은 아예 하지 않고, 헐고 새로 지을 생각만 한다면 거기서 파생하는 개인적·사회적 낭비가 이만저만이 아니다. 그러나 물질적 손실보다 더 우려되는 것은 이런 낭비를 대수롭지 않게 보는 풍조가 우리 사회에 만연하고 있다는 사실이다. 이런 풍조야말로 경제개발의 조그마한 성과에 너무 우쭐해진 사람들이 보이는 어처구니없는 허세 부리기와 관계 있음에 틀림없다.

소위 문명 국가라고 하는 나라들 중에서 지은 지 20년만 되면 아파트를 헐고 다시 짓는 나라는 아마도 없을 것이다. 필자의 견문에 의하면, 구미의 여러 나라에서는 수백 년 된 건물에 사람들이 아직도 거주하고 있다. 가령 영국의 경우를 살핀다면, 19세기에 지은 빅토리아 왕조 풍(風)의 주거 건물들이라든지 그보다 시대가 앞서는 조지 왕조 풍의 건물들은 말할 것도 없고 이미 4백 년이 지난 튜더 왕조 때 지은 목조 건물들도 오늘날까지 주거용 혹은 업무용으로 쓰이고 있다. 낡은 건물에서 살자니 불편이 많고, 경우에 따라서는 낙후된 시설로 인해 생활비가 더 들 수도 있다. 그런데도 불구하고 사람들은 허물어진 곳을 고치고 낡은 것은 새것으로 갈면서 무던히 살고 있는 것이다.

우리는 반만년 역사 운운하면서 조상들이 남겨 놓은 문화유산에 대해서 자못 자랑스럽게 여기고 있다. 신라 시대에 건조되었다는 경주의 석굴암이나 고려 말에 지었다는 부석사의 무량수전을 자랑스러워하는 우리가 자손 만대에 남길 건축물을 짓기는커녕 당대에 헐고 다시 지을 생각으로 집을 짓는다고 해서야 말이 안 된다. 이토록 아무런 역사의식도 없이 살고 있는 우리 시대 사람들을 백 년 후나 천 년 후의 사람들은 무어라 평가할 것인가? 필경 물질적 속물주의에 젖은 나머지 영원히 존속할 가치 있는 문화를 창조할 생각을 하지 못한 딱한 시대의 못난 사람들이라 평할 것임에 틀림없다.

자기가 지은 콘크리트 건물을 20년이 지났다고 헐어 버릴 수는 없다고 한 그 원로 건설업자의 충언에 우리는 부끄러워 할 줄 알아야 한다. 더욱이 잘 지은 콘크리트 구조물은 50년이 되어야 비로소 최고로 단단해지며 백 년, 2백 년이 지나도 아무 문제없이 서 있을 수 있다고 하지 않는가? 그러니 재개발 타령을 하며 멀쩡한 집을 헐어 버리는 대신 우리 스스로와 주위를 둘러보며 참으로 가치 있는 일이 무엇인지 한 번쯤 진지하게 생각해 볼 필요가 있지 않을까. (2001)

불평등의 악순환

신문과 방송 보도에 의하면, 우리나라의 고위 공직자들 중에서 병역을 면제받은 사람들의 비율은 국민 전체의 평균치보다 월등히 높다고 합니다. 병역 면제율은 장관급 30퍼센트, 교육감 29퍼센트, 국회의원 28퍼센트, 1급 공무원 21퍼센트, 광역의회의원 19퍼센트, 차관급 19퍼센트, 기초의회의원 16퍼센트라고 하니까요. 이 통계 수치를 가지고 단순히 내릴 수 있는 결론은 우리에게 아주 충격적입니다. 왜냐하면 우리나라에서는 지위가 높은 공직자일수록 병역 의무와 거리가 먼 듯하기 때문입니다.

장관의 병역 면제율이 차관보다 높고, 국회의원의 병역 면제율이 지방의회의원보다 높은 것을 보면, 이 땅에서 높은 자리에 올라가려면 군 복무에는 부적격한 체격이나 조건을 갖추고 있어야 하는 모양입니다. 정신이나 육체 면에서 가장 적격한 사람들이 우선적으로 군복무를 해야 한다고 알고 있거나, 그런 믿음을 가지고 군 복무를 마친 것을 자랑스럽게 여기는 사람들에게는 이야말로 충격적일 수밖에 없군요. 이런 높은 분들께서 설마 그럴 리야 만무하겠지만, 만에 하나라도 옳지 못한 방법으로 군 복무를 기피한 사람들이 있다면, 이런 사람들에게 나라의 중요한 직책을 맡기고 있구나 하는 생각에 우리는 다시 한번 충격을 받습니다. 이래저래 이 통계 수치를 보는 사람들은 경악과 분노를 금할 수가 없네요.

더욱 놀라운 것은 이런 사회의 부조리한 현상이 세습되고 있는 듯하다는 사실입니다. 고위 공직자들의 아들 및 손자 등의 경우 병역 면제율이 국회의원은 21퍼센트요 장관급은 16퍼센트라는데, 이는 전체 공직자 평균치인 10퍼센트보다 월등히 높은 비율이랍니다. 더욱이 일반인의 면제 사유가 저학력이나 생계곤란인 데 비해서 고위 공직자 직계비속의 경우는 질병을 사유로 면제받은 경우가 78퍼센트나 된다니 이 통계 수치도 접하는 사람들을 심란케 합니다. 고위 공직자들의 가정이 국민의 평균치보다 높은 질병 이환율을 보이고 있다는 사실은 그것이 진실이라고 해도 나라의 장래를 위해서는 걱정이요, 진실이 아니라면 나라의 운명을 위해서 더 큰 걱정거리가 되지 않겠습니까? 그러니 이 통계 수치가 명쾌하게 해명되지 않는 한 국민들이 고위 공직자들은 대하는 눈초리는 험악할 수밖에 없습니다.

우리나라의 후진성을 거론할 때마다 선진국의 예를 들먹여서 안 됐지만, 너무나 답답해서 영국이나 미국의 예를 들어보고자 합니다. 누구나 알다시피 영국의 황태자는 해군의 영관급 장교 출신이고 왕자 중의 한 분은 10여 년 전에 포클랜드 전쟁 때 참전까지 했습니다. 금세기에 두 차례 있었던 세계대전 중에 영국의 옥스퍼드대학이나 캠브리지대학에 다니던 상류 사회의 자제들은 누구보다 앞장서서 참전하여 많은 전사자를 냈습니다. 이 말을 믿기 어려운 사람이 있다면 캠브리지의 킹즈 칼리지 채플 같은 곳에 들어가서 벽에 새겨진 전사자들의 명단을 훑어보십시오. 이처럼 나라가 어려울 때 목숨을 아끼지 않고 전선으로 나가는 솔선수범의 정신이 있기에 영국의 상류 계층은 아직도 존경받고 있으며, 전통적 작위제도를 가지고 있음에도 불구하고 누구나 영국이야말로 모범적인 민주 국가라고 생각하고 있답니다. 그러니 우리는 '노블레스 오블리주'라는 말의 원류를 그런 상류층에서 찾아내는 데에 조금도 망설임이 없습니다.

미국의 정치 지도자들도 대개는 현역 장교 출신입니다. 명성과 부를 자랑하던 미국의 대표적 가문 출신인 케네디 대통령은 제2차 세계대전 때 해군 장교로 복무하던 중 중상을 입었고, 부시 대통령은 공군 장교로 역시 죽을 고비를 넘겼던 사람입니다. 근년에는 한 미국 대통령이 징병 기피 의혹을 받은 일이 있는데, 그가 재임 중에 입에 담기 거북한 혼외정사 스캔들에 휘말려서 곤욕을 치르는 것을 보면 혹시 병역 의무 이행과 도덕적 행태 사이에 상관관계가 있지 않을까 하는 생각이 들기도 합니다.

군 복무 경력이 없는 사람들이 높은 지위를 누리는 확률이 높다는 것은 당연한 결과가 아닌가 싶습니다. 군대에 가서 3년 혹은 그 이상씩 '썩고 있는' 동안 병역을 면제받은 사람들은 학업을 더 빨리 마칠 수 있을 것입니다. 뿐만 아니라 각종 자격시험이나 임용고사도 군 복무자들보다는 더 일찍이 더 유리한 조건에서 합격할 수 있을 것입니다. 그런데도 우리나라에서는 군 복무를 마친 사람들에게 특혜를 준다는 소문은커녕 그간 주고 있던 쥐꼬리만 한 특혜도 평등원칙 위배니

위헌이니 하며 철폐한다는 소문만 들립니다.

이건 사회적 불평등의 한 두드러진 사례이지만 이 불평등을 고칠 길은 막연해 보이기만 합니다. 이런 부조리를 바로잡자면 사회적 관행이나 제도 혹은 법률을 바꾸어야 할 텐데 이런 것을 바꾸는 데 있어 선도적인 역할을 해야 할 고위 공직자들이 처해 있을 도덕적 상태를 생각하면 그들이 그런 역할을 선뜻 해내려 할 것 같지가 않습니다. 게다가 그런 불평등이 세습되고 있는 듯한 징후까지 보이는 판이니 백년하청의 사례 치고 이보다 더한 경우가 있을까 싶습니다.

이 불평등의 악순환을 없애는 길은 결국 우리들 자신에게서 찾을 수밖에 없습니다. 다행히도 우리는 민주주의를 흉내라도 내고 있는 중이니 이 민주주의라도 한번 제대로 해 보아야 합니다. 민주주의가 좋다는 것이 무엇인가요? 질병을 빙자코 군 복무를 기피한 사람들이라든지 대를 물려가면서 병역을 기피한 의혹을 받는 사람들이 적어도 선출·선발직만은 맡지 못하게 해야겠고, 정신이 깨끗하고 몸이 건강한 사람들에게 각급 공직을 맡기도록 해야겠습니다. 바로 이 대목에서 우리는 유권자가 똑똑해야 민주주의가 된다는 원론적인 주장을 다시 한번 들먹이지 않을 수 없습니다. (1999)

기온과 불평등사회

기상 전문가가 아니라 단언하기는 어려우나, 근년에 이르러 '기상이변'이 부쩍 잦아지지 않았나 싶다. 이를테면 특정 지역에 몇 년째 혹심한 가뭄이 계속된다든지 철 아닌 물난리가 빈번히 날 때 우리는 으레 기상이변이라는 말을 들먹이곤 한다. 또 우리는 거의 해마다 겨울철이면 '이상 난동'이니 '이상 한파'라는 말을 듣고 있다.

'이상(異常)' 또는 '이변(異變)'이라는 말을 쓸 때 우리는 정상(正常)적이거나 상례(常例)적인 것이 있음을 전제로 한다. 가령 우리나라의 경우 장마철은 6월 언제쯤 시작되어 7월 언제쯤 끝나되 강우량은 대개 몇 밀리미터쯤 된다든지, 겨울철에는 삼한사온이라는 주기로 추위가 찾아오는 것이 정상적이라고 믿어 온 사람이라면 그 주기가 깨지거나 강수량과 추위에 양적 변화가 생길 때 이를 이변이라고 여긴다. 이런 기상이변이 인간에게 괴로울 수밖에 없는 것은 순조로운 기상상태에 대한 인간의 오래된 예측과 그것에 근거한 생활 리듬을 어지럽히기 때문이다.

기상이변이 잦아진 것은 인간의 무분별한 개발 때문에 환경이 오염되고 자연의 질서가 깨진 결과라는 주장이 있다. 수천 년간 자연 현상 앞에서 경외심을 느끼고 그 조화에 순응하며 살아오던 인류가 소위 산업혁명 이후에는 자연을 친화(親和)가 아닌 착취의 대상으로 삼고 있었다. 더욱이 오늘날 산업개발이 세계적으로 확산되자 이 지구에서 자연의 질서는 드디어 회복될 수 없을 만큼 파괴되고 있다는 것이 오늘날 환경론자들의 공통된 견해다. 그들에 의하면, 인간이 복지를 표방하며 자행하는 자연 파괴를 중단하지 않는 한 인류는 복지를 누리기커녕 끝내 멸망하고 말 것이라고 한다.

그런데 여러 해 동안 기상이변을 겪어 오면서 내가 눈여겨보게 된 것이 하나 있으니, 그것은 강우량이나 추위의 총량에는 아무 변화가 없다는 점이다. 이를테면 올 여름처럼 장마철에 비가 거의 오지 않다가도 뒤늦게 폭우가 내려 물난리가 나고, '이상 난동' 타령을 하는 겨울에도 결국은 늦추위가 찾아와서 그해 몫의 추위를 모두 쏟아놓고야 만다. 이런 것을 볼 때마다 강수량이나 추위는 해마다 절대량이 있고 결국은 그 양을 모두 채우고 만다는 생각을 하지 않을 수 없다.

이건 물론 한반도라는 좁은 지역에서 내가 보고 느낀 것이지만, 좀 더 지역을 확대해서 온 세계에 걸친 기상 상태를 살필 경우에도 역시 똑같은 말을 할 수 있지 않을까 싶다. 즉 지구의 각처에서 빈번히 보도되고 있는 기상이변 소동들도 모두 강수량과 온도의 배분에서 그 상례적 균형이 지역적 혹은 시기적으로 깨어졌을 뿐 그 총량에는 변함이 없었다고 할 수 있다. 말하자면 기상 변화에도 일종의 제로섬게임이 벌어지고 있는 것이다.

강수량이나 추위의 절대량 이야기가 나왔으니 말이거니와, 이런 현상은 인간의 사회생활에서도 유추될 수 있지 않을까 싶다. 지난 여름 늦더위가 한창일 때 어느 텔레비전 방송에서는 서울의 기온이 지역별로 큰 편차를 보인다는 보도를 한 적이 있다. 가령 관악구의 온도가 31도일 때 서초구는 37도여서 6도나 더 더웠다는 것이었다. 서로 인접한 지역인데 이처럼 바깥 기온에 차이가 나는 것은 한 지역이 다른 지역에 비해 차량 운행이 많을 뿐만 아니라 냉방기를 가동시킨 주택과 사무실이 훨씬 더 많기 때문이라고 했다.

더운 여름날 관악구의 바깥 기온이 서초구보다 6도나 낮았다는 사실이 곧 관악구가 서초구보다 더 살기 좋은 곳임을 뜻하지는 않는다. 그리고 이런 온도의 편차는 자연 현상이라기보다도 인공적 이기(利器)의 활용 차이에서 빚어진 것이기 때문에 두 지역 기온의 단순 비교는 무의미하다고 해야 할 것이다. 그러나 이 온도의 차이는 사회적으로 의미심장하게 풀이될 수 있다. 그 의미는 무엇보다 공기조절을 하며 살 수 있는 주민과 그렇지 못한 주민 사이에서 찾아야 한다. 즉 서초구에서는 냉방기를 달고 지내는 사람들 때문에 그것을 달지 못하고 사는 사람들은 15도쯤 더 덥게 지내야 하고 관악구에서 냉방기 없이 지내는 주민들보다도 6도쯤 높은 기온 속에서 지겹게 더위를 견뎌야 한다. 다시 말하면, 한 지역사회에서 더위의 절대량을 놓고 벌어지는 제로섬게임에서 상대적으로 시원하게 지내는 사람들 때문에 나머지 사람들은 그만큼 더 덥게 지내야 한다.

기온의 차이를 둘러싼 이런 불평등은 인간의 다른 많은 사회생활에서도 그대로 이어지고 있다. 가령, 세금 징수에서도 이런 불공평을 볼 수 있지만 다수의 국민들은 그것을 눈치 채지 못하거나 눈치를 채기는 하되 아무런 볼멘소리도 내지 못하고 있다. 무슨 까닭인지 세금의 투명한 원천 징수가 불가능하다는 변호사나 의사 같은 전문직 고액 소득자들이나 자영업자들이 내는 세금에 비해 봉급생활자들이 내는 세금이 과중하다는 것은 천하가 다 아는 사실인데도 불구하고 이런 불공평은 우리 사회에서 오랫동안 용납되어 왔다. 영수증 발행이 엄격하고 수입 전액을 국세청에 신고하는 제도가 철저히 지켜지는 선진국에서는 생각조차 할 수 없는 이런 불평등이 시정될 기미가 보이지 않는 것을 보면 위정자들의 눈이 멀었거나, 아니면 기득권을 누리는 계층의 눈치를 보느라 일반 국민을 업신여기고 있음에 틀림없다.

불공평한 것이 어디 세금뿐이겠는가? 의료보험이 통합될 경우 전문직 종사자들과 자영업자들이 보험금을 적게 내려고 하는 통에 봉급생활자들만 다시 상대적으로 과중한 보험금을 부담해야 하고, 국민연금에서도 공평하게 배분된 기여금 납부를 기대하기는 어려운 것이 오늘의 현실이다. 이런 의미에서 볼 때, 근자에 이르러 봉급생활자들이 세금이나 기타 여러 가지 공과금의 불공평한 부과에 대해 불평하기 시작했다든지, 이 불평이 혹시 시민 불복종 운동으로 번져 나갈까 위정자들이 조금은 두려하는 기미를 보이는 것은 희망적이라 할 수 있다.

국부(國富)의 배분이 불공평하다는 것도 새삼스럽게 말할 필요가 없다. 부의 총량은 일정한데 특전을 누리는 소수의 사람들이 그것을 과도하게 많이 차지하면 다수의 사람들이 상대적 빈곤 속에서 살 수밖에 없다. 특히 근년에 외환위기를 겪은 후 우리 사회에서는 빈익빈 부익부 현상이 심화되었다고 하니 이 불평등의 시정 또한 시급한 정책

과제가 되어야 한다. 그러나 이런 문제를 생각할 때마다 늘 떠오르는 것은 위정자들의 정책 수립에 기득권 세력이 깊숙이 관여하는 한 그 시정은 어려울 수밖에 없다는 점이다. 근자에 돈 많은 외지인들이 거의 다 사들였다는 그린벨트가 무슨 이유에서인지 해제된 것만 보아도 국민을 위한 공평한 정책 수립이 얼마나 어려운지를 알 수 있지 않을까 싶다.

사실 우리나라에서 기득권 세력이 누리는 특전 혹은 횡포는 세금의 부담과 국부의 분배에 한하지 않는다. 최근의 언론 보도에 의하면, 국방이라는 국민 의무의 분담에서도 소위 특권층이나 부유층의 입영률이 여타 국민에 비해 월등히 낮다고 한다. 선진국에서는 사회적 지위가 높은 계층일수록 납세의 의무는 말할 것도 없고 국방의 의무까지 누구보다 앞장서서 짊어진다는 사실을 생각한다면, 우리나라에서 소위 뭘 좀 알고 가진 것이 많은 계층의 사람들이 보이는 행태(行態)는 참으로 떳떳하지 못하다고 해야 할 것이다. 병무 부정이 문제가 되었던 것은 1950년대부터였는데 반세기가 가까워지도록 아직도 이런 부정이 만연하고 있는 것을 보면 일부 계층이 누리는 부당한 특권이나 횡포는 참으로 끈질겨서 해소하기가 쉽지 않은 모양이다. 그런 몰염치한 계층의 사람들이 국회의원이 되고 행정부 및 사법부의 고위직에 오르는 한, 그 부정이 시정될 가망성을 기대하기는 어려울 것이다.

우리 사회에 가득한 이런 불평등은 그 뿌리가 너무 깊어서 그것을 척결하는 일이 결코 쉽지 않다. 이는 기득권을 누리는 계층에서 이미 챙겨놓은 특권을 선뜻 내어놓으려 할 리 만무하기 때문이기도 하지만, 그것보다는 국민이 낮은 의식 수준으로 인해 혹은 용기가 없거나 별 대책이 없어서 체념하고 말기 때문이다. 민주정치의 발전에 있어서와 마찬가지로 사회의 발전도 그 사회 구성원들이 발전을 감당할 자격을 갖추는 만큼만 이루어질 수 있는 법이다. 그러므로 우리가 1948년에 소위 민주정치라는 것을 흉내 내기 시작한 지 50년이 넘었지만 아직도 정치가 이 모양 이 꼴이고 사회의 발전이 이처럼 후진성을 면하지 못하는 것도 모두 우리에게 그 발전을 성취할 능력이나 그걸 누릴 자격이 갖춰져 있지 않기 때문이라고 해야 할 것이다.

강우량이나 추위의 총량 배분이 비정상적이거나 불공평하게 된 것이 환경오염 때문이라면, 한 사회의 소득 배분이나 의무 분담을 불공평하게 한 원인은 어디서 찾아야 할까? 그 원인을 무어라고 딱 부러지게 말하기는 어렵지만 적어도 그것이 환경오염처럼 달갑지 않고 혐오할 만한 무엇임에 틀림없다. 한 지역이 가뭄에 시달리고 있는데 다른 지역에서는 물난리를 당하는 것을 볼 때 우리는 하느님의 무심함이라도 원망할 수 있겠지만, 정치의 후진성이나 사회의 불평등을 두고는 누구를 원망해야 할까? 기상이변은 그것을 일으키는 주범인 환경 공해를 추방하면 수월하게 해소될 수 있을지 모른다. 그러나 국부의 공정한 배분이나 병역 및 납세의 공평한 분담을 어렵게 하는 원인은, 아무리 생각해 보아도, 우리들 자신의 한심한 정치적 역량에서나 찾는 수밖에 없을 듯하다. 이 말은 곧 그 원인의 해소가 무척 어려울 수 있는 반면에 뜻밖에 아주 쉬울 수도 있다는 뜻이기도 하다. (1999)

하늘, 하느님 그리고 하나님

근자에 간행된 영국 주간지 『이코노미스트』에는 신(神)에 대한 미국인들의 관념을 크게 네 가지로 나누어 조사한 통계 수치가 기사화되었다.

첫째, 늘 진노한 채 인간을 감시하고 있는 신의 모습 — 이런 신은 인간에게 죄를 짓지 말라고 하는 한편 정부가 나서서 신을 받드는 일에 앞장서야 한다고 생각한다. 31퍼센트의 미국인은 이런 신이 내리는 벌을 받게 될까 두려워하고 있으며, 보수적인 남부에서는 그 수치가 44퍼센트나 된다고 한다.

둘째, 인간에게 호의적인 신의 모습 — 이런 신은 인간에게 이래라 저래라 명령을 내리지만 그것을 어기는 사람들에게 벌을 내리기보다는 용서하는 편이다. 이런 신을 믿는 미국인은 23퍼센트이지만 중서부 지방에서는 그 수치가 29퍼센트에 이른다.

셋째, 비판적인 신의 모습 — 16퍼센트의 미국인들은 신이 세상을 감시하되 간섭은 하지 않는다고 믿으며, 상대적으로 진보적인 동부 지역에서는 그 수치가 21퍼센트로 높다고 한다.

넷째, 요원하게 떨어져 있는 신의 모습 — 이런 신은 일종의 우주적 차원의 힘으로서 인간 만사에는 아무런 관심도 가지지 않는다. 24퍼센트의 미국인들이 이런 신을 믿지만, 광활한 빈터가 있고 밤에 별이 특히 많이 보이는 서부 지역에서 상대적으로 많은 사람들이 신에 대해 이런 관념을 가지고 있다고 한다.

한편, 무신론자로 자처하는 사람은 5퍼센트에 불과하다고 한다. 그러므로 지역의 역사와 전통, 정서적 성향 또는 지적 수준의 차이에 따른 편차가 있기는 하지만 절대다수의 미국인들이 각각 자기 나름의 신을 믿고 있는 셈이다.

텍사스에 있는 한 대학의 종교연구소에서 갤럽에 의뢰해서 얻었다는 이 여론조사 결과는 우리에게 아주 많은 것을 시사하고 있다. 특히 주목할 만한 것은 오늘날에도 미국인들에게는 진노한 감시자로서의 하느님의 모습이 다른 어느 모습보다도 더 크게 부각되고 있다는 점이다. 이 점이 흥미로운 것은 문명의 발달이 어느 나라보다 앞선 미국 사회에서도 여전히 원시종교의 진면목을 볼 수 있기 때문이다.

종교학자들은 어떻게 생각하고 있는지 모르겠으나, 모든 원시종교는 자연현상에 대한 인간의 두려움에서 시작되지 않았나 싶다. 아무 예고 없이 휘몰아치는 비바람이며 천둥벼락이 원시인들에게는 불가사의했을 것이고 그 발생 근원이 하늘임을 알고는 하늘에 대한 공포가 시작되었을 것이다. 자연현상이 자아내는 이 무서움은, 여느 무서움과는 달리, 도피한다고 모면할 수 있는 성질의 것이 아니다. 그러므로 원시인들은 자연의 불가항력적 현상 앞에 승복하는 한편 하늘을 경외와

숭배의 대상으로 삼을 수밖에 없었을 것이다.

많은 세월이 흐르는 동안 이런 원시적 정서는 급기야 한 사회적 풍습으로 구현되었고, 나아가서는 한 체계적 종교로 제도화되기도 했을 것이다. 그러다가 우리나라의 경우처럼 토착 종교가 외래의 종교와 결탁하기도 했을 것이다. 이를테면, 옛날 옛적부터 장독대에서 정화수를 떠놓고 천지신명에게 기원하던 아낙네들의 순박한 풍습은 이 땅에서 불교가 토착화되는 과정에서 그 일부로 편입되기도 했다. 그런가 하면 훗날 기독교가 들어오자 새벽기도니 백일기도니 하는 민간의 풍습이 오늘날 세계적으로도 유례가 없다는 우리 교회의 이른 새벽 풍경으로 자리를 잡게 되었다.

초기 단계의 종교는 무엇보다도 마음을 편안하게 하겠다는 인간의 순박한 염원과 관련이 있었을 것이다. 하지만, 다른 모든 인간의 제도가 그러하듯, 종교도 하나의 제도로 굳어지면서 여러 가지 문제를 야기했다. 그 문제는 무엇보다도 인간이 정신적 평화를 위해 만든 종교가 결국은 하나의 굴레가 되어 이제는 인간의 정신을 속박하게 되었다는 데에 있다. 그 과정에서 인간에게는 하나의 선택에 불과했던 원시적 종교 행위가 이제는 필수로 부과되기도 했을 것이다. 그러므로 인간은 종교를 만듦으로써 스스로 올가미를 쓰게 되었다는 아이러니가 빚어진 것이다.

물론 이 올가미는, 여느 올가미와는 달리, 인간에게 고통보다는 마음의 평화를 기약할 수 있으며, 그것을 뒤집어쓴 인간이 그 속에서 행복한 자유로움을 느낄 수도 있다. 가령, 우리가 흔히 '암흑시대'라고 부르는 중세에 유럽 사람들은 실제로 세상을 밝게 보고 있었다는 학설이 있다. 그 시대를 암흑으로 보는 것은 어디까지나 르네상스 이후의 인본주의적 관점이고, 엄격한 신본주의가 지배한 사회에서 하느님께 모든 것을 내어 맡기고 살던 당대 사람들이 세상을 보는 눈은 달랐을 수 있다.

올가미 속에서 구속을 느끼지 않고 오히려 자유로움을 느끼는 것은 물론 하나의 패러독스이다. 그리고 신앙의 세계에서는 이런 패러독스가 종교적 진실을 확인하는 방안으로 받아들여지곤 했다. 가령 17세기 영국의 성직자요 시인이었던 존 단이 종교 소네트 중의 한 편에서 하느님에게 다음과 같이 호소할 때, 우리는 한 절대적 신앙심을 읽을 수 있다.

> 저를 당신에게로 붙잡아 가서 가두어 주소서
> 당신이 저를 노예로 삼지 않으시면 저는 결코 자유로울 수 없나이다

이런 종교적 패러독스는 하늘과 하느님에 대한 맹목적인 믿음을 전제로 해야 성립될 수 있지 않을까 싶다. 그리고 이런 믿음의 맹목성이, 어떤 의미에서는, 필연적인 것이라 할 수도 있다. 왜냐하면 천지신명이나 우주를 주재하는 힘은 어차피 그 존재가 합리적 사고를 통해 이해되거나 논증될 수는 없고 오직 눈을 딱 감고 그냥 믿어 줄 때 가장 잘 정당화될 수 있기 때문이다.

이 믿음의 맹목성이 개인적 차원에서는 경이로운 초인간적 힘을 자아내기도 한다. 사실, 이런 절대적 믿음이 없었다면 종교의 역사에서 어떻게 그 많은 사람들이 교리를 지키거나 그것을 퍼뜨리기 위해서

고난의 길을 자청해서 걸을 수 있었을 것이며, 배교자가 되어 목숨을 부지하느니 차라리 순교자의 길을 택할 수 있었을까. 그러므로 오늘날 우리가 그들이 걸었던 거룩한 행적을 기리는 것도 실은 그들의 맹목적 믿음을 기리는 것과 다르지 않다.

그러나 이런 믿음도 그것이 하나의 독선으로 흐를 때는 여러 가지 문제를 야기할 수 있다. 왜냐하면 내가 받드는 하느님만이 유일신이고 내가 믿는 종교만이 정당하다는 생각이 선교하는 사람들의 의식 속에 자리잡게 되면 그런 신앙과 선교 행위가 호전적이고 공세적인 성격을 띨 수도 있기 때문이다. 그러므로 역사적으로도 종교가 지역 갈등의 원인이 되고 선교 행위가 국제적 침략 행위에 편승하는 경우가 허다했던 것이 놀랄 일은 아니다.

이를테면 미주 대륙을 침공하여 식민지로 삼은 유럽의 백인들이 총칼만으로 원주민들을 제압하지는 않았다. 침략자들은 원주민들의 땅뿐만 아니라 영혼까지 빼앗기 위해 그들의 신전을 허물고 바로 그 자리에다 성당을 세우곤 했다. 오늘날 멕시코시티의 조칼로 광장에 서 있는 대성당은 그 한 예이다. 지금은 무슨 이유 때문인지 차츰 기울어지고 있는 이 성당을 바로 세우기 위해서 현대적 공법을 동원하고 있는 백인 지배자들이 그 성당을 바라보며 속으로 무슨 생각을 하고 있을까? 그리고 모든 것을 빼앗기고도 아직껏 백인 문화에 완전히 동화하지 못한 채 살고 있는 원주민들은 또 그 성당을 어떻게 생각할까?

일제가 한반도를 지배하던 36년 동안에도 똑같은 일이 벌어졌다. 그들은 자기네의 국교나 다름없는 신도(神道)를 이 땅에 뿌리내리게 하려고 조선 땅 곳곳에다 이른바 신사라는 것을 세워 놓고 조선인들에게 참배를 강요했다. 그들은 땅과 물자를 수탈하는 것만으로는 조선을 완벽하게 지배할 수 없으며 조선인의 민족적 기백까지 꺾어야만 비로소 조선을 완전히 복속시킬 수 있다는 치밀한 계산을 하고 있었던 것이다.

마구잡이 식민주의가 종식된 이후에도 종교는 여전히 국제적 갈등의 원인이 되고 있다. 인류가 설레는 가슴으로 맞이했던 21세기는 그 첫머리부터 피로 얼룩졌는데 그 원인을 추궁해 보면 역시 종교적 갈등이 배후에 깔려 있다. 2001년에 미국 동부 지역에 있었던 동시 다발의 테러 사건이며 뒤이어 시작된 중동에서의 전쟁은 그 단적 사례에 불과하다. 더욱이 서로 다른 종교 간에 혹은 같은 종교의 교파 간에 빚어지는 갈등 때문에 많은 테러리스트들이 무고한 사람들을 상대로 '자살' 폭탄을 터뜨리면서 자기네 행동을 신의 뜻이라고 미화하고 있는데, 우리는 그런 주장에서 일상적 논리로 설명되지 않는 광기 어린 독선을 볼 수 있을 뿐이다.

종교를 창시한 거룩한 분들이 자기네를 믿지 않는 사람들을 불신자 혹은 이단자로 몰아서 징벌하라고 가르쳤는지는 알 수 없지만, 상식적으로 생각할 때 그랬을 것 같지는 않다. 왜냐하면 그들이 표방한 것은 언제나 사랑, 정의, 평화 같은 인류 최고의 가치였을 것이기 때문이다. 그러므로 종교의 이름으로 사회적 폐해들을 호도하려 들고 교리에서 폭력 행사를 위한 구실을 찾는다면 그야말로 통탄할 일이라고 할 수밖에 없다.

세상에는 일부 극단적인 무신론자들이 있을 수 있지만 대개의 사람들은 마음속으로 자기 나름의 하느님을 믿고 있지 않을까 싶다. 인간의 품성에는 태생적으로 종교적 성향이 내재해 있기 때문이다. 그러므로 우리가 애국가에서 "하느님이 보우하사 우리나라 만세"라는 구절을 부를 때 신앙생활을 하지 않는 사람들까지도 '하느님'이라는 말에 별 저항감을 느끼지 않는다. 이는 이 '하느님'이 특정 종교에서 섬기는 신이 아니고 삼라만상 속에 편재하는 지배원리 같은 것으로 간주되고 있기 때문이다.

이런 하느님을 믿는 사람들이라면 하느님은 일종의 우주적 차원의 힘이며 인간 만사에는 직접적 관심이 없을 것이라고 여길 것이다. 이런 믿음은 앞서 거론한 신에 대한 미국인들의 관념 중의 네 번째 것에 가장 가까우며, 배타적인 데가 없어서 포용적이고, 독선적인 데가 없어서 보편적으로 용납될 만하다. 하지만 이런 견해에 찬동하지 않는 사람들이 이 세상에는 너무 많은 듯해서 선뜻 나서서 그런 주장을 내세우기조차 망설여질 지경이다. (2007)

회고와
성찰의 글들

세상에 그 어느 약속도 자기 자신과의 약속만큼
부담스럽고 지키기 어려운 것은 없으리라

'우계友溪'의 변

나는 '우계(友溪)'라는 아호를 쓰는데 이따금 그 유래를 묻는 분들이 있다. 友溪는 1988년에 인문대학의 몇몇 동료들이 모여 서예 공부를 시작하면서 처음 쓰기 시작했지만 사실 오래전부터 생각하고 있던 것이다. 우리 집 선대의 산소 중 일부는 선친의 고향인 충북 영동 황간면에 있는데 그중 조부모의 산소는 우매리(友梅里)에 있다. 나는 어려서부터 '友梅'라는 지명이 무척 마음에 들었다. 그래서 언제부턴가 友梅를 아호로 쓰면 좋겠다는 생각을 해 오고 있었다. 특히 '우매(愚昧)'로 읽힐 수도 있을 것 같아 더욱 솔깃하게 다가오기도 했다. 하지만 우매리에는 선산이 있을 뿐 달리 연고가 없고 또 내가 매화를 각별히 애완한 적이 없다는 점이 마음에 걸려 망설이고 있었다. 그러던 어느 날 '梅' 자 대신에 '溪' 자를 쓰면 어떨까 하는 생각이 문득 떠올랐다.

나에게 이 '溪'는 전혀 엉뚱한 글자가 아니다. 중학교 3학년 때 친구 네 명이 여말(麗末)의 삼은(三隱) 흉내를 내며 사은구락부(四隱俱樂部)라는 친목 모임을 만들어 동인지를 내겠다고 한 적이 있는데, 그때 내

치기(稚氣) 어린 아호는 溪隱이었다. 오래전에 만들었다가 지금은 잊히다시피 한 그 아호에서 '溪' 자를 떼서 友梅의 '梅' 자를 대체했으니, 友溪는 깊은 뜻을 찾아서라기보다도 그저 이것저것 적당히 얽어서 만든 아호에 불과한 셈이다. 하지만 함께 서예 공부를 하던 친구들이 友溪에서 '계곡 벗 삼기'니 '친구와 함께하는 계곡' 같은 의미를 찾아 주기도 했으니 달갑고 고마운 일이라 하지 않을 수 없다.

나는 이따금 스스로를 '우계(愚溪)'라고 농칭(弄稱)한 적이 있지만 어디까지나 농에 불과하다. 愚溪라면 당송팔대가(唐宋八大家)에 드는 유종원(柳宗元)의 「우계시서(愚溪詩序)」를 연상시키는데 내가 어찌 그런 고매한 경지까지 넘볼 수 있을 것인가. 그리고 나를 '又溪'라고 고쳐 부르는 친구도 간혹 있는데, 내가 걸핏하면 산하를 쏘다니는 버릇을 꼬집으려는 의도가 보이지만 결코 싫지가 않다. 그 밖에도 나는 가끔 于溪, 牛溪 혹은 雨溪를 떠올리기도 한다. (1999)

나의 서재

생각해 보니 어느새 반백 년이 넘는 세월이 흘렀다. 1950년 7월 하순 어느 날 나는 고향집 뒤뜰 감나무 아래서 괭이와 삽으로 구덩이를 파고 있었다. 내가 가진 몇 권의 책을 묻어 두기 위해서였다. 38선에서 전쟁이 시작된 지 얼마 되지 않아 대전시가 함락되었다는 소식이 들렸고, 아직 포성은 들리지 않았으나 곧 피난을 가야 한다는 소문이 자자했다. 어린것들을 데리고 피난길을 떠나야 할 부모의 심경은 헤아릴 겨를도 없이 나는 곧 들이닥칠 전화(戰禍)에 혹시 내 책들이 소실되지 않을까 걱정이 태산 같았다. 그래서 신문지로 겹겹이 싼 책을, 아직 비닐 포장지가 나오기 전이라, 두꺼운 기름종이로 다시 싸서 그 구덩이에 묻었다.

그날 밤 잠자리에서 생각하니, 장마철은 지났다지만 언제 쏟아질지 모르는 여름철 소나기에 땅 속의 책이 무사할 것 같지가 않았다. 게다가 한번 떠나면 언제 돌아올지 아무 기약도 없는 피난길이 아니었던가. 이튿날 아침에 자리에서 일어나자마자 나는 뒤뜰로 가서 묻어 두었던 책을 파내어 아래채 곳간으로 가지고 갔다. 곡식을 담으면 두어 섬은 들어갈 듯한 높다란 독이 비어 있기에 그 밑바닥에 책을 놓은 후 마대(麻袋) 같은 것으로 대충 가려 두고 나왔다.

그 이튿날인가 우리 가족은 피난길에 나섰다. 대문을 안쪽에서 잠근 후 담을 넘어 골목으로 나오면서 나는 다시 돌아올 때까지 책이 무사히 독 속에 남아 있기를 기원했다. 이렇게 시작된 피난길은 석 달 가까이 끌었고 시월 중순이 되어서야 집으로 돌아오니 우리 집은 아직도 서 있었다. B-29폭격기의 파상(波狀) 폭격에 시가지는 태반이나 초토화되어 있었지만, 세 채의 우리 집은 포탄을 두어 방 맞고도 불타지 않은 채 기우뚱하게 서 있었다. 창고 속의 독은 말짱했고 책도 물론 무사했다. 뿐만 아니라 반닫이 속에 들어 있던 한적(漢籍)도 모두 그대로 남아 있었다.

그때 나는 중학교 3학년이었는데 나의 책 수집이 시작된 것도 대충 그 무렵부터가 아닌가 싶다. 신간 서적이 보잘것없던 시절이었지만 전쟁 덕에 쏟아져 나온 헌책들이 많아서 고서점은 그런 대로 찾아다닐 만했다. 그때는 대본점(貸本店)이라는 것이 있어서 나는 책을 주로 빌려 봤지만 혹시 주머니 사정이 허락하면 한두 권씩 사서 모으기도 했다. 내가 도서대장이라는 것을 만들기 시작한 것도 그 무렵이다. 대학노트에 줄을 그어서 칸마다 일련번호를 매기고 책의 제목, 저자 이름, 출판사 및 출간 연도, 값, 구입처 등을 적어 두기 시작한 것이다. 제일 먼저 기입된 책은 이태준(李泰俊)의 『문장강화(文章講話)』인데 그 책을 고서점에서 처음 구해 읽고 즐거워하던 기억은 아직도 새롭다. 두 번째 것은 최남선(崔南善)의 『국민조선역사(國民朝鮮歷史)』라는 책인데 선친께서 사다 주신 것으로 기억된다.

도서대장을 만들자 그 속에 책이름을 한 권씩 적어 넣는 재미가 괜찮았고 그 재미가 오랫동안 나의 책 수집벽을 크게 자극하지 않았던가 싶다. 아직 장래에 무엇이 되겠다고 마음을 정하지 않은 때였지만, 아마도 나는 막연히 학교 선생이 되어 책이나 읽으며 평생을 살았으면 좋겠다는 꿈을 꾸고 있었을 것이다. 그리고 언제부터였던지 내 평생 3천 권의 책은 모아야겠다는 야심 찬 목표도 세우고 있었다. 당시로서는 참으로 허황한 꿈으로 끝날 듯이 보였지만 이 야심은 오랫동안 서적에 대한 내 무모한 애착을 부추기고 있었고 그 덕분에 지금 나는 여섯 권째의 대학노트에다 4천 몇백 권째의 책제목을 적어 넣고 있는 중이다.

물론 이 많은 책을 모으는 데에 단순히 수집벽만 작용했던 것은 아니다. 우리나라처럼 대학도서관을 비롯하여 공공도서관의 장서가 부실하기 짝이 없는 곳에서는 학문에 뜻을 둔 사람들이 '개인 도서관' 차리기에 열을 올리지 않을 수 없다. 그래서 대학 동료들의 연구실에는 예외 없이 책이 산더미처럼 쌓여 있다. 이는 구미의 대학 교수 연구실 책꽂이가 주로 도서관에서 빌려온 책이나 출판사에서 기증 받은 교과서 따위로 가득한 것과 대조를 이루는 풍경이다. 그러므로 우리 연구실 고유의 이런 진풍경은 우리나라 학자들이 처해 있는 학문하기 어려운 환경을 여실히 반증하고 있다고 해야 할 것이다.

하지만 다시 생각해 보건대, 내가 온갖 어려움을 무릅쓰고 책을 모은 것은 부실한 대학도서관 탓만이 아님은 분명하다. 나는 아주 젊은 시절부터 서점에서 구할 수 있는 책은 반드시 사서 읽어야 한다는 것을 신조로 삼고 있었다. 그 이유는 무엇보다도 빌려 온 책은 밑줄을 칠 수 없고 여백에 아무것도 적어 넣을 수 없기 때문이다. 사실 책을 읽는 재미 중에서 상당 부분은 그 여백에 즉흥적 메모나 잡된 낙서를 자유로이 할 수 있는 데서 빚어진다. 그리고 다 읽은 후 마지막 페이지의 여백에다 '모년 모월 모일에 독파'라고 적어 넣을 때의 그 성취감 또한 오직 '내 책'으로 읽을 경우에 한해서 누릴 수 있는 특전이다.

지금 돌이켜 생각하면, 많은 책이 그 구입과 관련된 사연을 가지고 있다. 가령 대학 시절에 산 I. A. 리처즈의 양장본 『문예비평의 원리』는 같은 학과의 친구 C 군과 명동에서 서점 순례를 하다가 처음 눈에 띈 책이다. 우리는 명성을 통해서만 알고 있던 그 저자의 책이 영국에서 수입된 것을 보고 반색했지만, 늘 그랬듯이 그날도 우리에게는 양서 한 권을 마음 놓고 살 여유가 없었다. 워낙 참고서적 구하기가 어려웠던 시절인 데다 C 군이 그 책에 눈독을 들이는 기색이 심상치 않았기 때문에 나는 그와 헤어진 후 다시 그 서점으로 갔다. 그 책을 다른 책 뒤에 숨겨 두기 위해서였다. 그 후 나는 이따금 그 서점으로 가서 그 책이 잘 있는지를 확인하곤 했다. 그러다 어느 날 용돈이 좀 생기자 나는 단숨에 명동으로 가서 그 책을 손에 넣었는데 그때의 기고만장하던 기분은 지금까지도 생생하다.

또, 어느 비 오는 날 나는 한 시골 친구를 데리고 광화문에 있는 고서점을 돌다가 토머스 칼라일의 『의상철학』 주석본과 찰스 램의 옥스포드 판 『엘리아 에세이즈』를 포함하여 일곱 권의 영문학 서적을 산 적이 있다. 한 중년 신사가 고등학교 교복 차림의 여학생을 데리고 책을 팔러 나왔다가 서점 주인이 너무 헐값을 부르자 보자기에 그 책들을 다시 싸고 있었다. 딸의 학교 등록금을 장만하기 위해 애장하던 서적을 들고 나왔음이 분명한 그 신사의 얼굴에는 어이없다는 표정이 역력했다. 그 광경을 처음부터 지켜보고 있던 나는 그 신사를 따라 나가서 얼마를 받으면 그 책을 팔겠느냐고 물어보았다. 흥정은 쉽게 되었지만 정작 내게는 돈이 없었다. 그러자 옆에 있던 친구가 선뜻 돈을 빌려주겠다는 것이 아닌가. 그 친구는 부잣집 아들로서 학교 공부를 시들하게 여기는 편이었지만 내가 책을 사지 못해 안달하는 것을 늘 신기하다는 듯이 바라보곤 했다. 우리 네 사람은 전차로 종로 4가에 있는 그 친구의 거래 은행까지 함께 가서 돈을 찾아 책값을 치렀다.

이렇듯 어렵게 모은 책이지만 그간에 수백 권의 책이 없어졌다. 빌려 준 책은 거의 되돌아오지 않았다. 언젠가 한번은 빌려 준 고본 한 권이 어느 고서점에 꽂혀 있는 것을 보고 경악한 적도 있다. 그 서점 주인에게 그 책은 내 것이라고 주장해 보았지만 물론 그 증거를 댈 수 없었다. 책에다 표시를 해두기로 한 것도 그때부터였다. 표시는 장서인(藏書印)을 찍고 밀표(密標)까지 해 두는 것이었다. 장서인은 나의 책 수집벽을 눈치 챈 선친이 마당에 있던 회양나무 뿌리를 캐어 다듬은 것을 어느 인각장(印刻匠)에게 부탁해서 새기게 한 것으로 그간 쓰지 않고 보관만 해 오던 것이었다. 밀표는 나만이 아는 페이지에다 내 영문 이름 두문자(頭文字)를 자그마하게 기입해 두는 것이었다. 그리고 책을 빌려 줄 때는 대출대장을 만들어 빌려 간 사람의 이름과 날짜를 기입해 두고 더러는 반환을 재촉하기도 했다.

요즈음도 새로 생긴 책을 도서대장에 기록은 하지만 장서인 찍기는 그만둔 지 이미 오래된다. 책을 빌려 줄 때도 꼭 돌려받아야겠다는 생각을 하지 않기 때문에 대출대장 같은 것은 물론 없다. 이미 7백여 권의 한서(韓書)를 동네의 시립도서관에 기증했는데 곧 더 골라서 보낼까 한다. 그러나 영문 전적(典籍)은 마땅히 기증할 곳을 찾을 수 없다. 교직에서 물러날 때 많은 책을 후배들에게 나눠 주었지만 아직도 남아 있는 적잖은 양의 외서는 장차 어떻게 처리해야 할지 알 수가 없다. 구미의 여러 나라에서는 장서가들의 책을 후손들이 아무 가책 없이 고서점으로 보내기도 하지만, 쓸 만한 양서 고서점이 없는 우리나라에서는 장서가들의 책이 결국은 어디로 가게 될 것인지 짐작하기가 어렵다.

(2003)

알타이 선생과 지리학

"선생님, 이번 지리 시험에서 최고는 몇 점입니까?"

"99점이다."

"왜 백 점이 없습니까?"

"우리 사회과학에 백 점은 없다. 그래서 99점이지."

"누가 99점인데요?"

"아마 널걸?" 지리 담당 조동훈(趙東勳) 선생은 교탁 너머로 내려다보며 말했다. 1949년 여름 김천중학교 2학년 때 출석번호가 5번이던 나는 교탁 바로 앞에 앉아 있었다. 그날 나는 난생 처음 '사회과학'이라는 말을 들었다. 무슨 심산이었든지 조 선생은 우리 같은 조무래기들 앞에서 그런 거창한 용어를 들먹였고, 나는 칭찬에 우쭐해지기보다 그 어리어리한 용어에 더 압도되었다.

조 선생의 별호는 '알타이'였다. 전해 내려오는 설에 의하면 그가 교실에서 걸핏하면 "우리 민족은 알타이 산맥에서 연원했다"는 말을 해서 그런 별호를 얻게 되었다는 것이다. 일정 때 그가 일본 와세다대학을 다녔다는 설이 있었지만 나는 아직도 그 사실 여부를 모른다. 작은 키에 다부진 체격을 하고 있던 그는 피부색이 검은 편이었으며 취미는 권투였다.

그날 조 선생한테 받은 칭찬과는 관계없이 지리는 학창 시절 내가 제일 좋아한 과목이었다. 나는 초등학교 시절부터 전 세계 1백여 개국가의 수도 이름을 거의 외우고 있었다. 선친은 늘 나보다도 더 많은 지명을 알고 있었고, 걸핏하면 한 지역의 도시나 강 또는 산 이름을 대어 보라고 했다. 그러나 내가 지명 따위를 외운 것이 선친의 닦달 때문만은 아니었다. 오히려 내 몸에는 요즘 말로 특별한 DNA가 유전적으로 박혀 있어서 지리학을 좋아하게 되지 않았던가 싶다.

그 당시 변변한 지도책이라곤 구할 수 없었지만 나는 초라한 지도책이나마 들여다보거나 베끼는 데 홀딱 빠지곤 했다. 조 선생이 지도 그리기 숙제를 내는 날이면 나는 늘 4절지쯤 되는 큰 아트지를 구해서 대륙별로 지도를 그려 제출하고 칭찬을 받았다. 훗날 영국과 미국에서 공부할 때는 대학도서관에서 살다시피 했는데, 책 읽기가 싫증나면 지도책을 보며 머리를 식혔다. 참고도서실의 널찍한 탁자 위 여기저기에는 얼마나 멋진 애틀라스들이 놓여 있었던가. 그 큼직하고 두툼한 지도책들을 섭렵하느라 한나절씩이나 시간을 허비(!)하고 나서 몹시 후회한 적이 한두 번이 아니었다.

고등학교 시절 나는 장차 지리 선생이 되겠다는 꿈을 꾸기도 했다. 사람들은 내가 법대나 공대로 갈 것이라 기대하고 있었지만 나는 2학년 때부터 이미 문리대에 지원하리라 마음먹고 있었다. 그런데 불행히도 문리대에는 지리학과가 개설되어 있지 않았고 오직 사범대학에 지리교육과가 있을 뿐이었다. 문리대에 지리학과가 생긴 것은 내가 대학을 졸업한 지 1년이 지나서였다.

그 당시에도 학사편입제가 있었던지 우리 영문학과의 졸업생들이 중문학과와 독문학과로 편입학하기도 했다. 하지만 나는 이런저런 이유로 지리학과에 편입할 엄두를 내지 못했고, 그 결과 평소에 그렇게나 좋아하던 인문지리학, 특히 도시계획이나 인구 문제 등을 다루는 지리학 같은 참으로 신명나는 학문 분야를 전공할 기회를 놓치고 말았다. 그러니 훗날 변변찮은 영문학자가 되어 평생 비실거렸다고 한들, 이제 와서 누구를 원망할 수 있을 것인가. (2011)

1954년 영어영문학과 신입생환영회

1954년 5월 7일이었다. 문리과대학 교정의 단층 목조건물에서 영어영문학과 신입생환영회가 열렸다. 우리 신입생 스물다섯 명은 대부분 참석했지만, 상급생들은 별로 오지 않았던 것으로 기억된다. 교수 중에서는 권중휘(權重輝) 선생, 고석구(高錫龜) 선생 그리고 송욱(宋稶) 선생이 나왔고, 불참한 분은 박충집(朴忠集) 선생, 전제옥(全濟玉) 선생 그리고 당시 미국에 머물고 있던 이양하(李敭河) 선생이었다.

말이 환영회이지 빵과 비스킷 따위를 곁들인 차를 들면서 교수와 학생들이 자리를 같이하는 간담회였다. 학점이수제도 같은 생소한 것들에 대한 우리의 궁금증을 놓고 질의응답이 오간 후에 누군가가 대학에서 공부하는 법에 대한 교수들의 고견을 청했다. 그러자 세 분 교수가 한 말씀씩 했는데 그 내용이 아직도 생생히 기억난다.

맨 먼저 권중휘 선생은 "너희들이 앞으로 영문학을 하면 얼마나 하겠느냐? 그러니 영문학을 공부한다는 생각은 접어두고 4년간 사전 보는 법이나 익히도록 하라"는 말을 했다. 그 말 속에는 우리의 자질을 너무 얕보는 어조가 섞여 있는 듯해서 나는 무척 놀랐고, 그 자리에 있던 다른 신입생들도 아마 나와 같은 심경이었을 것이다.

다음으로 고석구 선생은 "너희들이 영문학 작품을 원전으로 읽는다는 것은 쉬운 일이 아닐 것이다. 소설을 읽을 때 생소한 낱말들을 많이 마주치게 될 텐데, 일일이 사전을 뒤져보다가는 진도가 나가지 않을 것이고 읽는 재미도 사라지고 말 것이다. 그러니 문맥의 이해를 위해서 긴요하다고 여겨지는 낱말이 아니거든 일일이 사전을 뒤지지 않는 것이 좋다. 읽어 나가다 보면 많은 낱말의 뜻을 저절로 알 수도 있을 것이다. 그리고 영국소설을 읽기가 힘겹다고 느끼거든 러시아 소설의 영역본을 구해서 읽어 보기 바란다. 의외로 술술 읽힐 것이다"라고 말했는데, 그때 나는 물론 고 선생의 말뜻을 충분히 이해하지 못했다.

마지막으로 송욱 선생은 "나는 어떤 일이 있어도 하루에 책을 50페이지 이상 읽으려고 노력한다. 모든 공부의 근원은 책에 있다. 여러분도 되도록 많은 책을 읽기 바란다"는 요지의 말을 했다. 그 자리에서 나는 그 정도는 읽어야 대학 교수가 될 수 있나 보다고 생각했지만 장차 교수가 되겠다는 포부 같은 것은 물론 없었다.

요즘 학생들이 신입생환영회에서 이런 말을 듣는다면 황당하다고 여길 것이다. 하지만 해방 후 10년이 가까워지도록 정치적 혼란과 전쟁의 참화만 겪어 왔던 그 시절에는 고등학교를 졸업한 학생들의 영어 구사력이 정말 한심한 수준이었다. 그러므로 그날 세 분의 말씀이 우리들에게는, 아니 적어도 나에게는 아주 유용한 조언이 되었다. 그리고 지금 돌이켜보면 나의 학사과정 4년은 그 조언들을 실천하겠다고 내 나름으로 노력한 기간이 아니었던가 싶다.

우선, 고석구 선생의 조언은 나 같은 풋내기가 영어책을 읽는 데에 유익한 지침이 되어 주었다. 사전 뒤져보기에 너무 집착하지 말라는 부분이 특히 그러했다. 지금 생각하건대 초심자가 영문학 장편소설을 읽는 데 있어서 가장 큰 장애가 되는 것은 처음 몇 개 장 혹은 처음 몇십 페이지를 읽어내는 일이다. 그러므로 낯선 낱말의 뜻을 모조리 뒤져보다가는 그 장애를 넘어서지 못하고 좌절하기 십상이다.

나는 이내 고 선생의 조언을 따라 장편소설 읽기를 시도했고 그 첫 작품은 오스카 와일드의 『도리언 그레이의 초상화』였다. 꽤 긴 그 소설을 무난히(!) 독파하고 나서 성취감에 희열하던 기억이 지금까지도 생생하다. 그 후부터 나는 새 장편소설을 집어 들 때 무모하게도 별로 겁을 내지 않았다.

한편 나는 송욱 선생처럼 매일 50페이지는 읽지 못하더라도 적어도 30페이지 이상은 읽어야겠다고 마음먹었다. 입학한 후 얼마 되지 않아 알게 된 사실이지만, 한 학기에 강의실에서 다루는 텍스트의 분량은 너무 미미했다. 시는 10편 내지 20편, 장편소설도 처음 50페이지 안팎, 그리고 셰익스피어는 한 희곡의 처음 2막 정도를 읽는 것이 고작이었다. 그러니 대학을 졸업해 봐야 영문학이라는 그 큰 뭉치에서 극히 미미한 일부분만을 접하는 데 그칠 것이 아니겠느냐는 생각이 들어 나는 일종의 위기의식을 느꼈다. 그러므로 강의실에서 배우는 것과는 상관없이 독자적으로 하루에 최소한 30페이지를 읽겠다고 한 것은 일종의 자구적(自救的) 노력이요 아주 현명한 결심이기도 했다.

그런 노력의 일환으로 나는 많은 시간을 도서관에서 보냈다. 중앙도서관이 문을 여는 시간에 맞춰 2층 열람실로 올라간 나는 좋은 자리를 하나 차지했고, 강의시간, 점심시간 및 어쩌다 친구들과 어울려 돈암교 동도극장으로 조조할인 영화 구경을 가는 시간, 그리고 더러 아르바이트 하러 가는 시간 등을 제외하고는 종일 그 자리에서 책을 읽었다.

하루에 30페이지씩 읽는다고 해야 한 해에 읽을 수 있는 책이 겨우 수십 권에 불과했을 테니 그리 대단한 성과라고 할 수는 없었다. 하지만 대학 초년 시절에 그런 노력 끝에 영어책도 읽을 수 있겠다는 자신감을 기른 것은 나에게 무척 다행스러운 일이었다. 그 자신감 덕에 나는 대학 3학년 때는 어니스트 헤밍웨이의 작품을 거의 모두 구해서 읽었다. 그리고 '영문학연구회'(?)라는 학생들의 모임에서 주최하는 정기 발표회에 나가서 난생 처음으로 교실을 가득 메운 청중 앞에 설 수 있었고, 나중에는 논문이란 걸 한 편 써서 『문리대학보(文理大學報)』에 싣기도 했다. 뿐만 아니라 4학년 때는 D. H. 로런스의 소설과 산문을 거의 모두 읽고는 학사과정 졸업논문이랍시고 아주 길게 썼다. 지금 회고하건대 영문학에 대해 내가 그 정도의 접근이나마 할 수 있었던 것은 순전히 송욱 선생의 조언을 실천하고자 노력한 결과가 아니었을까 싶다.

사전 뒤지는 법이나 배우라고 한 권중휘 선생의 조언은 얼핏 보기에 고 선생의 조언과 상충되는 듯하지만 알고 보면 상호보완 관계에 있다. 나 같은 초심자가 영문학에 물량적으로 다가가는 데에 고 선생의 조언이 커다란 도움을 주었다면 권 선생의 조언은 그 질적 수준을 높이는 데 도움이 되었다. 고등학교를 졸업할 때까지 영어사전을 단순히 어휘집으로만 이용해 오던 내가 영문학을 제대로 읽기 위해서는 사전을 올바로 뒤져볼 수 있어야 한다는 것을 인식하기까지 물론 꽤 많은 시간이 걸렸다. 그러나 학사과정을 이수하는 동안 나는 한 낱말의 의미를 미세하게 분간하고 그 의미의 역사적 변천까지 추적해 보아야 할 경우도 있음을 알게 되었는데, 그것은 참으로 큰 성과였다고 하지 않을 수 없다.

뿐만 아니라 영국민에게는 '옥스퍼드 대사전'이라고 알려져 있는 *New English Dictionary* 같은 자랑할 만한 문화적 자산이 있다는 것을 알게 된 후, 나는 책을 읽다가 종종 그 큰 사전을 펴 보기도 했는데, 읽고 있던 바로 그 구절들이 용례로 인용되어 있는 것을 보고 경탄한 적이 한두 번이 아니었다. 그 후 나는 사전을 더욱 존중하려고 애를 쓴 편이지만, 늘 좋은 사전을 최대한 활용함으로써 그 혜택을 충분히 누릴 만큼 부지런하지는 못했다. 오히려 나는 사전 뒤지기를 소홀히 했다가 책읽기를 할 때나 강의실에서 낭패를 본 적이 여러 차례 있다.

거의 60년이 지난 지금 그 신입생환영회를 돌이켜보니 참으로 감회가 새롭다. 앞서 나는 1950년대 대학교육의 실정이 참으로 한심했다고 회고한 바 있거니와, 그나마 대학 시절 초년에 내가 세 분 교수들의 말씀을 새겨듣고 실천하려고 노력한 것은 다행이었다. 그날 그분들은 평소의 소신을 피력했을 뿐이겠지만, 적어도 나에게는 그 조언들이 장차 대학생활을 하는 데에 소중한 길잡이가 되어 주었기 때문이다.
(2012)

'개천에서 난 용'이라고?

1955학년도 2학기 11월경에 문리대 학생과에서는 뜻밖에도 학부 2학년생이던 나를 국비장학생 후보자로 추천해 주었다. 선발 시험을 치렀던 것으로 보아 장학생 선발에 얼마쯤 경쟁이 있었던 것 같다. 수험장은 당시 효자동 입구에 있던 국민대학이었다. 지정된 자리를 찾아가니 내 왼쪽 자리에 철학과의 대학원생 이교상(李敎祥)이라는 분이 앉아 있었다. 한 해 전에 내가 대학에 들어갔을 때 그는 이미 당대에 유행하던 실존주의 철학의 '대가'로 명성을 크게 떨치고 있었다. 그는 불문학과 대학원생 박이문(朴異汶, 본명 朴仁熙) 그리고 영문학과 4학년생 최승묵(崔昇默) 같은 사람들과 함께 문리대의 신화적 존재로 되어 있었고 우리는 그들을 우상처럼 우러러보았다.

여기서 이교상의 이야기를 하는 것은 그가 그날 들고 온 책이 공교롭게도 내가 전차에서 읽기 위해 가지고 나왔던 책과 똑같았기 때문이다. 그것은 르네상스 시대 화가 보티첼리의 화첩이었다. 그 작은 포켓북은 미군부대에서 흘러나온 페이퍼백으로 고본점에서 쉽게 구할 수 있었는데, 나는 렘브란트, 세잔, 모네, 피카소 등 예닐곱 화가들의 화첩도 같은 판본으로 가지고 있었다. 내가 자기와 똑같은 책을 들고 나타난 것을 보고 놀란 듯 그는 나에게 어느 학과 학생이냐고 물었고, 그날 우리가 주고받은 말은 그게 전부였다.

그 후 몇 년 지나지 않아 정신건강에 문제가 생겨 병원 출입을 한다는 소문이 돌더니 이내 그의 부음이 들려왔다. 그때의 그 짧은 인연 때문이겠지만, 훗날 내가 보티첼리의 〈비너스의 탄생〉과 〈비너스와 마르스〉 같은 명화들을 피렌체와 런던 등지의 미술관에서 실제로 마주할 때마다 그날 함께 시험을 보던 그 고고한 얼굴이 떠오르곤 했다. 그리고 지금까지도 이교상과 보티첼리와 국비장학금은 늘 서로 엉긴 채 내 기억의 그물에 걸려 있다.

그날 우리는 논술형 시험을 보았는데 논제는 '전후 국가 재건을 위한 우리의 각오'나 그 비슷한 것이었다. 이어서 전공별로 구술고사를 보았다. 바로 옆에 있던 중앙청 건물의 한 사무실을 찾아가니 동국대학 교수요 문리대 강사였던 양주동(梁柱東) 선생이 앉아 있었다. 그는 나에게 몇 가지를 물어보았고 나는 이럭저럭 대답을 했다. 하지만 내가 'Lethe'라는 고유명사의 뜻을 대지 못하자 그가 "영문과 학생이면서 그것도 모르면 되겠느냐"라며 무안을 주는 통에 얼굴이 화끈거렸던 기억이 난다. 'Lethe'가 존 키츠의 저 유명한 시 「나이팅게일에게 부침」의 첫 대목에 나온다는 것을 알게 된 것은 그 후 얼마 되지 않아서였다.

전국적으로 몇 명이 장학생으로 선발되었는지는 기억나지 않지만 문리대 학사과정에서는 물리학과의 남상부 군과 영문학과의 내가 선정되어 이듬해 4월부터 장학금을 받게 되었다. 그런데 발표가 나고 얼마 되지 않았을 때 나는 한 작은 소동에 휘말렸다. 그 시절에는 전화가 널리 보급되어 있지 않았기 때문에 누구나 편지로 소식을 주고받았는데, 어느 날 고향 김천에서 부쳐 온 선친의 편지를 받고 나는 깜짝 놀랐다. 그 사연인즉 경향신문사 김천 지국장이 들고 온 신문을 보니 내가 국비장학생 선발 시험에서 1등으로 합격했다는 내용의 기사가 실려 있더라는 것이었다. 나중에 알게 되었지만 그 신문 기사 때문에 선친은 친구들에게 몇 차례 술을 사야 했고, 그 후 오랫동안 『경향신문』을 구독해야만 했다.

그 편지를 받자마자, 선발 시험에서 1등을 했다니 대체 무슨 말일까 궁금해서 나는 소공동에 있던 경향신문사를 찾아갔지만, 그 기사를 쓴 기자는 만나지 못하고 그 날짜의 신문만 얻어서 읽어 보았다. 한 사회부 기자가 「등용문(登龍門) 넘버 원」이라는 제목으로 인터뷰 기사를 연재하면서 국비장학생 선발 이야기를 그 첫 번째 토막으로 삼고 있었다. 그는 마치 나를 인터뷰한 것처럼 기사를 꾸몄고, 더러는 내가 한 말이라며 따옴표까지 붙여 '인용'하기도 했다. 나는 기자들이 허풍이 세다는 말을 기왕에 들어왔지만 그 기사는 정말 너무 터무니없었다.

그 기자는 나를 칭찬하겠답시고 그 기사를 쓴 것이 분명했으나 정작 당사자인 나는 불쾌하기만 했다. 그 선발 시험에서 1등이 있었을 것 같지도 않았거니와, 설령 있었다 하더라도 무의미했을 것이다. 그런데도 1등 합격자를 만나 인터뷰라도 한 것처럼 가장하고 허위 기사를 쓴 것은 괘씸한 일이었고, 그 기사의 내용은 더욱 못마땅했다. 그는 내가 재능형이라기보다 노력형 인간이었기에 시골 출신이면서도 장학생 선발 시험이라는 '등용문'을 1등으로 통과할 수 있었다는 조로 기사를 썼다. 그는 또 나를 마치 '개천에서 난 용'의 본보기인 것처럼 치켜세웠는데 그것도 마음에 들지 않았다. 나는 그 기자를 기어이 만나서 한번 따져 볼까도 싶었지만 주변 친구들이 뭐 그렇게까지 할 필요가 있겠느냐고 말리는 통에 그만두고 말았다. 지금도 나는 신문 기사를 전적으로 신뢰하지는 않거니와, 나의 이런 성향은 그 '인터뷰' 기사 때문에 되돌리기 어려울 정도로 굳어지고 만 것이 아닌가 싶다.

'개천에서 용이 났다'는 비유법은 전통적으로 듣기 좋은 찬사로 받아들여져 왔다. 나는 반생 동안 그런 말을 몇 차례 들은 적이 있다. 이를테면 미국 대학에서 공부를 마친 후 고등학교 시절 담임선생이었다가 나중에 미국 대학에서 수학 교수가 된 분에게 글을 올렸을 때, 그 분은 '개천에서 용이 난 격'이라며 칭찬을 해 주었고 나는 아주 기분 좋게 그 찬사를 받아들였다.

하지만 그런 어법이 늘 우리의 기분을 좋게 하는 것은 아니다. 두어 해 전에 영문학과 한 후배의 채근으로 어느 젊은 작가의 영문 소설 출판기념회에 참석한 적이 있다. 그 작가의 부친을 만나 처음으로 인사하는 자리에서 그는 뜬금없이 내게 출신 고등학교를 물었다. 내가 김천고등학교라고 하자 그는 대뜸 "아, 그러세요? 개천에서 용이 났군요"라고 했다. 그 순간 '개천'이라는 말이 마치 '시궁창'처럼 들려 나는 무척 속이 상했지만 내 후배의 B고등학교 동기생이라는 그 사람에게 아무 내색도 할 수 없었고 불쾌감을 속으로만 삭였다.

그것을 계기로 나는 내가 태어나서 성장한 환경이 정녕 '개천'에 불과했던가, 그렇다면 꼭 서울이나 부산쯤 되어야 '큰물'이라 할 수 있을까, 그리고 모든 개천은 큰물만 못하단 말인가 등의 의문을 두고 한

번 짚어 보아야 했다. 그리고 그 비근한 비유법에는 고자세에서 내리는 찬사와 그에 못지않은 경멸도 섞여 있다는 결론을 내렸다. 내가 겪었던 이런 일들과는 관계없이, 요즘은 결혼적령기의 여자들이 '개천에서 태어난 용'들을 가장 기피해야 할 신랑감으로 지목한다니 바야흐로 '개천' 비하(卑下)가 극대화되고 있음에 틀림없다. 그러니 그런 비유법을 찬사 삼아 쓸 수 있는 시대는 이래저래 이미 끝나지 않았나 싶다.

각설하고, 1956년 4월부터 졸업할 때까지 2년간 매월 2만 환(圜)의 장학금이 학생처를 통해 꼬박꼬박 지급되었다. 2만 환은 그리 많은 액수는 아니었지만 한 달 치 하숙비를 내고도 약간의 용돈이 남을 정도였으므로 나에게는 큰 도움이 되었다. 나는 첫 달 장학금 2만 환을 받아들자마자 을지로 입구 남대문로에 있던 미조사라는 양복점을 찾아갔다. 밤색 순모 천으로 '가다마이' 슈트 한 벌을 재단하는 데 3만 6천 환이 들었으므로 집에서 가지고 온 용돈에서 1만 6천 환을 보태야 했다. 여기서 이런 이야기를 하는 것은 2만 환이라는 월정 장학금의 쓰임새가 얼마나 되었을까를 가늠해 보자는 것이지, 내가 장학금을 허투루 쓸 수 있었던 것처럼 과시(!)하자는 것이 아니다. 오히려 장학금을 지급받은 덕분에 나는 그 당시 미국의 원조자금으로 영국과 미국에서 수입해 온 영문학 관련 서적을 꽤 많이 구입할 수 있었고 명동과 광화문 그리고 청계천 변에 널려 있던 고서점들을 마음 놓고 출입할 수 있었다는 말을 하고 싶다. (2012)

어떤 약속

"저는 한국에서 온 영어 선생입니다. 학생 시절에는 독어, 불어와 일어도 익혀 본 적이 있지요. 희랍어와 라틴어도 배웠고요. 공맹(孔孟)과 당시(唐詩)도 조금은 읽었답니다. 그러나 부끄럽게도 현대 중국어는 익히지 못했어요. 중국어를 모르는 것이 이토록 장애가 될 줄 미처 몰랐습니다. 귀국하면 중국어 공부를 시작하겠습니다."

이는 1990년에 중국 구이양(貴陽)에서 열린 어느 국제학회의 한 분과 모임에서 내가 했던 영어 논평의 서두 부분이다. 국교가 수립되기 전에 어렵게 찾아간 중국이었으므로 그곳 사람들의 사는 모습이 궁금했지만 나는 호기심을 억누른 채 번역문학 주제의 한 분과 모임에 참석하고 있었다. 놀랍게도 예닐곱 명의 발제자는 모두 중국 학자들이었고 사용 언어도 물론 중국어였다. 난감해진 나머지 자리를 뜰까 하다가 발표 논문에 딸린 요약문이 영어 또는 불어로 되어 있는 것을 보고는 오기(傲氣)로 남아 있었지만, 벙어리처럼 앉아 있기가 여간 고통스럽지 않았다. 꼬박 세 시간 동안 한자로 된 논문들을 훑어보거나 그 요약문을 읽으며 앉아 있던 나는 논평의 기회를 요청했고 그 서두에 영어로 위의 약속을 했던 것이다.

나는 이 즉흥적 약속을 오랫동안 지키지 못했다. 내 주변에는 중어중문학을 가르치는 선생들이 여럿 있어서 쉽게 도움을 받을 수 있었지만 정작 공부를 시작하자니 엄두가 나지 않았기 때문이다. 약속이라야 이름도 기억하지 못하는 여남은 명의 중국 학자들을 상대로 한 것이었으므로 꼭 이행해야 할 의무는 없었다. 하지만 사실 그 약속은 누구보다도 내 자신을 상대로 한 것이었고, 따라서 그 약속의 불이행은 곧 내 자신을 속이는 일이라는 생각이 들어 늘 마음이 무거웠다.

이래저래 10여 년의 세월이 흘렀고 나는 오랫동안 봉직하던 대학을 떠나게 되었다. 시간이 주체할 수 없이 남아돌기 시작하자 가장 먼저 생각난 것이 중국어 공부였다. 그래서 7, 8개월 전부터 교육방송의 어학 프로그램에 의존하여 독습을 시작했다. 독습의 길을 택한 것은 시간에 맞춰 동네 학원을 다니기가 쉽지 않았기 때문이다. 일찍이 한자를 꽤 익혔으니 현대 중국어 공부가 그만큼 쉬울 것이라고 여겼으나 막상 접해 보니 그렇지도 않았다. 갈 길이 멀다는 생각에서 초급 과정과 중급 과정을 아울러 공부하고 있는데 자칫 성급한 노욕(老慾)으로 비칠까 두렵다. 하지만 무엇이건 익히는 데에 왕도가 따로 있을까. 좀 무리한 노력이라도 들여야 조금이나마 더 배울 수 있지 않을까 싶다.

그간 혼자 끙끙댔으나 어느 정도의 성과를 거뒀는지 가늠해 볼 길이 없다. 그러나 월말에 새 교재를 사러 서점에 들르는 일이 매번 무척 즐거운 걸 보면 공부 자체에 대한 애착이 깊어졌음은 분명하다. 언제쯤이나 베이징방송을 알아듣고 루쉰(魯迅)을 원전으로 읽을 수 있게 될지 아무 기약이 없건만 교재를 펼 때마다 자신과의 약속을 지켰다는 생각에 가슴이 뿌듯하다. 참으로, 세상에 그 어느 약속도 자기 자신과의 약속만큼 부담스럽고 지키기 어려운 것은 없으리라.

그러나 문제는 이 공부를 꾸준히 계속할 수 있느냐 하는 것이다. 지금은 후끈 달아서 덤벼들고 있지만 이 열의가 언제까지 계속될 것인지 알 수가 없다. 곧 공부를 소홀히 하거나 흐지부지 중단하면 어떡하나 벌써부터 자못 걱정이다. (2002)

제자, 도제 그리고 후배

나에게는 제자가 없다. 40년 교직 생활에도 제자가 없다는 뜻이다. '제자'의 사전적 의미는 "지식이나 덕을 갖춘 사람으로부터 가르침을 받은 사람"이므로, 제자가 있자면 학덕을 겸비한 스승이 전제되어야 한다. 이렇게 볼 때 나에게 제자가 있을 수 없다는 생각은 더욱 굳어진다. 명색이 학문의 전당이라는 곳에서 오랫동안 얼쩡거리면서도 세계적인 학자가 되기는커녕 전공 분야에서 내로라는 일가를 이루지 못했으니, 무슨 염치로 교실에서 우연히 인연을 맺었던 사람들을 제자라고 여길 수 있을 것인가. 그러니 어쩌다 스승으로 떠받침을 받는 경우에도 내 마음은 자못 불편할 뿐이다.

내 개인의 경우를 떠나 사제관계를 좀 더 일반화해서 생각해 보더라도 제자라는 말은 함부로 쓸 수 있을 것 같지 않다. 무엇보다 '제자'는 어쩐지 봉건시대의 도제(徒弟)를 연상시킨다. 왜냐하면 한 직종에서 일정 기간 동안 계약을 맺은 후 수업료를 내고 연수를 받는다는 점에서 제자가 도제와 어떻게 다를까 싶기 때문이다. 물론 이런 말을 들으면 펄쩍 뛰는 이도 있을 것이다. 그런 사람은 스승으로부터 학문을 익히는 제자를 어찌 직업연수나 받는 도제에 비할 수 있느냐고 반박할 것이고 나도 그 반박에 동참할 수 있기를 진심으로 바라지만, 오늘날의 대학이 '집단 도제 양성 기관'이라는 생각을 버리기는 어렵다. 아무튼 나에게는 도제건 제자건 기를 능력이 없었을 뿐 아니라 그럴 의향은 더더욱 없었다. 그래서 나에게는 제자가 없다.

과거에는 어떠했는지 잘 모르겠으나 근년에 이르러서는 거의 모든 학생들이 교수를 스승으로 모신다거나 스스로 제자가 되겠다는 생각을 하지 않고 있음이 분명하다. 한 30년 전부터 대학 캠퍼스에서 '교수님'이라는 호칭이 유행하게 되었는데, 아마도 교수와의 관계를 사제관계보다는 일종의 도제 계약 관계로 보려는 학생들의 의식구조에서 그런 어색한 호칭이 생겨나지 않았나 싶다. 주변의 몇몇 동료들과 나는 이 호칭이 듣기 싫어 강의실에서 일삼아 '교수님' 대신에 '선생님'이라는 호칭을 쓰자는 캠페인을 벌인 적이 있다. 그러나 그 캠페인은 무위로 끝나고 말았고, 주지하다시피, 캠퍼스 안팎에서 '교수님'이란 소리는 여전히 만연하고 있다.

이런 풍조는 오늘날 대학이 당면하고 있는 하나의 근본 문제와도 무관하지 않다. 지난 수십 년간 대학마다 교양교육과 기초학문의 중요성을 앞세우며 그 발전을 위해 거듭 노력해 왔음에도 불구하고 늘 실질적 성과를 거두지 못한 채 구두선으로 끝나곤 했다. 대다수의 학사과정 학생들이 몇몇 인기 분야의 전문대학원 과정을 기웃거리고 있는 현실에서 대학 교육은 왜곡될 수밖에 없다. 나는 재임 중에 대학 교육, 특히 학사과정 교육은 기초교양교육에 치중해야 하고 교양교육만 잘

할 수 있어도 대학 교육은 절반 이상의 성공을 거둔 셈이라고 믿으며 내 나름대로 애를 썼지만 번번이 좌절을 겪었다. 그래서 그런지 오늘날 대학에서 도제가 아닌 참다운 제자를 기른다는 데 대해 나는 무척 회의적이지 않을 수 없었다.

이래저래 나에게는 제자가 없다. 내가 한 견실한 학풍의 선구자가 되기는커녕 그 전수자 역할조차 제대로 하지 못한 탓에, 그리고 반학문적인 캠퍼스 환경 때문에, 나에게는 제자가 없다. 하지만 그 대신 나에게는 많은 후배가 있다. 학교를 떠난 후에 교단에서뿐만 아니라 언론, 금융, 실업, 종교 등 사회 요로(要路)에서 각기 맡은 일을 훌륭히 수행하고 있는 자랑스러운 후배들이 많다. 제자라는 말이 어쩐지 상하관계를 암시하는 듯해서 거북한 데 비해, 후배들과의 관계는 수평적이어서 이따금 서로 안부를 묻고 만나서 담소를 나눌 때에도 한결 마음이 편하다. 그러니 제자가 많다고 해서 우쭐댈 일이 아니요, 제자가 하나도 없다고 해서 반드시 한탄할 일도 아니다. (2011)

누가 공부를 좋아할 것인가

하지 않으면 안 되는 일감을 앞에 펴놓은 사람에게는 그 일을 제외한 다른 모든 일이 재미있을 것처럼 여겨지는 법이다. 꼭 해야 한다는 의무감이 그 일을 무조건 재미없게 만드는가 하면, 그 일이 아닌 다른 일이야말로 무엇이건 재미있을 것이라는 생각을 맹목적으로 가지게 하기 때문이다. 여기서 말하는 일에는 여러 가지가 있을 수 있겠지만, 무엇보다도 학교 공부가 그 전형적인 사례가 아닐까 싶다.

도대체 학교 공부에 참으로 심취할 수 있는 사람이 있을까? 학업 성적을 올리기 위해서, 원하는 상급 학교로 진학하기 위해서, 혹은 사회 진출을 위한 실력을 쌓기 위해서 공부를 해야 하는 사람들이 진정으로 그 공부에 홀딱 빠질 만큼 흥미를 느낄 수 있을까? 물론 그런 사람들이 전혀 없지는 않을 것이다. 공부가 너무 재미있어서 밤잠을 설치곤 했다느니, 공부에 탐닉하느라 식음을 전폐하다시피 했다느니, 이것저것 공부하는 재미에 학위 취득이나 취업조차 미루고 있었다느니 하는 비범한 사람들을 드물게나마 마주칠 수 있기 때문이다. 하지만 대부분의 범상한 사람들에게는 하기 싫지만 억지로 하는 것이 바로 공부 아닌가 싶다. 그러므로 얼핏 보기에 공부에 미친 것처럼 보이는 이른바 '공부벌레'들까지도 실은 하기 싫은 일을 억지로 하고 있으리라는 것이 내 생각이다.

나도 한때는 공부를 열심히 하는 사람일 거라는 오해를 받은 적이 있다. 여기서 '오해'라는 말은 주위의 사람들이 나라는 사람의 실체를 보지 못하고 그저 외양에 속고 있었거나, 아니면 항간의 풍문만 믿고 나를 마치 공부밖에 모르는 사람으로 여기고 있었다는 뜻이다. 이런 오해는 대개 학교 성적이 좋은 편일 때 그 성적에 상응하는 학습 노력이 있었을 것이라는 추측과 관련이 있으므로 사실 전혀 근거가 없는 것은 아니다. 그러나 이런 오해는 나에 대한 항간의 허상과 나의 실체 사이에 간격을 벌려 놓았고 그 간격은 늘 내 마음을 불편하게 했다.

나는 대학 시절에 장차 남을 가르치는 사람이 되었으면 좋겠다는 꿈을 꾸면서 도서관에서 많은 시간을 보냈지만, 책읽기가 참으로 즐거웠던 적은 한 번도 없었노라고 감히 고백해야겠다. 싫지만 억지로 읽었다는 뜻이다. 이런 억지가 한두 달도 아니고 여러 해 계속될 수 있었다는 건 믿기 어렵겠지만, 책을 한 권 한 권 읽어내는 데서 오는 성취감이 이럭저럭 학구적 허영심을 부추겨서 도서관 출입을 계속하게 했던 것이 아닌가 싶다. 또 더러는 남들에게 뭘 좀 아는 사람으로 비치기 위해서 많은 책을 읽거나 읽는 척해야 했으니 내 자신은 기껏해야 서양 사람들이 말하는 '스놉(snob)'인지도 모른다. 학창 시절이 끝나고 교원 생활을 시작한 후에도 이런 버릇이 그대로 계속되어 왔으니 생각하면 참으로 부끄러운 일이다.

공부하는 시늉이나 하면서 수십 년을 살아오는 동안에 터득한 진실이 하나 있다면 그것은 아무리 재미있는 책이나 값진 고전도 교재로 읽을 때는 재미가 없을 뿐만 아니라 그 가치가 인지되기 어렵다는 것이다. 그 책이 교재라는 이유 하나로 흥미를 잃게 하기 때문이다. 그래서 그렇겠지만 내 교재 옆에는 그 학과목과 전혀 관계없고 평소 거들떠보지도 않던 다른 많은 책들이 늘 수북이 펼쳐지곤 한다.

어디 그뿐이겠는가? 미국 유학 시절에 사들인 수백 장의 LP 음반도 모두 교재 읽기 싫은 증세와 관계가 있지 않았나 싶다. 내가 고전음악에 대한 이해가 깊거나 그것 없이는 못 살 정도로 음악 감상에 중독되어 있었던 것은 아니고, 교재를 펼칠 때마다 너무나 읽기 싫은 나머지 부질없이 귀에 익은 멜로디들이나 떠올렸기 때문이었다. 그래서 그 어려웠던 시절에 참으로 많은 희생을 하면서 음반 가게에 출입했는데 지금 생각하면 그 무모함이 어처구니없을 지경이다. 근년에 이르러서는 음반 수집이 LP에서 CD 쪽으로 방향만 바꾸었을 뿐 그대로 계속되고 있으니, 이 또한 책 읽기에 대한 내 싫증이 심상찮게 계속되고 있다는 증거가 아니고 무엇이겠는가?

교재 혐오증은 대학에서 교편을 잡은 이후에 더 심화되지 않았나 싶다. 학기마다 나는 일정한 양의 교재를 정해 놓고 학생들에게 그것을 다 읽히려고 노력하곤 했지만 그 과정에서 교재 읽기는 늘 나에게 과중한 부담이 되어 왔다. 그렇게나 책 읽기가 싫었으니 대학원 과정처럼 읽어야 할 분량이 많은 과목에서는 자연히 더욱 많은 고통을 느낄 수밖에 없었다. 의욕은 야심적인 데 비해 그걸 실천하는 과정이 너무 부담스럽고 짜증났다. 그러므로 다른 교수들에 비해 일찌감치 대학원 과목의 담당을 사양한 것도 내게 겸양의 덕이 있었기 때문은 아니고 오직 남달리 게을렀기 때문이라고 해야 옳을 것이다.

그러다 보니 나는 학자로나 교원으로나 변변찮은 사람이 되고 말았다. 세계적 수준의 학자가 되겠다는 포부는 일찍이 버렸으니 그런 훌륭한 사람이 되지 못한 데 대한 미련은 조금도 없다. 그러나 국내 수준으로나마 별 부끄럼이 없을 만한 학자는 될 수도 있었을 텐데 그렇게 되지도 못하고 만 데 대한 아쉬움은 조금 남는다. 주위에 워낙 뛰어난 사람들이 많아서 오랫동안 그들과 섞여 사는 사이에 주워들은 것이 많지만 그 어느 것에 대해서도 자신 있게 말할 수 있는 거라고는 없다. 또 많은 것을 짐작하고 있고 또 많은 것을 좋아하게는 되었지만 대체로 깊이 없는 취미의 수준에 머물고 있을 뿐이니 나는 잘 보아주어야 딜레탕트(dilettante)에 불과하다고 해야 할 것이다.

하지만 어떠랴. 천성이 게으르고 책에 심취하지 못하는 사람이었으니 후회할 것은 없다. 다만 주위의 친구들이라든지 멀찍이 나를 지켜보며 아껴 주던 사람들이 혹시 나라는 사람에 대해 잘못 생각하고 있었다면 하루 속히 그런 오해나 풀어 주기 바랄 뿐이다. (2000)

절대로 휴강만은 하지 않겠다

"내가 만약에 대학 교수가 된다면 절대로 휴강만은 하지 않겠다." 나는 대학 재학 시절에 내 자신을 상대로 셀 수 없을 만큼 여러 차례 이런 맹세를 했다. 요즈음은 거의 볼 수 없는 현상이겠지만, 우리나라의 대학 캠퍼스를 지배해 온 가장 오래되고 뿌리 깊은 폐습 중의 하나는 식은 죽 먹기로 하는 휴강이었다. 학기가 시작된 지 몇 주일이 지나도록 교수는 강의실에 나타나지 않기 일쑤였고, 겨우 강의를 몇 주일 계속하지도 않고 종강해 버리곤 했다. 한국전쟁이 끝난 직후의 그 어려웠던 시절에, 교수들은 생활고에 시달리며 이리 뛰고 저리 뛰느라, 또는 그저 교수의 권위를 세우기 위해, 또 더러는 아무도 개강하지 않았는데 혼자서 강의실에 들어가기가 겸연쩍어서, 개강 날짜를 가급적 늦추고 있지 않았나 싶다. 그래서 대학 교수를 꿈조차 꾸지 않았던 나 같은 사람도, 매번 학기초가 되면 혹시나 하고 빈 강의실을 기웃거리면서, 마음속으로 위와 같은 다짐을 거듭하고 있었을 것이다.

내가 대학에서 가르치기 시작하던 1960년대 중반에도 이런 풍습은 여전히 사라지지 않고 있었다. 학기가 시작되어도 교수들이 두어 주일 동안은 강의실에 들어가지 않았을 뿐만 아니라 학기말이 되면 서너 주일을 남겨 놓고 종강해 버리기 일쑤였다. 이런 폐습은 캠퍼스의 관례처럼 이어져 오고 있었기 때문에 이 관례를 역행하기란 여간 눈치 보이는 일이 아니었다. 그러나 나는 무슨 배짱이었는지 처음부터 시간만은 지켰다. 학기마다 학사력에 기재된 대로 개강 첫 주일부터 어김없이 강의실에 들어갔고, 마지막 주일에 시험을 치르게 하고 나서야 한 학기를 마감했다. 물론 1960년대부터 1980년대까지는 학원 내의 정치적 소요로 인해 휴강이 잦았고 더러는 계엄군이 캠퍼스에 진주하는 사태로 인해 강의실은커녕 연구실 출입조차 허용되지 않은 적도 있었다. 그리고 건망증으로 인해 결강을 하거나 부득이한 일로 인해 강의에 지각한 적도 있었다. 그러나 적어도 내가 사사로이 의도적으로 휴강한 적은 없다. 그러므로 "휴강만은 하지 않겠다"는 내 자신과의 약속은 오랫동안 하나의 절대적 맹세로 존중되어 왔던 셈이다.

나는 1965년에 전임교원 발령을 받았지만, 여기서 그해에 '첫 강의'를 했다고 하는 데에는 문제가 따른다. 왜냐하면 전임강사 시절에 나는 오랫동안 교양영어를 전담하고 있었을 뿐 아니라 몇 년 동안 해외 유학을 했기 때문이다. 그러므로 일부 사립대학 등지에서 시간강사로 전공과목을 가르친 경력을 예외로 친다면, 내가 처음으로 영문학을 가르치게 된 것은 서울대학교가 관악 캠퍼스로 이전하던 1975년 봄학기부터였다고 할 수 있다. 이 학기에 내가 맡은 '첫 강의' 과목은 '영문학개설'이었다. 수강생은 스물세 명이었는데 그 주축은 1973학년에 영어영문학과 학사과정에 입학한 스무 명이었다. 그런데 이 과목은 두 학기에 걸쳐 연속으로 개설하도록 되어 있었다. 지금도 보관하고 있는 성적표 기록에 의하면, 같은 해 가을 학기에도 나는 글자 하나 다르지 않은 제목의 강의를 했고 수강생 스물다섯 명 중 대부분은 봄학기에 이어 계속 수강하고 있었다.

'영문학개설'이라는 과목에 그 개요가 정해져 있었는지는 모르겠고, 혹시 그런 것이 있었다 하더라도 그 내용을 읽었던 기억이 지금은 전혀 없다. 다만 명칭에 '개설(槪說)'이라는 말이 들어 있는 것으로 보아 그 과목은 영문학사를 대신하고 있지 않았나 싶다. 그 과목은 이내 '영문학개관 I'과 '영문학개관 II'로 개편되었지만 하여간 1975년에는 봄과 가을 두 학기에 걸쳐 영문학과 그 역사를 개관하거나 통설(通說)하는 과목으로 제공되고 있었음에 틀림없다.

나 같은 신참자에게 어떻게 '영문학개설'이 배정되었는지는 알 수 없으나, 어쨌든 그 과목은 내게 만만찮은 도전 거리였다. 우선 영문학의 역사를 가르친다는 것이 그 당시의 내 실력으로는 불가능한 일이었을뿐더러 문학사를 주제로 한 논술식 강의의 적정성을 나는 신봉하지도 않았다. 오히려 나는 초기에서 현대에 이르는 영문학의 주요 작품을 골라서 문학사를 배경으로 읽는 일이 더 중요하다고 믿고 있었다. 그래서 택한 교재는 중요 작가들의 작품만 수록한 노튼판(版) 사화집 *The Norton Anthology of English Literature* (Major Authors Edition)였다. 이 책에는 고대 영문학 작품이 수록되어 있지 않았는데, 혹시 있었다 하더라도, 고대 영문학을 공부해 본 적이 없는 나로서는 그 부분을 건너뛰지 않을 수 없었을 것이다.

그래서 강의는 제프리 초서부터 시작했지만, 이 14세기 시인에 대한 내 지식은 참으로 변변찮았다. 현대 영어로 옮겨진 『캔터베리 이야기』는 읽어 본 적이 있었지만 그 원본을 읽기란 쉽지 않았다. 미국서 공부하던 시절에 조금 읽어 본 것을 밑천으로 삼아 나는 중세 영어의 발음법, 문법 등을 새로 공부해야 했고 참으로 많은 사전과 어휘집을 뒤져봐야 했다. 학생들에게는 「서설」의 서두 부분을 맛보인 후에 「방앗간 주인 이야기」를 읽혔는데 이 부분을 고른 이유는 그 외설한 내용의 줄거리가 학생들의 흥미를 유발하고 호기심을 붙잡는 데 도움이 될 것이라 믿었기 때문이다.

이렇게 시작된 강의는 이내 스펜서, 초창기의 소네트 작가들과 셰익스피어를 거쳐 존 단에 이르렀는데, 이 무렵 소위 '유신정권'의 독재에 반대하는 혹심한 학내 시위로 인해 강의는 중단되었고 봄학기도 그럭저럭 끝나고 말았던 기억이 난다. 가을 학기는 어디서 시작하여 어디서 끝났는지 확실치가 않은데, 아마 밀턴의 『실락원』 중 이브가 사탄의 유혹으로 금단의 과실을 따먹는 대목을 읽는 것으로 시작해서 낭만주의 시인들과 빅토리아 왕조의 작가들을 거쳐 홉킨스 같은 초기 현대 시인들까지는 이르지 않았던가 싶다. 가을 학기 또한 시위 사태로 인해 11월쯤에는 흐지부지되었을 테니 20세기까지는 넘어가지 못했을 것임이 분명하다.

이렇게 첫 강의로 우연히 '영문학개설'을 담당했던 결과, 나는 그 후 참으로 오랫동안 거의 매년 '개관'이라는 제목이 붙은 과목들을 가르쳤다. 그러니 그 첫 강의가 참으로 긴 인연의 단초가 되었던 셈이다. 그 덕분에 나는 여러 학기에 걸쳐 중세에서 현대에 이르는 영문학의 중요 작품들을 꼼꼼히 읽을 수 있었고, 광범위한 영문학에 대해 내 나름의 관념을 형성할 수 있었으니, 이는 참으로 "가르치는 것이 곧 배우는 것"이라는 말의 진실성을 실감케 하는 경우라 할 수 있다. (2004)

나의 강의실 주변

나는 늘 논술식 강의보다는 텍스트 읽기가 앞서야 한다고 믿어 왔다. 이런 생각은 문학 공부가 텍스트 읽기에서 시작되어야 할뿐더러 문예이론에 대해 아무리 조예가 깊은 사람이라도 작품을 많이 읽고 꼼꼼히 읽은 사람을 당해낼 수 없을 것이라는 기본적인 믿음에 근거하고 있다. 그러나 이런 믿음을 실제로 교실에서 실천하는 데에는 문제가 있었다. 작품을 꼼꼼히 읽자고 하는 자세는, 무엇보다도 문학의 사회적 가치를 신봉하는 사람들로부터의 비평적 공세 앞에서 취약할 수밖에 없다. 특히 작품 자체를 중요시하는 읽기 방법은 뉴크리티시즘의 방법적 한계를 벗어나지 못할 것이 아니냐는 공박 앞에서 주눅이 들 수도 있다. 그리고 문학에서 감동을 배제하고 역사성을 외면하고서야 어떻게 올바른 읽기를 기대할 수 있겠느냐는 추궁도 당연히 있을 만한 일이다. 그러나 텍스트 읽기의 중요성을 내세운 것은 문학 공부를 여하한 이론적 편향으로부터 독립시키자는 것이지, 결코 감동성이나 역사성을 멀리하자는 것이 아니므로 방법적으로 취약하지 않다는 것이

나의 한결같은 대응이었다.

그러나 1970년대 중반에 나와 같은 신념을 가진 사람이 강단에 선다는 것은 그리 쉬운 일이 아니었다. 나는 '영문학개관' 시간에 엘리자베스 왕조 때의 시인들이 쓴 소네트 형식의 애정시를 읽던 중에 불쑥 어떤 학생으로부터 "선생님, 이런 사랑의 시는 집어치우고 참여시나 좀 가르쳐 주십시오"라는 요구를 받은 적이 있다. 영문학에 페트라르카풍(風)의 14행시가 도입된 경위를 설명하기 위해서 초기의 소네트를 읽히고 있던 나는 자못 놀랐고 또 속이 상하기도 했다. 그래서 그때 나는 "이 친구야, 참여시도 참여시 나름이지, 지금 자네는 '개관' 과목을 이수하고 있는 거야. 이 시점에 이 강의실에서는 사랑을 노래한 소네트를 읽게 되어 있어!"라고 변명하며 넘어갔던 기억이 아직도 새롭다.

그 당시에는 정치적 민주화 운동이 좌파 이데올로기에 의해 지배되고 있었다. 그리고 문학 연구에 있어서도 마치 좌파 이론만이 정당화될 수 있는 것처럼 여겨지고 있는 것이 캠퍼스의 대세였다. 그러나 그런 추세가 나에게는 충격적으로 와 닿지는 않았다. 왜냐하면 그보다 몇 해 앞서 나는 미국에서 소위 당시의 신좌파(New Left)가 벌이는 캠퍼스의 소요를 지켜본 적이 있었기 때문이다. 내가 미국에서 공부하던 1960년대 말엽부터 1970년대 초엽까지는 미국 사회가 전반적으로 베트남전쟁 반대운동의 소용돌이에 휘말려 있었는데, 특히 대학 캠퍼스에서는 늘 교재나 교육 내용이 정치적·사회적 변혁에 기여할 수 있느냐를 가리려 했고, 그 여부(與否)를 '적정성(適正性, relevance)' 또는 '부적정성(不適正性, irrelevance)'이라는 잣대로 가늠하려 했다. 그러므로 나는 '참여시'나 가르쳐 달라고 하던 그 학생의 요구가 바로 그 학생 나름의

'적정성' 찾기 충동에서 나온 것임을 쉽게 이해할 수 있었다.

이데올로기라는 말이 나왔으니 말이지, 문학을 공부하는 데 있어서 특정 이데올로기에 매달리는 것보다도 더 입맛을 떨어뜨리는 것은 없다. 이는 어떤 이데올로기가 그 자체로 옳거나 그르기 때문이 아니라, 이데올로기에만 매달리다 보면 그것이 학생들이나 일반 문학 연구가들의 시각을 편향되게 할 가능성이 높아지기 때문이다. 그래서 나는 교실에서 늘 생경한 이데올로기의 도입이나 적용을 경계해 왔다. 학생들이 좌파 이데올로기에 근거한 편벽한 발언을 하거나 글을 쓸 때마다 나는 늘 "특정 이론을 선호하는 것은 좋다. 그러나 그 이론의 적용은 훗날 너희들이 일가(一家)를 이루고 난 후에 하도록 하고, 학생 시절에는 모든 이론을 고루 수용하고 존중하도록 하라"고 타일렀다. 이런 발언은 물론 별로 인기가 없었다. 사실 이런 주장만큼 젊은이들의 구미에 맞지 않는 것이 또 있었을까. 그러나 나는 지난 수십 년간 그런 소신을 단 한 번도 굽힌 적이 없다.

내가 그처럼 완강할 수 있었던 것은 물론 내 나름의 강한 신념이 있었기 때문이다. 그것은 무엇보다도 "문학 공부에 정답은 없다"는 것이었다. 문학 공부에서는 당초부터 정답을 추구할 생각을 말아야 하고 모든 가능성 앞에 마음을 열어 두어야 한다는 것이 나의 오랜 믿음이었다. 모든 이데올로기가 전투적 성향을 띠어 가고 있던 시대에 신념이라 하기에는 너무나 취약한 이 신념을 가지고 행세하기는 여간 어렵지 않았다. 그러나 나는 참으로 미련하게도, 아니 참으로 무모하게도, 이런 믿음에 기대며 강의실에 들어가곤 했다.

'첫 강의'를 하던 1970년대 중엽 무렵에 내가 가지고 있던 '열린

문학 공부'에 대한 신념은 '정답이 없는 탐구'라는 짧은 글 속에서 다음과 같이 피력된 적이 있다.

> 문학작품을 논하려는 사람들은 이미 크고 작은 비평가가 되어 있는 셈이므로 일정한 비평적 자세를 가지고 있기 마련이다. 그런데 이 비평적 자세 중에서도 우리가 가장 경계하는 것은 문예작품을 일정한 규칙에 맞추어 해석하는 행위이다. 여기서 규칙이라는 말은 물론 작품을 창작하거나 비평할 때에 작가나 비평가가 참고해야 한다고 여겨지는 규범적 준칙으로서, 이런 규칙을 확고히 세워놓고 그것에 맞추어서 작품을 찢어발긴다면 작품의 시체가 남을지언정 작품에 대한 이해는 이루어지지 않을 것이다. 게다가 이런 식의 분석행위는 정답을 구할 수 없는 문제를 놓고 정답을 구하려고 하는 어리석은 시도로 끝나고 말 것임이 뻔하다.
>
> 비평적 자세의 기본은 마땅히 작품에 대한 이해를 높이고 그 속에 깔려 있는 가치들을 극명하게 밝혀내는 데 있어야 한다. 그리고 비평가의 분석적 능력은 어디까지나 작품 속에 편재하는 경향이 무엇이며 작가의 철학적 태도는 어떠한지를 밝혀낼 수 있고 또 그것을 알기 쉽게 해석해 줄 수 있겠지만, 그 경향이나 태도의 방향을 바로잡아 주기 위한 규범적 교도(教導) 행위는 결단코 삼가는 것이 바람직하다. 문예비평가는 본질적으로 가치지향적이지만 이런 성향이 지나치게 교조(教條)적인 자세를 나타낼 때 비평가는 작가들에게 백안시될 것이고 독자들로부터도 역겨운 존재로 외면당하고 말 것이다.

지금 다시 읽어 보니 강변이 조금 섞여 있기는 하지만 그 무렵 내가 소중히 여기던 신념의 일단이 위 주장 속에 잘 피력되어 있다고 여겨진다. 그리고 오늘날까지도 그 신념은 사실상 변하지 않았다.

돌이켜 생각하건대, 문학 공부에 대한 나의 바람은 아주 소박한 것이었다. 나는 무엇보다 문학이 우리의 삶에 보탬이 될 수 있어야 한다고 믿어 왔다. 다시 말해, 문학은 우리로 하여금 늘 깨어 있는 삶을 살고 꾸준히 자기반성을 하는 데 도움을 주어야 하며, 나아가서는 우리가 이웃과 주위 세계에 대한 올바른 인식과 성찰을 하는 데에도 이바지해야 한다는 믿음이 늘 내 마음을 붙잡고 있었던 것이다. 이런 신조가 있었기에 내가 학생들에게 특정 이데올로기에 대한 집착을 버리고 늘 열린 자세로 문학 공부에 임하라고 당당히 큰소리를 칠 수 있었다.

내가 대학을 다니던 시절에는 휴강하는 날이 강의하는 날보다 많다시피 했으니, 한 학기에 강의실에서 다루어지는 교재의 분량도 당연히 미미할 수밖에 없었다. 교재를 구하기가 어려워서 원지(原紙)에 타자를 쳐서 등사판으로 밀어 낸 8절지를 접어 교재랍시고 들고 다니던 시절이었지만 그나마 여러 장을 읽지도 못했다. 그러므로 휴강만은 하지 않겠다는 나의 다짐은 학생들로 하여금 되도록 많은 양의 교재를 읽게 하겠다는 결심을 곁들이고 있었고, 첫 강의를 하던 날부터 시작하여 마지막 강의를 하던 날까지 나는 그 결심만은 소중히 지켰다.

얼른 보기에 '많이 읽기'와 '꼼꼼히 읽기'는 상충될 것처럼 보일지도 모른다. 많이 읽는데 어떻게 꼼꼼히 읽을 수 있겠느냐? 꼼꼼히 읽자면 어떻게 많이 읽을 수 있겠느냐? 이런 반박이 있을 수 있겠지만 이는 어디까지나 형식논리적인 반론일 뿐이다. 교수가 부지런하기만 하다면, 그리고 학생들에게 예습을 요구하고 그것을 꾸준히 체크할 수만 있다면, 강의실에서는 되도록 많은 분량의 텍스트를 꼼꼼히 읽힐 수 있다. 물론 30년 전이나 지금이나 학생들이 예습을 열심히 해오지 않는 것이 일반적 경향이기 때문에, 사실 많은 분량을 읽히기는 언제나 쉽지 않았다. 그래서 학기말에 가서는 늘 목표량에 미달하기가 일쑤였지만 나는 한 번도 그 결심을 버린 적이 없다.

학생들이 읽은 것을 얼마나 이해하고 있는지를 평가하는 일도 쉽지는 않았다. 최선의 평가 방법은 물론 시험이었지만, 학창 시절부터 시험을 필요악이라고 여기고 있던 나는 시험을 가지고 학생들을 고통스럽게 할 생각이 없었다. 그래서 중간고사니 기말고사니 하는 정례화된 시험 대신에 복습을 권장하기 위한 의도에서 10분 내지 15분짜리 간단한 시험을 수시로 보게 했다. 이렇게 짧은 시험을 치르게 한 것은 물론 시험을 치르고 남는 시간에 강의를 계속하기 위해서였다.

다른 한 가지 전래의 평가 방법이라고 할 수 있는 과제물 쓰기도 물론 학생들에게 부과되었다. 대학원에서와는 달리, 학사과정의 학생들에게는 비교적 분량이 적은 과제물을 되도록 여러 차례 제출하게 했다. 나는 늘 정식 논문 모양을 갖춘 페이퍼보다는 '독후감' 수준의 글쓰기를 하라고 학생들에게 요구하곤 했는데, 이는 물론 학생들이 참고자료를 보고 베끼는 것을 탐탁하게 여기지 않았기 때문이다. 1975년 봄 학기에 이른바 '첫 강의'를 하고 있을 때 두 학생의 페이퍼 내용이 똑같은 것을 보고 누가 누구 것을 베꼈는지를 추궁한 결과 두 사람이 서로 베낀 것도 합작한 것도 아니고 도서관에서 똑같은 자료를 보고 베꼈다는 사실이 판명된 적이 있다. 그 후부터, 나는 매학기 학생들에게 소박하고 유치해도 좋으니 자기 나름의 생각을 반영하는 진솔한 페이퍼를 제출해 달라는 요청을 하곤 했으며, 그런 글을 쓰는 학생들에게 후한 성적을 주었다.

학생들이 쓴 페이퍼를 읽는 일은, 오늘날이나 그 당시나, 여간 고통스러운 일이 아니다. 내용에 대해 논평하는 일이 어려웠기 때문이 아니라, 학생들의 우리말 작문 실력이 대체로 열등했기 때문이었다. 우리가 대학 입학 시험을 보던 시절과는 달리, 어느새 '객관적'이고 그래서 '공정하다'는 평가 방법이 입학 시험에 채택되어 있었고, 또 고등학교 과정의 교육이 온통 대학 입시에 맞춰져 있어서 독서에 탐닉하는 학생들이 대학에 들어가기 어려운 시대에는, 신입생들에게 높은 수준의 작문 실력을 기대하기란 어려운 법이다. 그래서 나는 새 학기를 맞을 때마다 으레 학생들에게 "너희는 영문학을 공부하지만, 영어에 앞서서 우리말을 잘해야 한다. 내가 겪어 보기로는, 우리말을 잘하는 사람들이 영어도 잘하더라. 그러니 우리말 표현력을 기르도록 하라"는 요지의 충고를 하곤 했다.

끝으로, 성적 이야기. 나는 학생들에게 후한 성적을 베풀지 않는 편이었다. 우리가 대학에 다니던 시절에는 교수들이 주는 성적이 어떻게나 짜던지 박한 성적에 내가 이골이 나 있던 탓이기도 했지만, 그것보다는 학생들이 공부를 열심히 하지 않았기 때문이라고 해야 옳을 것이다. 게다가 대학 당국에서는 상대평가를 권장하면서 성적 분포 비율을 예시해 주었고, 나는 되도록 그것을 따르려고 노력하는 편이었다. 그러니 성적은 상대적으로 박할 수밖에 없었다. 나이가 들어감에 따라 조금은 물러졌지만 학생들이 흡족하게 여겼을 만한 성적은 한 번도 주지 못하고 말았다.

여기까지 읽어 본 독자들이라면 내가 은근히 자기 자랑이나 하고 있다고 여길지 모른다. 내가 소신이랍시고 지니고 있던 것을 실천했다고 하는 주장이 그렇게 비치기 십상이기 때문이다. 하지만, 실은 그 첫 수업을 하던 무렵을 돌이켜 생각하건대, 후회되는 것이 한두 가지가 아니다. 무엇보다도 먼저 학생들이 수업 시간에 구두 발표를 빈번히 하고 자기들 나름의 논평이나 의견을 개진할 수 있도록 유도하지 못했다는 점이 마음에 걸린다. 우리나라처럼 학생들이 예습을 소홀히 하고 토론 문화에 익숙하지 않은 곳에서는 학생들의 직접적인 수업 참여율이 낮을 수밖에 없지만, 그럴수록 참여를 유도하려는 노력을 더 기울였어야 하지 않았을까 싶다.

다음으로, 작품 자체의 읽기에만 너무 치중한 나머지 작품 외적인 요소들, 이를테면 작가의 전기적 배경이라든지 그의 의도와 성향, 그리고 그 작가를 둘러싼 다양한 비평적 견해 같은 것을 학생들이 더 많이 접할 수 있도록 하는 데에도 소홀했다는 자책감을 버릴 수 없다. 바로 그렇게 된 데에는 이론을 싫어하는 성향이 영향을 미치고 있었지만, 내가 싫어한다고 학생들의 관심까지 슬그머니 배격했다면, 그것 또한 원만한 임무 수행이었다고 할 수는 없을 것이다.

그러나 무엇보다 마음에 걸리는 것은 내가 주어진 환경 속에서 최선을 다하지 않았다는 점이다. 나는 교재 준비에 늘 소홀했고, 그 결과 강의가 늘 부실했으리라 생각된다. 이렇게 된 것을 내 선천적 게으름을 탓으로 돌릴 수 있겠지만 명색이 남을 가르치겠다고 나선 사람이 자신의 게으름만 탓한다는 것도 볼썽사나운 일이라 해야 할 것이다.

나는 늘 휴강만은 하지 않는다고 자랑하곤 했다. 사실 빈번한 학원 소요나 학교 일로 인해 휴강을 한 경우를 제외하고는 휴강을 하지 않았다. 그러므로 만약 내가 학생이라면 6개년 개근상이나 3개년 개근상 같은 표창을 받을 만했다고 자부한다. 그리고 한때는 학업 성적이 좀 부실해도 6개년 개근상을 받은 학생들이 높이 평가되는 시절도 있었다. 그러나 요즈음에야 공부 못하는 학생이 개근상을 받았다고 해서 누가 귀하게 여겨 줄 것인가. (2004)

어느 날 잠결에

"거참! 염치없는 놈이구나. 그래, 꼭 돌아가고 싶단 말이냐?"

"네. 제가 무슨 낯으로 돌려보내 달라고 애걸할 수 있겠습니까만, 혹시 가능하다면 돌아가고 싶습니다."

"좋다. 그게 그렇게 소원이라면 돌려보내 주마. 그런데 너는 평생 학교 선생을 하지 않았더냐. 이번에 저쪽 세상으로 돌아간다면 무엇이 되고 싶으냐?"

"글쎄요. 다시 시작한다 해도 선생 노릇밖에는 할 일이 없을 듯합니다."

"특별한 이유라도 있느냐?"

"그게 제 적성에 잘 맞기 때문입니다."

"적성이라니! 네가 네 적성을 알고 있단 말이냐?"

"네. 외람된 말씀입니다만, 제 적성을 제가 모른다면 누가 알겠습니까? 저는 마흔 해 동안 교직에 있었으므로 제 자신에 대해 그 정도는 알고 있다고 자부합니다."

"자부하다니, 건방지구나. 그건 그렇다 치고, 다음번에는 무엇을 가르치고 싶으냐? 내 장부에 의하면, 너는 마흔 해 동안 영어 선생을 하면서 학생들에게 거짓말을 빈번히 한 것으로 되어 있구나. 어떠냐, 변명이라도 하겠느냐?"

"어느 안전이라고 감히 변명을 하려 들겠습니까. 사실 저는 교원 생활을 처음 시작하던 무렵에 영어를 잘하지 못했고 그만두던 무렵이 되어서도 크게 나아진 것이 없었습니다. 제가 R과 L의 발음을 익히는 데는 참으로 오랜 시간이 걸렸고, 낱말의 뜻이나 문장의 구성을 잘못 이해하여 학생들에게 본의 아니게 거짓말을 했던 적이 부지기수입니다. 이런 짧은 밑천을 가지고서 영국과 미국의 문학과 문화를 가르치겠다고 뻔뻔스럽게 나섰으니, 생각하면 참으로 등골에 식은땀이 흐를 지경입니다. 다행히도, 아니 어쩌면 불행히도, 학생들은 저를 딱하게 여겼든지 저의 많은 과오를 눈감아 주었고 늘 관대하게 대해 주더군요. 한편, 돌이켜 생각하건대, 저는 좋은 학생들을 만나서 가르치는 동안 참으로 많은 것을 배우는 행운을 누리기도 했습니다. 저쪽 세상에서는 사람들이 '가르치는 것은 곧 배우는 것'이라는 말을 곧잘 쓰곤 합니다만 그 말의 진실성을 저만큼 실감하는 사람도 없을 것입니다."

"알겠다. 그렇다고 해서, 설마, 다시 영어 선생을 하겠다는 것은 아니겠지?"

"아니고말고요. 저쪽 사람들의 입에 발린 말이기도 합니다만, 죽었다 다시 깨어나는 기적이 일어난다 해도, 절대로 영어 선생은 되지 않겠습니다."

"그렇다면 무엇을 가르치겠다는 거냐?"

“글쎄요. 제가 어렸을 때 오랫동안 꿈꾸어 오다가 대수롭지 않은 이유로 포기했던 건축학을 다시 마음먹어 볼 수 있겠습니다. 저는 건축학과가 미대가 아닌 공대에 속해 있는 것을 늘 불만스럽게 여겨 오던 중 공대에 가면 거의 매일 시험을 치르게 될 거라는 소문에 질린 나머지 아예 건축학과 지망을 포기했거든요. 그래서 건축가가 되어 도시계획 같은 일을 하면 좋겠다던 꿈을 너무나 쉽게 접어 버리는 어리석음을 범했습니다. 좀 더 나이가 들자 사회학을 전공해서 도시화와 인구 문제 같은 것을 공부해 보면 좋겠다는 생각도 한 적이 있습니다. 그러나 고등학교 선생 중 한 분이 사회학은 사회주의자들의 학문이라고 엄포를 놓는 통에 지레 겁을 먹고 사회학도 쉽게 포기하고 말았습니다. 그리고 또 제가 좋아하던 대학에 이제는 지리학과도 창설되어 있으므로 인문지리학 같은 것도 전공해 볼 만하다고 생각합니다. 그러므로 이 세 분야 중에 하나를 고르거나 아니면 두어 분야를 골라 복수 전공을 해서 가르치고 싶습니다.”

“그러냐? 너는 앞서 너에게 교원으로서의 적성이 있다고 했는데, 적성만 있다고 해서 가르치는 일을 일생의 업으로 삼을 수야 없지 않겠느냐? 무언가를 가르치자면 자기가 하는 일에 대한 믿음 같은 것이 있어야 하느니라.”

“천직에 대한 소명의식이 있느냐고 물으시는 겁니까? 그러시다면 저에게 최소한의 사명감 같은 것은 있다고 감히 말씀 드리겠습니다. 그렇지 않고야 어찌 남을 가르치겠다고 나설 수 있겠습니까. 그러나 제가 교원이 되겠다고 하는 데에는, 정직히 말씀 드려, 이런 공적인 이유보다도 아주 사사로운 이유가 있습니다.”

"그래? 그게 뭐냐?"

"저 같은 게으름뱅이를 위해서는 대학에서 선생질 해먹기보다 더 쉬운 일이 없더군요."

"쉽다니! 이를테면?"

"긴 방학이 있는가 하면, 학기 중에도 매주 여섯 시간만 가르치면 됩니다. 늘 노는 것 같은데도 월급날만 되면 생활비가 어김없이 은행 계좌로 입금되어 오니 이보다 더 쉬운 직장이 어디 있겠습니까."

"쯧쯧. 그래, 너희들은 학술 연구라는 것도 하지 않느냐?"

"연구도 하긴 하지요. 그러나 탁월한 연구 성과를 거두어 이름을 날리는 사람들은 극소수이고 저 같은 사람은 그저 그만그만한 글을 논문이랍시고 써서 발표하고는 무슨 큰 학술적 업적이라도 세운 것처럼 행세하며 살아올 수 있었습니다. 어디 그뿐이겠습니까. 가당치 않게도 저는 여러 학회의 회장 노릇까지도 해먹었답니다. 그런데도 아무 탈이 없더군요."

"거참 뻔뻔스럽구나. 그 밖에도 이유가 더 있느냐?"

"있지요. 대학 교수라는 사람들은 대개가 어린 시절에 수재라는 말을 듣고 자라다가 차츰 범인으로 전락한 사람들이거든요. 그래서 저곳 사람들은 교수라고 하면 무조건 무언가를 아는 사람이요, 공부를 많이 하는 사람이라고 여긴답니다. 그들은 제가 미처 읽지 않은 책도 읽었으리라고 믿어 주고, 제가 잘 모르는 이론도 소상히 알고 있으리라고 여긴답니다. 그래서 저는 참으로 황당하게도 무얼 좀 아는 사람으로 통할 수 있었고 항간의 존경과 선망을 과분하게 받으며 살 수 있었습니다. 교수에 대한 이런 허상이 좀처럼 바뀌지 않기 때문에, 젊은 교수가 그리 험하지 않은 첫출발을 할 수만 있다면 그다음부터는 평생 탄탄대로를 걸을 수 있지요."

"한심하구나."

"어디 그뿐이겠습니까. 저는 학생들에게 늘 큰소리나 치며 살 수 있었습니다. 제 자신이 잘 모르는 것도 학생들에게는 그런 걸 모르면 어떡하느냐고 나무라곤 했습니다. 또 의욕이나 용기가 없어서 저 스스로는 실천하지 못하는 도덕적 가치들을 학생들에게는 강압적으로 부과하곤 했습니다. 이런 거짓된 짓을 하면서도 아무런 응징도 받지 않으며 무사히 살 수 있었으니 얼마나 좋습니까."

"거참. 구제할 수 없는 놈이구나. 그래서 저 세상으로 되돌아가 다시 대학 선생질이나 해먹겠다는 거냐?"

"네."

"너 이놈! 여봐라. 거기 누가 없느냐? 저놈을 당장 포박하고 치도곤을 먹이지 못할까!"

그 명이 떨어지자 사방에서 무시무시하게 생긴 졸개들이 울퉁불퉁한 몽둥이를 들고 뛰어나온다. 저 몽둥이로 한 대 맞는다면 살아남지 못하겠구나. 아따, 모르겠다. 이럴 때는 도망을 치는 수가 상책이 아니더냐. 그런데 이건 또 웬일이냐. 발이 땅에 달라붙어 도무지 떨어지지 않는구나. 몽둥이들은 점점 더 가까워지는데 이 난경을 어떻게 모면해야 한담? 아, 아, 어떡하지? 아, 아, 사람 살려! (2003)

B 마이너스 인생

서울대학교가 관악 캠퍼스로 이전해 온 1975년 봄학기 어느 날이었다. 퇴근버스에서 학과 동료 Y 선생과 나란히 앉게 되었다. 이런저런 잡담을 하던 중 뜬금없이 Y 선생이 물었다. “이 선생은 세계적인 학자가 될 생각이 없어요?”

난데없는 물음에 적잖게 놀란 나는 “아니, 제가요?”라고 되물은 후 잠자코 있었다. 그러자 그는 우리도 이제는 선진국의 학문 수준을 따라잡을 때가 되지 않았느냐고 하면서 자기는 그런 포부를 가지고 공부하고 있다고 말했다. 나는 그의 자신감 피력에 무척 감명 받고 그 자리에서 “부럽습니다. 하지만 저에게는 그럴 만한 능력이 없다는 것을 잘 알고 있습니다. 그러니 그리 부끄럽지 않은 영문학 선생으로나 살 수 있으면 더 바랄 게 없겠습니다”라는 요지의 답을 했던 기억이 난다.

그 후 오랫동안 나는 Y 선생의 연구실 바로 옆방에서 지내면서 그가 주요 학술지에 게재되는 논문들을 누구보다 빨리 구해 읽을 뿐 아니라 그것을 강의와 연구에 반영한다는 이야기를 들었다. 그리고 정식 수강생 외에도 전국에서 온 여러 명의 소장 언어학자들이 그의 강의를 청강하는 것을 지켜보며 나는 그의 호언장담이 결코 허사(虛辭)가 아니었음을 재삼 확인하곤 했다.

한편 나는 강의와 연구에 최소한의 노력만을 들이면서 주어진 환경에서 안이하게 처신하고 있었다. '세계적' 영문학자는 꿈조차 꾼 적이 없으니 그렇다 치고, 차상급 영문학자라도 되려고 노력했느냐고 누가 묻는다면 부끄럽게도 나는 그렇다는 답을 할 수가 없다. 말하자면 나는 A급 학자는 고사하고 제대로 된 B급 학자 축에도 들지 못했다고 해야 옳을 것이다.

내가 B급 혹은 그 이하의 수준에 머물러 있었던 분야는 비단 학문만이 아니다. 잡기나 취미생활 등 어느 분야에서도 무엇 하나 제대로 해 본 것이 없으니 말이다. 나는 초등학교 시절에 장기 두는 법을 배웠지만, 친구들에게 번번이 지기만 했고 심지어 차나 포를 떼고 두는 친구에게도 지기 일쑤였으니 어찌 내 장기 실력을 두고 B급은 된다고 할 수가 있겠는가. 바둑은 서른이 다 되어 배웠다고 하지만, 아직도 행마의 기초나 기본 포석을 제대로 익히지 못했으므로 아무나 붙잡고 한 판 가르쳐 달라고 하기가 어려울 지경이다.

대학을 졸업하고 나서 처음으로 큐를 잡아 본 당구도 100을 치지 못하고 그만둔 지 50년이 넘는다. 직장에서 한동안 테니스를 꽤 열심히 쳤고 B조 시합에서는 우승도 해 보았지만 한 번도 A조에 끼는 영광을 누려 보지 못했다. 그리고 아주 뒤늦게 시작한 골프는 겨우 100타 언저리를 헤매다가 그만두고 말았으니 누가 들으면 웃을 일이다. 나는 또 지난 50년간 등산을 해 왔고 평생의 취미가 등산이라고 늘 큰

소리쳤지만 누가 백두대간을 종주한다느니 히말라야 트래킹을 다녀왔다고 할 때면 슬며시 기가 죽으니 등산 또한 B조 신세를 면하지 못하고 있는 셈이다.

어디 그뿐이랴. 직장에서 퇴임한 후 무료를 달래기 위해 디지털 카메라를 들고 산야를 누비기 시작한 지 어언 10년이 다가오지만 아직 카메라의 기본 원리조차 제대로 파악하지도 못하고 있다. 늘 사진은 중요하지 않고 사진을 빙자코 쏘다니는 것이야말로 내 진정한 목표라고 떠들어대지만, 아직도 사진 찍기가 서툰 데 대한 변명으로는 구차하기 이를 데 없다.

이런 잡기나 취미생활에서는 A조에 들지 못한다고 한들, 사실 많이 부끄러운 일은 아니다. 한 고명한 학자가 학문을 하려는 사람들이라면 잡기부터 멀리해야 한다고 한 것을 어디선가 읽은 적도 있으니까 말이다. 하지만 명색이 학문의 세계에 뛰어든 사람이 전공 분야에서 Y 선생처럼 '세계적인 학자'가 되려고 노력하기는커녕 번듯한 책 한 권을 쓰지 못하고 말았다면, 잡기를 멀리했다든가 그것에 능하지 않다는 것을 자랑 삼아 내세울 수 있을까 싶다.

하지만 일찍이 A조 인생을 넘본 적이 없으니 그간 B조나 그 이하에 머무는 삶을 살아왔다 한들 상실감이나 허망함을 크게 느끼지는 않는다. 뿐만 아니라 그 어느 것에서도 스스로 A급으로 행세하며 허풍을 떤 적이 없고, 잘 알지 못하면서 아는 척했거나 가지지 못한 것을 가진 척한 적도 없으니 적어도 그런 점에서는 떳떳하다.

한편 나의 참모습을 알지 못하는 주위 사람들로부터는 늘 과분한 평가를 받았고 또 대학이나 학계에서도 내 능력을 한참 넘어서는 역할을 맡으며 살아온 것을 생각하면 내 마음이 그리 편하지만은 않다. 하지만, 뒤집어 생각하면, 세속적으로 그런 일을 맡아 큰 허물 없이 수행한 것이 나에게 대단한 자랑거리가 되지는 못한다 해도 하나의 작은 보람은 될 수 있지 않을까 싶다. 이런 생각이라도 하며 자위할 수 있으니 내 B조 인생, 아니 B 마이너스 인생도 말짱 헛것이었다고 할 수는 없을 것이다. 다만 스스로 B 마이너스 인생쯤은 될 거라고 자처하는 데 대해 혹시 너무 과분한 자기평가라는 나무람이라도 있을까 두려울 뿐이다. (2012)

모든 육신은 풀과 같고

얼마 전에 친구들과 메일을 주고받던 중 이야기가 브람스의 레퀴엠 쪽으로 흘러갔다. “이 곡은 흔히 ‘독일 진혼곡’이라고 불리곤 했지만, 여느 진혼곡과는 달리, 가사가 라틴어가 아니라 독어 성경 구절들로 되어 있다. 그러므로 이 곡의 원명인 ‘Ein deutsches Requiem’은 ‘독어 레퀴엠’ 혹은 ‘독어 진혼곡’이라고 해야 정확한 번역이 될 것이다. 나는 이 곡 외에도 모차르트, 포레, 드보르작, 베르디, 브리튼 등의 레퀴엠도 가끔 듣지만, 그중에서 브람스의 것을 가장 좋아한다. 그것은 곡 자체가 워낙 명품인 데다 그 가사의 뜻을 내가 이럭저럭 짐작할 수 있기 때문이다. 이는 한시(漢詩)로 된 가사를 뜻도 모른 채 노래하던 사람이 순수한 우리말 가사를 노래할 때 느끼게 될 해방감이랄까 편안함과 관련 있을 것이다.”

이런 요지의 메일을 보냈더니 이내 한 친구가 〈독어 레퀴엠〉을 들을 때의 기분이 어떠냐고 물어 왔다. 우리가 삶의 황혼기로 접어든 지 오래된 사람들이므로 ‘진혼’에 대한 내 나름의 특별한 정서적 반응을 기대하며 던진 물음임에 틀림없지만, 막상 답을 하려니 난감했다. 그저 '좋아한다'고만 한다면 너무 성의 없는 답이라는 나무람을 면치 못할 터이고, 이 곡에는 듣는 이의 영혼을 빨아들이는 듯한 대목이 여러 군데 있다고나 해야 할까?

그래서 오랜만에 〈독어 레퀴엠〉을 꺼내어 다시 들어 보니, 70분이나 되는 긴 곡에서 어느 한 곳 허술한 대목이 없다. 그리고 한 편의 '진혼곡'답게 슬픔과 체념의 기조(基調)를 띠고 있지만 궁극적으로는 절망이 아니라 희망을 노래하고 있음이 분명하다.

나는 특히 처음 두 부분을 좋아하는 편이다. 제1부 "슬퍼하는 자들은 복이 있나니"에서 첫 합창의 가사는 이렇게 되어 있다.

> 슬퍼하는 자들은 복이 있나니
> 위안을 받을 것이요.
> 눈물로 씨를 뿌리는 자들은
> 기쁨으로 거두게 되리라

이 합창 덕분인지 이 곡은 처음부터 듣는 이의 마음을 사로잡는다. 하지만 내 영혼을 진정으로 움켜잡는 듯한 대목은 제2부 "모든 육신은 풀과 같고"의 합창에서 몇 차례 반복되는 다음 구절이 아닌가 싶다.

> 모든 육신은 풀과 같고
> 인간의 영광도 풀꽃 같아서
> 풀은 시들고 꽃은 지나니

여기서 얼핏 떠오르는 것은 물론 우리 동양권 사람들이 걸핏하면 들먹이는 '초개(草芥) 같은 인생'이라는 어구이다. 이 닳아빠진 비유법이 브람스의 음악 속에서는 조금도 진부하게 들리지 않는데, 그것은 아마도 그의 음악이 부리는 조화 때문일 것이다. 그 조화는 비단 이 진혼곡뿐만 아니라 그의 교향곡과 피아노협주곡, 그리고 클라리넷5중주, 피아노5중주, 현악6중주 같은 실내악곡에서도 그 신통력을 발휘하여 우리 모두를 브람스 애호가로 만들어 주지 않나 싶다.

인간은 연약한 존재이고 일생 또한 허망하다는 것을 노래하는 제3부 "주여, 나의 종말을 알게 하소서"에서도 제2부의 기조는 이어진다. 그리고 제4부 "주의 장막은 어찌 그리 사랑스러운가"와 제5부 "지금은 너희가 근심하지만"에서도 인간은 마땅히 하느님의 집에서 살아야 하며 그래야 기쁨, 위안 및 안식을 얻을 수 있다고 노래하고 있다. 그러므로 제1부에서 제5부에 이르기까지 일관하는 주지(主旨)가 있다면 그것은 죽은 자들의 영혼을 진정시키고 위무하자는 것보다 그 죽음을 슬퍼하는 사람들의 마음을 다스리자는 것임이 분명하다.

이런 면에서 서양음악의 한 양식으로서의 진혼곡은 우리나라의 배뱅이굿이나 씻김굿 같은 망자를 위한 의식(儀式)과 조금은 다르다고 할 수 있겠고, 레퀴엠을 우리말로 '진혼곡'이라고 옮기는 것도 딱히 적절하지는 않겠다는 생각이 든다. '진혼(鎭魂)'이라면 무엇보다도 죽은 이의 영혼, 특히 원혼을 달래어 진정(鎭靜)케 하자는 것일 터인데, 레퀴엠은 그런 의도나 기능을 애써 드러내고 있지 않는 듯하다. 왜냐하면 서양의 공동묘지에서 흔히 눈에 띄는 R.I.P. — 라틴어 Requiescat in pace(Rest in peace)의 약자 — 라는 비명 속에 암시되어 있듯이 '레퀴엠

(Requiem)'은 무엇보다도 그저 '편히 쉬소서'라는 염원을 담은 곡으로 보이기 때문이다.

그러므로 제6부 "이 세상에 영구한 도성은 없지만"에 이르러 슬픔과 애도의 분위기는 어디론가 사라지고 마치 개선장군이라도 맞이하듯 노래가 씩씩해지는 것도 그리 놀랄 일은 아니다. '진혼곡'이 이래도 되는가 싶을 지경이라, 가사를 훑어보니, 아니나 다를까 최후의 심판 날의 정경이 그려지고 있지 않은가.

> 마지막 나팔이 울리면
> 우리는 잠만 자고 있지 않을 것이요,
> 눈 깜빡하는 사이에 모두 변화하리라 (…)
> 죽음은 승리에게 삼켜지리라.
> 죽음아, 너의 쏘는 침은 어디 있느냐?
> 무덤아, 너의 승리는 어디 있느냐?

여기서 심판의 날을 맞아 나팔소리를 들으며 무덤에서 부활하는 사람들의 기고만장한 모습은 웅장한 합창과 독창으로 노래되고 있다. 그러므로 제7부 "죽은 자들은 복이 있나니"에 이르러 하느님에 대한 엄숙한 믿음이 넌지시 요망되는 것도 일종의 논리적 필연이라고 할 수 있다.

> "앞으로 주 안에서 죽는 자들은 복이 있도다."
> 성령이 가라사대, 그러하다.

그들은 노고에서 벗어나 쉬게 될 것이요,

그들의 행한 일이 뒤좇으리라.

이 마지막 가사의 내용과는 상관없이, 제6부와 제7부는 그 앞부분에 비해 조금도 손색없이 감동적이다. 아무 믿음도 없는 나 같은 사람의 기분이 이러하거늘, 신심이 두터운 사람들의 가슴에는 이 부분이 얼마나 더 절실히 다가올까 싶다. 임종의 자리에서 이 마지막 부분을 들으며 눈을 감고 싶은 사람들도 아마 적지 않을 것이다.

그러나 내가 〈독어 레퀴엠〉을 좋아하는 것은 이 곡에 얹혀 있는 성경구절에 자자구구 설복당하기 때문이 아니고, 왠지 곡 자체가 내 마음에 심상찮게 호소해 오기 때문이다. 일찍이 18세기에 영국 시인 알렉산더 포프는 한 장편시에서 세상에는 "교리를 위해서가 아니라 음악을 듣기 위해 교회를 찾아가는 자들"이 있는데 이런 자들은 정신적 수양을 외면한 채 귀만 즐겁게 하려 든다고 하면서 빈정거린 적이 있거니와, 내가 바로 그런 사람으로 낙인찍힐지도 모르겠다. 하지만 어쩌랴. 말씀보다는 그것을 담은 그릇 격인 음악을 더 좋아하는 것을 두고 염불보다 잿밥에만 눈독을 들이는 염치없는 짓이라는 비난을 받게 된다 해도 개의치 않겠다.

앞서 나는 〈독어 레퀴엠〉이 내 영혼을 사로잡는 듯하다는 것을 내비친 적이 있지만, 그렇다고 해서 삶을 마감하는 자리에 누워서까지 이 곡을 듣고 싶지는 않다. 왜냐하면 나는 영혼불멸설이니 망자부활설 같은 것을 믿지 않으며, 오히려 인간은 필멸(必滅)이며 한 번 멸하면 그것으로 끝날 것이라고만 믿고 있기 때문이다. 그러므로 적어도 지금

현재로 나는 영생은커녕 부활도 기대하지 않으며, 혹시 영혼이라도 있어서 환생하는 기적이 있다면 한 포기 풀꽃이나 뭐 그런 미미한 것으로 되살아나기만 해도 극히 흡족해 할 것이다. 하지만 이런 걸 두고 어찌 장담을 할 수 있을 것인가. 장차 어느 날 어떤 계기로 이 마음이 무슨 변덕을 부리게 될지 어찌 예단할 수 있단 말인가. (2010)

어느 사랑 이야기

“아니, 또 이걸 들고 나왔어요?” 현금수납기 앞에 앉은 아가씨는 한심하다는 듯이 나를 쳐다보며 물었습니다.

“어때서 그래? 여기서 헐면 안 되나?” 나는 당당하게 수표를 내밀면서 되물었지요.

뉴욕 시 교외의 어느 주립대학 캠퍼스 인근의 쇼핑몰에 있는 대규모 레코드 가게에서 나는 수납원 아가씨와 이런 수작을 한 적이 있는데 그것도 한 번이 아니고 여러 차례였답니다. 그 사연인즉 이러하지요.

근 40년 전에 매주 일요일 아침이면 나는 인근 잡화점까지 걸어가서 족히 한 아름이나 되는 일요판 『뉴욕 타임스』 뭉치를 사 들고 왔습니다. 주중에는 신문이 배달되었지만 일요판만은 배달해 주지 않기 때문이었지요. 내가 그 일요판을 밝힌 이유는 〈서평〉, 〈주간 시평〉 및 〈주간잡지〉 같은 섹션이 아주 읽을 만하기 때문이었는데, 사실 이런 표면적 이유 뒤에는 다른 저의가 없지 않았습니다. 공연예술 섹션에는 매주 어김없이 '샘 구디'라는 레코드 전문 가게의 전면 광고가 게재되어 있었고, 그것을 보면 매주 바뀌는 할인 브랜드와 그 특가를 알 수 있었거든요.

나는 학기 중에 2주마다 수표로 봉급을 받았는데, 그 광고를 보고는 평소에 작성해 두었던 목록을 들고 가서 원하는 음반을 고른 후 수표로 값을 치르곤 했습니다. 물론 보통 때는 그 수표를 은행 계좌로 입금해서 현금을 찾아 썼지만 미처 은행에 가지 못했을 때는 '샘 구디'에서 헐어 쓰기도 했다는 뜻입니다. 그 곱상하게 생긴 수납원은 나와 한 대학에 다니면서 교내 카페테리아에서도 아르바이트를 하고 있었기 때문에 구면이었지요. 그녀는 그 수표가 뉴욕 주 정부에서 조교 수당으로 발행한 것임을 알고 있었고, 내가 그런 식으로 돈을 '낭비'한다면 생활비를 어디서 끌어다 쓸 것인지 은근히 걱정하고 있었던 것입니다.

그렇게 해서 나는 미국에서 공부하는 동안 250여 장의 LP를 모았고, 비록 값싼 것이긴 하지만 내 자신의 오디오 세트라는 것을 가져 본 것도 그때가 처음이었습니다. 하지만, 지금 돌이켜 생각해 보건대, 거기까지 이르는 데에 참으로 오랜 세월이 흘러야 했습니다.

일제가 소위 '베이에이 게키메쓰(米英擊滅)'를 외치며 총력전을 펼치고 있던 시절 초등학교를 다니던 나는 4학년 때 해방을 맞았고, 중학교 3학년 때부터는 3년간이나 전쟁의 와중에 휘말려서 살아야 했습니다. 그러니 중·고등학교 시절에 구미의 문화에 대한 호기심이 싹텄지만 그것을 충족시킬 길은 전무하다시피 했지요. 서양의 고전문학은 빈약하나마 번역물을 통해서 조금은 접근이 가능했지만, 고전음악의 경우는 거의 차단당한 채 살아야 했던 것도 당연합니다.

전후의 그 살벌했던 대학 시절에는 LP와 하이파이 전축이 이미 나와 있어서 여유가 있는 사람들은 그것을 장만하는 듯했지만, 물론 나에게는 모두 그림의 떡이었습니다. 또 양키 시장에는 '제니스'라는 명품 라디오가 나돌고 있었고 그 성능은 실로 대단했지만, 그런 사치품을 손에 넣는다는 것은 나에게 꿈조차 꾸기 어려운 일이었습니다. 뿐만 아니라 1950년대 후반에는 '트랜지스터'라는 작은 휴대용 라디오까지 등장하여 누구나 선망하는 품목이 되었지만 그것 하나 살 여유도 오랫동안 없었답니다.

이처럼 내가 대학생 시절에 처해 있던 형편은, 물질적으로나 문화적 측면에서나, 궁핍하기 짝이 없었지만 당대의 문화예술에 내가 조금이나마 노출되는 것까지 막지는 못했습니다. 특히 우리 대학 분위기의 기조(基調)는 전후의 그 삭막한 사회 환경을 애써 외면하면서 당대의 서양 철학 사조와 문학예술에 심취하자는 것이었으니까요. 우리는 서양 문학을 원전이나 허술한 번역으로 읽으려 했고, 서양 미술은 화집을 펼치며 짐작하려 했습니다. 하지만 연극, 무용, 음악 등 공연예술의 경우는 실황 공연이 거의 없거나 있어도 아주 빈약했으며, 요즘 같은 대중 영상 매체가 전혀 보급되어 있지 않았기 때문에 그런 공연에의 간접적 접근도 사실상 허용되지 않았지요.

한편 1950년대는 다방 문화가 번성하던 시절이었습니다. 서울의 몇몇 다방에서 넓은 홀에 성능이 좋은 음향기기를 차려 놓고 클래식 음악을 틀어 주기 시작하자 우리는 그런 곳들을 번질나게 출입하면서 서양 음악에 대한 목마름을 해소하려고 안간힘을 썼습니다. 컴컴한 홀에서 커피 한 잔을 시켜 놓고 몇 시간이고 죽치고 앉아 더러는 원하는 곡을 신청하면서 음악을 감상하는 식이었는데, 자주 접하는 곡은 물론 하이든, 모차르트, 베토벤, 슈베르트, 멘델스존, 브람스, 차이코프스키 등 비교적 잘 알려진 작곡가들의 유명한 곡들, 베르디와 푸치니 등의 인기 있는 오페라에 나오는 아리아, 그리고 대중적으로 널리 알려진 소품들이었지요.

나 개인적으로는 요한 세바스찬 바흐를 위주로 한 바로크 음악을 난생 처음 접하면서 깊은 애착을 느끼기 시작했습니다. 특히 〈브란덴부르크 콘체르토〉와 당대의 〈콘체르토 그로소〉 등을 들으며 이 속세에 어찌 이런 거룩한 음악이 존재할 수 있을까 하며 황홀해 했지요. 그래서 나는 '돌체'니 '르네쌍스'니 하는 장안의 유명한 음악감상실을 출입하며 많은 시간을 보냈고, 나중에 트랜지스터 라디오를 손에 넣게 되자 시중의 라디오 방송국에서 '명곡감상' 시간에 감질나게 들려주는 클래식 곡들을 소중하게 들으며 만족해야 했습니다.

그러다 1964년에 나는 영국에 가게 되었습니다. 영국 정부에서 주는 장학금은 숙식비와 책값을 제하고도 약간의 여유가 있었지요. 나는 그 여유를 기차로 한 시간 거리인 런던을 왕래하면서 썼습니다. 박물관이니 미술관을 찾아다니며 많은 시간을 보냈지만, 로열 앨버트 홀, 로열 페스티벌 홀, 코벤트 가든 오페라 하우스 같은 공연장에서 유명 교향악단과 그 지휘자들 그리고 연주가들의 공연을 실황으로 보면서, "아아, 나에게도 이런 꿈같은 날이 있을 수 있다니!" 하며 행복해 하곤 했답니다.

기숙사에서는 BBC 제3방송에서 보내주는 고전음악을 들었습니다. 한국에서 듣던 방송 음악과는 차원이 다른 세계가 내 앞에 펼쳐지는 것이었습니다. 그 덕에 세자르 프랑크, 구스타프 말러, 얀 시벨리우스, 이고르 스트라빈스키, 칼 오르프 같은 작곡가들의 음악에도 눈을 뜨기 시작했지요. 특히 시벨리우스의 〈교향곡 제2번〉과 오르프의 〈카르미나 브라나〉를 처음 듣고 대번에 홀딱 반했던 기억은 지금껏 생생합니다.

영국에서 레코드 가게를 처음으로 찾아가게 된 것은 시벨리우스 때문이었습니다. 가게에 설치되어 있는 개별 시청(試聽) 부스에서 〈교향곡 제2번〉을 청취해 보기 위해서였지요. 물론 들어본 후 그 음반을 반드시 사야 할 의무는 없었고, 그냥 들어 보기만 하고 나가는 사람들도 더러 보였습니다. 그러나 새 음반의 포장을 뜯어 놓고 그냥 나가자니 마음이 편하지 않더군요. 게다가 레코드를 통해 다시 들어보니 라디오로 처음 들었을 때의 감동이 결코 일시적인 것이 아니었음이 확인되었습니다. 그래서 전축도 없는 주제에 나는 그만 덜컥 그 음반을 사고 말았답니다. 안토니 콜린스 지휘로 런던 심포니 오케스트라가 연주한 모노 판이었는데 그게 바로 나의 첫 LP 레코드였지요. 그 후에도 나는 비발디의 〈사계〉와 바흐의 바이얼린 협주곡 등을 포함한 레코드를 몇 장 더 샀으며, 축음기를 가지고 있던 기숙사 친구들을 구차하게 찾아다니며 그 판들을 들어 보곤 했습니다.

귀국 후 얼마 되지 않아 나는 미국으로 가게 되었습니다. 처음에는 『뉴욕 타임스』에서 운영하던 WQXR이라는 FM방송국에서 스물네 시간 보내주는 수준 높은 고전음악이나 열심히 들으며 흡족해 했습니다. 그러다 수학을 전공하며 오페라 감상에 빠져 있던 한 친구와 사귀게 되었고, 그와 나는 우리 캠퍼스에서 두어 시간 거리에 있는 뉴욕 시내의 링컨 센터와 카네기 홀을 찾아다니기 시작했습니다. 이미 오디오 기기까지 갖추고 있던 그 친구를 따라 '샘 구디'를 드나들게 되자, 수년 전 영국에서 플레이어도 없이 레코드를 사들이던 나의 버릇이 이내 되살아나고 말았지요. 그 결과 내 소유의 오디오 기기라는 것을 처음으로 가지게 되었을 때 나는 이미 쉰 장이 넘는 LP판을 사 두고 있었습니다.

미국서 처음 산 것은 피에르 푸르니에가 연주한 바흐의 〈무반주 첼로 조곡〉으로 세 장의 DG Archiv 판이었습니다. 지금 생각하건대, 이 판을 제일 먼저 사게 된 데에는 상징적인 의미가 없지 않습니다. 그날 나는 은근히 작곡가로는 바흐 그리고 악기로는 첼로 곡을 중점적으로 모으겠다는 결심을 하고 있었기 때문입니다. 결국 미국에서 공부하는 동안 나는 바흐와 첼로 곡을 각각 50여 장씩 모았는데, 물론 그게 전부는 아니었지요. 나는 바로크 음악에서 현대 음악까지 광범위하게 섭렵하면서 특히 말러와 브루크너에 심취하게 되었고, 코다이, 야나첵, 힌데미트, 미요, 스트라빈스키, 프로코피에프, 쇼스타코비치 같은 현대 작곡가들의 음악에도 어느 정도 애착을 느끼고 있었으니까요.

귀국한 지 10여 년이 지나자 CD가 등장하면서 LP 레코드가 서서히 퇴조하는 기미가 보였지만, 나는 CD 쪽을 오랫동안 못 본 척하고 있었습니다. 그러다 1995년에 미국의 어느 대학으로 파견되어 1년간 머무르는 동안 나는 처음으로 CD 플레이어를 가지게 되었고 그때 시작된 CD 수집이 지금까지 계속되고 있습니다. 물론 애지중지하던 LP판들은 퇴장한 지 오래되고요.

일부 예외가 있기는 하지만 수집한 LP나 CD 중에는 염가판이 많습니다. 유학 시절에는 『염가 음반 안내서』라는 두꺼운 책을 빌려 참고했습니다. 그 당시는 알프레트 브렌델 같은 피아니스트가 겨우 턴어바웃(Turnabout) 같은 염가 음반에나 이름을 올리고 있던 시절이었는데, 음질이나 연주가 어느 유명 피아니스트의 고가판에 비해서도 뒤지지 않는다고 여겨지더군요. 스무 해쯤 지난 훗날 CD를 수집하다 보니 브렌델은 이미 우리시대 최고의 피아니스트로 이름을 떨치고 있어서 아주 흐뭇했습니다. 그래서 그런지 지금도 나는 이름이 없는 젊은 음악가들이 연주한 염가판 CD를 많이 사들이고 있고 또 즐겨 듣고 있습니다.

이런 염가 음반에 오랫동안 익숙해져 온 덕택인지, 나는 소위 '명반'이라는 것에 좀처럼 욕심을 내지 않는 편입니다. 비평가들이 어쩌고저쩌고 떠드는 것이 못마땅하기도 하고요. 뿐만 아니라 워낙 귀가 섬세하지 못해서 비싼 오디오 기기에 대한 선망을 해 본 적도 없습니다. 그래서 그런지 나에게는 명반과 명기에 대한 집착을 단순한 속물주의로 치부하는 버릇이 있는데, 많은 분들이 나의 이런 탈속(!) 취미를 한심하다고 여길 것임에 틀림없습니다.

이제는 나도 얼마 안 되는 장학금을 쪼개서 어렵게 한 장씩 사 모으는 것이 아니라 흥미 있는 판이면 언제든 거리낌 없이 사들일 수 있습니다. 뿐만 아니라 호기심 때문에 같은 곡을 여남은 가지의 다른 판으로 사기도 하고, 관심 분야를 부질없이 확대하기도 합니다. 그러므로 미국 유학 시절에 요모조모 따지면서 세일 기간에 맞춰 조심스럽게 사들이던 그 진지한 자세는 단순히 수집을 위한 수집을 하는 식의 허랑한 자세로 바뀌지 않았나 싶어 두렵습니다.

이제 와서 돌이켜 생각해 보니, 레코드판에 대한 애착이 시작된 경위로 두 가지를 들 수 있지 않을까 싶습니다. 우선 속물근성의 충동을 들 수 있습니다. 대학에 입학하자 주변의 친구들 중 몇몇이 서양 고전음악에 대해 아는 척했고, 더러는 두툼한 악보를 펴 놓고 손으로 짚어가면서 교향곡을 듣는 녀석들도 있었거든요. 그런 광경이 너무 부러워 나도 따라가야지 하는 마음으로 음악감상실 출입을 시작했고 몇 가지 교향곡은 악보까지 사들였습니다.

그러나 이보다도 더 절실한 충동이 있었으니 그것은 공부하기 싫은 마음에서 빚어진 반작용이라고 해야겠습니다. 세상에 학교 공부를 즐기는 사람이 있을까요? 그것도 그냥 공부가 아니고 시험을 보고 성적을 올리기 위해서 또는 논문이랍시고 억지 글을 쓰기 위해서 해야 하는 공부일 경우, 그 공부에 진정으로 몰두할 수 있는 사람이 있을까요? 잘 모르긴 해도 아마 없을 것입니다. 여기서 내가 이런 변명부터 해 두는 것은 나야말로 바로 만성적 공부혐오증 환자이며 공부가 역겨워질 때마다 고전음악 속에서 위안이랄까 도피처를 찾았기 때문입니다.

이제는 외부로부터의 충동이나 내면적 욕구로부터 자유로워진 지 오래되는데 나는 여전히 이따금 음반 가게를 드나들고 있답니다. 이제는 엔간한 것이면 시들해질 나이라고들 하는데 웬일인지 CD 모으기만은 지루하지가 않거든요. 오히려 근년에는 스크랴빈, 닐센, 빌라로보스, 카차투리안, 풀랑 같은 작곡가들의 음악에 새로이 재미를 느끼게 되었으니 CD에 대한 애착이 감퇴하기커녕 점점 더 깊어지고 있는 셈이라 할까요? 도대체 이 맹목적이요 일방적인 사랑 이야기는 언제쯤이나 끝이 날지 알 수가 없습니다. (2010)

마음속의 초상화들

사랑을 하고 사랑을 잃는 것은
사랑을 아니 한 것보다 낫다

사은구락부 전말기

1948년 초가을 김천중학교에 입학했던 시절 이야기입니다. 해방 후 군정시대에 학제가 개편되어 새 학년이 9월에 시작되었으니 아마 초가을쯤이었을 테지요. 나는 며칠간 결석을 하는 통에 친구들의 공책을 빌려 빠뜨린 학습 내용을 베껴야 했습니다. 그런데 한 친구의 공책을 보니 표지에 '幾何'라고 쓰고 그 위에 영어로 'HOW MANY'라고 써 두지 않았겠습니까? 그 친구가 기하 과목의 영어 명칭까지 이미 알고 있는 것을 보고 나는 적잖게 놀랐습니다. 부랴부랴 유형기(柳瀅基) 목사의 한영사전을 펼쳐 보니, 아니나 다를까, '幾何'를 'how many'라고 풀이해 두었더군요. 그래서 그 친구에게 뒤질세라 나도 공책 표지에 'HOW MANY'라고 썼습니다. 참으로 어이없는 일이었지요. 얼마쯤 세월이 흐르고 난 후 알게 되었습니다만, 유 목사의 사전에는 '幾何學'이라는 항목이 있었고 물론 'geometry'라고 풀이되어 있었지요.

내가 빌려 본 기하 공책의 주인은 김용일(金勇一)이라는 상주 출신 학생이었는데 입학 시험에서 수석을 한 친구였지요. 한 반 학생이 아니었는데 어떻게 사귀게 되었는지 그 경위는 생각나지 않습니다. 그 무렵에 나는 역시 다른 반 학생이요 출신 국민학교도 나와는 다른 권기선(權奇璇)과 김석도(金錫道)라는 학생들과 사귀게 되었고 우리 네 사람은 은연중에 친분을 두터이 하고 있었습니다. 이미 60년이나 지난 옛일이기 때문에 우리가 모여서 어떻게 놀았는지 선명하게 기억되는 것이 별로 없지만, 이 친구들이 우리 집 마당에 매화나무가 있었다든가 내 공부방 책상이 유난히 컸으며 그 위에는 당시에 한 권씩 간행되던 을유문화사의 『조선말큰사전』이 여러 권 놓여 있던 것을 기억하고 있는 것을 보면 우리가 서로의 집을 빈번히 왕래하며 놀았던 것이 아닌가 싶습니다.

우리 넷이 아주 가까워진 것은 1950년 3학년 때 6.25사변이 터지고 난 후였습니다. 우리 가족은 7월 하순에 집을 떠나 낙동강 건너의 대구 근처에서 피난을 하고 10월 하순에 돌아왔는데 집 세 채가 모두 포격에 손상되어 있었습니다. 11월엔가 학교가 다시 문을 열자 사방으로 흩어졌던 학생들이 하나씩 하나씩 교실에 나타났습니다. 10대 중반의 소년에 불과했던 우리는 매일 아침 학교에서 만날 때면 잔망스럽게도 악수를 하며 서로 반가워했지요. 지금 생각하건대, 아마 전쟁을 겪으면서도 죽지 않고 살아남은 행운을 재삼 확인하면서 자축하자는 뜻에서 매번 무심코 손을 맞잡았던 것이 아닌가 싶습니다.

우리가 '사은구락부(四隱俱樂部)'라는 것을 만든 것도 그 무렵이었습니다. 어느 날 우리 중의 누군가가 아호를 하나씩 가지자는 제안을 했고 모두들 스스럼없이 동의했습니다. 아호를 짓되 한 글자를 공통되게 하자는 데에도 쉽게 합의했습니다. 그 글자를 '은(隱)'자로 정한 것은 물론 그 당시 우리가 배운 여말(麗末)의 '삼은(三隱)'을 흉내 내자는 의도에서였을 텐데, 그 나이에 이미 우리들에게는 그런 속물근성이 있었던가 봅니다. '은(隱)'자에 갖다 붙일 한자도, 무슨 이유에서였는지, 삼수변을 가진 글자 중에서 찾기로 했고, 그 끝에 서로서로 지어 준 아호가 기선이의 해은(海隱), 석도의 담은(潭隱), 그리고 나의 계은(溪隱)이었습니다. 용일이에게도 물론 삼수변 글자를 하나 정해 주었지만 아무리 기억을 더듬어도 60여 년 전에 골랐던 그 글자가 도무지 생각나지 않습니다. 수년 전에 우리가 모였을 때 내가 용일이에게 물어보았지만 그는 그때 일을 새카맣게 잊어버렸고, 다른 두 친구도 그의 아호 자를 기억하지 못하고 있었습니다. 어쨌든 요즘 내가 쓰는 우계(友溪)라는 아호의 뿌리가 그 60년 전 열다섯 살 소년 시절에 지었던 '계은(溪隱)'과 관계없다고 할 수는 없겠지요.

그리하여 우리는 사은구락부라는 것을 만들게 되었습니다만, 실제로 서로의 아호를 불렀는지 어땠는지 지금은 기억이 나지 않습니다. 한 가지 분명한 것은 우리가 사은구락부라는 명칭을 넣은 4백 자 원고지를 만들던 일입니다. 등사원지를 줄판에 대고 철필로 긁은 후 잉크를 발라 롤러로 밀어 등사하는 방식은 1960년대까지도 우리가 이용할 수 있었던 유일한 복사 수단 아니었습니까. 우리는 등사원지에다 2백 자 원고지 두 매를 나란히 긁어 넣고 그 사이에다 四隱俱樂部라는 종서(縱書) 명칭을 끼워 넣는 식으로 4백 자 원고지를 만들었습니다.

그때가 비록 어려웠던 시절이긴 해도 문방구에 가면 2백 자 원고지쯤은 얼마든지 살 수가 있었지요. 그런데도 우리가 굳이 사은구락부 전용 원고지를 만든 데에는 좀 특별한 사유가 있었습니다. 동인지를 한번 만들어 보자는 데 합의를 보았고 그 원고를 수합하는 데에 우리가 손수 만든 원고지를 쓰면 좋지 않겠느냐는 생각이 들었기 때문이었지요.

등사한 원고지를 나누어 가지고 우리는 각자 글을 쓰기 시작했습니다. 시를 짓는가 하면 단편소설과 에세이를 쓰기도 했지요. 누군가는 영시랍시고 썼을 것이고 칠언절구 한시까지 지었지만 물론 압운 따위에 대한 개념이 있었을 리 만무하지요. 동인지의 제목은 오랜 논의 끝에 '초생달'로 정했습니다. 그때나 지금이나 사람들은 영어 제목 달기를 좋아하지 않습니까? 우리도 예외는 아니었지요. 우리는 한영사전을 뒤져 그 영어 제목을 'A New Moon'이라고 하기로 했습니다. 참으로 유치하기 짝이 없는 짓이었지요. 동인지의 판형은 당시에 '시험지'라고 불리던 8절지를 한 번 접어서 만드는 책이었으니 요즘 말로 사륙판이나 국판쯤 되지 않았을까 싶습니다.

그해 겨울방학 무렵 원고가 수합되자 편집을 해서 등사원지에 옮겨 쓰기 시작했습니다. 함께 모여 밤을 도와 작업을 했는데 손이 몹시 시렸던 기억은 아직도 생생합니다. 등사기는 시청 소속의 부속 건물에 있던 것을 빌려 쓰기로 했습니다. 어느 몹시 추운 일요일에 우리는 원지를 똘똘 말아 들고 의기양양하게 그 건물을 찾아갔습니다. 그러나 등사 작업은 처음부터 뜻대로 되지 않았습니다. 첫 장을 밀어 보니 전혀 등사가 되지 않았던 겁니다. 우리는 온갖 수단을 다 동원해서 이리저리 밀어 보았지만, 원지가 불량품이었거나 잉크가 저질이었던 탓인지, 한 장도 제대로 등사되지 않았습니다. 이렇게 한 장 한 장 원지를 버리게 되자 결국 우리는 등사 작업을 포기하지 않을 수 없었습니다.

그때 우리가 겪은 좌절감은 너무나 컸습니다. 한동안 원지를 다시 구해서 원고를 옮겨 써 보자는 논의가 있었지만 별 진전은 없었습니다. 설상가상으로 그 무렵 용일이가 콜록거리기 시작했고, 감기인 줄 알았던 그의 병세는 이내 폐결핵으로 판명되었지요. 그가 요양을 위해 하숙집을 떠나 상주로 돌아가자 우리는 동인지에 대한 미련을 완전히 버리지 않을 수 없었습니다. 이렇게 우리의 동인 시대는 아무 결실 없이 허무하게 끝나고 말았고, 그 후 누구도 『초생달』 이야기를 다시 끄집어내지 않았습니다.

1951년 봄학기에 김천에 살고 있던 우리 세 사람은 상주에서 요양 중이던 용일이를 찾아갔습니다. 선물로 들고 간 책은 한용운(韓龍雲)의 『님의 침묵』이었지요. 그 당시 우리는 문학 작품이면 무엇이건 손에 잡히는 대로 읽어 젖혔는데, 그 많은 연애소설 이외에 특히 이태준(李泰俊)의 『문장강화』, 김동석(金東錫)의 『부르조아의 인간상』, 김진섭(金晋燮)의 『생활인의 철학』, 정지용(鄭芝溶)의 『백록담』 그리고 설정식(薛貞植)이 번역한 셰익스피어의 『하므렛』 등을 돌려 읽던 기억이 납니다. 그러던 우리가 그 당시 막 간행된 한용운의 시집을 읽고 대번에 홀딱 빠진 것은 당연했다 하겠습니다.

용일이가 살던 상주 읍내의 적산가옥 다다미방에서 하루를 묵으며 우리는 그의 쾌유를 빌기 위해 베토벤의 〈환희의 송가〉를 합창했습니다. 중학교에 입학한 직후 음악 시간에 맨 처음 배운 노래가 바로 그 곡이었는데, 그때 음악 선생으로부터 사경을 헤매던 결핵 환자가 그 곡을 듣고는 기운을 차리고 투병을 계속한 끝에 완쾌했다는 이야기를 듣고 크게 감명을 받은 적이 있었던 겁니다. 물론 우리는 그 노래가 저

유명한 〈합창교향곡〉의 마지막 악장에서 따온 것이라는 것도 모르고 있었습니다. 그런 일이 있었기 때문인지 지금까지도 나는 그 멜로디를 들을 때마다 용일이네 집에서 그 곡을 합창하던 때를 떠올리곤 합니다.

여름이 되자 우리는 마침 개정된 학제에 따라 중학교를 3년 만에 졸업하게 되었습니다. 졸업식을 마치고 우리 네 사람은 빈 들에 길게 나 있던 신작로를 따라 한참 동안 걸어왔는데, 용일이는 사뭇 눈물을 흘리고 있었습니다. 세 해 전에 입학식 자리에서 이름을 날렸던 그가 아주 보잘것없는 성적으로 졸업생 명단에 겨우 이름만 올려놓았으니 어찌 그에게 비감이 들지 않았겠습니까. 불과 두어 시간 전에 나는 졸업식전에서 답사를 읽으면서 그 영광스러운 자리에 서 있어야 할 사람은 내가 아니라 바로 용일이라는 생각을 하고 있었습니다. 나의 그런 기분을 아는지 모르는지 석도와 기선이는 용일이에게 나를 가리키며, "울지 마, 니 대신에 야가 수석 졸업을 했응께 됐어. 그러니 너무 섭섭해 하지 말라니까" 운운하면서 위로해 주었습니다. 그런 말이 그때 용일이의 심경에 얼마나 위무가 되었는지 모르겠습니다만, 하여간 우리 네 사람은 그 당시 일종의 연대감이랄까 일체감 같은 것을 느끼고 있었음이 분명합니다.

모두가 이런저런 감회를 느끼고 있었기 때문인지, 그날 오후 우리는 석도 집에 모여 소주를 마셨습니다. 나는 난생 처음 술에 취해 보았고, 그날 우리가 기고만장하게 큰 소리로 떠들어 대던 기억은 지금까지도 생생합니다. 그 소주 파티는 우리 사은구락부의 해체를 예고하는 모임이기도 했습니다. 우리의 중학 시절 3년은 그렇게 끝이 났고 그 후 사은구락부도 흐지부지되고 말았기 때문입니다. 가을이 되자 우리 중의 기선이는 대구의 어느 고등학교로 진학했고, 병세가 좋아진 용일이는 고등학교 진학을 포기하고 투병 중에 놓친 과정의 보습을 위해 중학교로 되돌아갔습니다.

고등학교를 마친 후 우리들은 서울에 다시 모여 공부하게 되었습니다. 세 사람은 문리과대학에 다녔고 나머지 한 사람은 길 건너에 있던 의과대학으로 진학했지만, 네다섯 해 전에 사은구락부를 만들던 때와 같은 친밀한 교유는 더 이상 계속되지 않았습니다. 물론 아무도 『초생달』의 창간호를 내야 하지 않겠느냐는 말은 끄집어내지 않았습니다. 지금 생각하면, 전공 분야가 서로 다르던 우리는 각각 자기가 속한 학과에서 새로 만난 친구들과 사귀며 자기 나름의 세계를 구축하는 데 여념이 없던 것이 아닌가 싶습니다.

네 사람 모두 평생 교직생활을 한 후 지금은 은퇴하여 여기저기 흩어져 살면서 두어 달에 한 번꼴로 모여 점심을 나누는 것이 고작입니다. 모일 때마다 우리는 똑같은 옛 이야기들을 새삼스럽게 들추면서 감개무량해 하곤 합니다만, 무엇 때문인지, 아무도 사은구락부 시절의 이야기는 좀처럼 떠올리려 하지 않습니다. (2011)

젊음과 건강 그리고 멋
— 나영균 선생 퇴임식장에서

오늘 나영균(羅英均) 선생님의 정년퇴임을 기념하는 모임에 초대받고 한 말씀 드리게 된 것은 제게 무한한 영광입니다. 그간 저는 이런 모임에 수없이 참석해 보았습니다만, 오늘은 좀 별난 감회를 느끼고 있습니다. 제가 학회 등의 일로 나 선생을 가까이 모시게 된 것은 극히 근자의 일입니다만, 처음 뵌 지는 어언 30년이 가까워지고 있지 않나 싶습니다. 제가 이런 말씀을 드리면 여러분들께서 어떻게 생각하실지 모르겠습니다만, 처음부터 나 선생을 대하는 저의 마음은 조금 특별했다고 할 수 있습니다. 비교적 멀찍이 떨어져서 선생님을 바라볼 수밖에 없었던 저 같은 사람에게도 선생님은 큰 어려움 없이 대할 수 있는 누님처럼 느껴졌고 또 더러는, 외람된 말씀입니다만, 별 허물없이 지낼 수 있는 친구처럼 느껴지기도 했습니다. 이는 물론 나 선생께서 저에게 각별한 애정을 베풀어 주셨기 때문이겠습니다만, 아마 이 자리에 계시는 많은 분들께서도 저와 비슷한 혜택을 누리지 않으셨나 싶습니다. 방금 축사를 하신 이화여자대학교 장상(張裳) 인문대학장께서는 나

선생을 "모든 사람의 애인"이라고 하셨는데, 그 말씀을 들으니 제 생각이 별로 틀리지 않은 것 같습니다.

이 모임은 나 선생님의 퇴임을 기념하는 자리이므로, 저는 무엇보다도 대학 교수로서의 나 선생에 대해서 말씀드리고 싶습니다. 저는 불행히도 학교 강의를 통해서 선생님께 직접 배우는 영광을 누리지 못했습니다. 그러나 나 선생께서 한 바람직한 스승의 모습을 하고 계셨을 것을 넉넉히 상상할 수 있습니다. 저의 상상이 진실에서 그리 멀지 않음을 확인하는 길은 선생께서 쓰신 한 토막의 글을 읽어 보는 데 있지 않을까 싶습니다. 선생께서 작년에 내신 『전후 영미 소설의 이해』라는 책의 머리말은 다음과 같이 시작됩니다.

> 가르치기를 평생의 업으로 삼아 온 터이지만 그것이 결코 쉬운 일도 익숙해질 수 있는 일도 아니라는 걸 날이 갈수록 절감한다. 교단에 선 지 40년이 넘은 지금도 수업에 들어갈 때마다 새로 준비해야 하고, 시간마다 처음 얼마 동안은 긴장한다. 이런 일을 되풀이하다 보면 어느덧 일학기가 지나간다. 한 학기를 끝낼 때마다 혼자 수업 실적을 평가하지만 만족스러웠다고 생각한 적은 40여 년 동안에 몇 번밖에 없다. 그것도 한 과목은 괜찮았으나 다른 과목이 부족했다든가 해서 전체가 흡족했던 학기는 없다고 하는 게 정직할 것이다.

이 진솔한 구절은 대학 교수로서 나 선생의 자세가 얼마나 겸손하고 성실했을까를 짐작하게 하는 데 모자람이 없습니다. 선생께서는 늘 긴장해서 배우는 자세로 교실에 임하셨고 끊임없이 거듭되는 자기 경신을 꾀해 오셨습니다. 선생께서 영국문학과 미국문학을 가리지 않고 가르쳤다든지 또 시대적으로도 셰익스피어에서 토니 모리슨에 이르는 폭넓은 관심을 보인 것도 바로 꾸준한 배움을 통한 자기경신의 자세를 견지해 오셨음을 반증하고 있습니다.

또 앞서 언급한 머리말에서 나 선생께서는 가르치는 일을 음악 연주나 연극 공연에 비유하면서 얼마 동안 계속되다가 공기 속에 사라져 버리는 것이라고 하셨습니다. 이는 교실에서의 강의가 지닌 그 덧없는 일회성(一回性)을 탓하는 말씀임이 분명합니다만, 원래 명연주나 명공연이란 그 속절없는 무상함에도 불구하고 청중들에게 오래 기억되기 마련입니다. 녹음기가 없던 시절에 명성을 떨친 니콜로 파가니니의 명연주는 오늘날까지도 기억되고 있으며, 녹화기가 없던 시절의 데이비드 게릭의 명공연은 연극사에서 지금까지도 꾸준히 거론되고 있습니다. 그런 의미에서는 나 선생께서 이화 캠퍼스에 남긴 스승으로서의 족적(足跡)이 결코 덧없는 것이 아니고, 앞으로도 제자들뿐만 아니라 동료들에 의해서 오래오래 기억될 것입니다.

나 선생님께서는 30년 전에 제가 처음 뵈었을 때나 지금이나 변함없는 모습을 하고 계시는데, 그 모습의 기조는 젊음과 건강 그리고 멋입니다. 앞으로 오랫동안 그 젊고 건강하고 멋진 모습을 잃지 마시고 우리 곁에 계시면서 학문적으로도 더 많은 성과를 거두시길 기원하겠습니다. 감사합니다. (1994)

멋, 절제 그리고 학문의 길

김병옥(金秉玉) 교수를 처음 만나는 사람들은 아마도 그가 굉장한 멋쟁이라는 인상을 받을 것이다. 그의 멋은 잘생긴 외모나 잘 골라 입은 옷가지에서 자아내어지기도 하지만 그것보다는 그의 내면에서 우러나는 것이라고 해야 더 옳을 것이다. 그 멋은 은근하고 깐깐해서 사람들에게 쉬이 지워지지 않는 인상을 남긴다. 나는 김 교수를 그간 50년 가깝게 사귄 끝에 이런 결론에 이르렀지만 그를 얼마 동안이나마 가까이해 온 사람이라면 누구나 이 말에 동의하는 데 주저하지 않으리라 믿는다.

1954년 봄에 서울대학교 문리대 영어영문학과의 신입생들이 동숭동 교정에서 처음으로 상면했을 때 우리들 중의 몇몇은 여전히 고등학교 시절의 검은 교복을 벗지 못하고 있었지만 김 교수는 이미 말쑥한 양복 차림이었다. 그 궁핍했던 시절 훤칠한 키에 밝은 색의 홈스펀 천으로 잘 지은 슈트를 입고 로덴스톡인가 하는 독일제 금테 안경을 끼고 다니던 그의 모습은 아무리 보아도 신입생 차림은 아니었다. 그래서 한 신입생은 그를 상급생으로 오인했고 그에게 수강 신청하는 법을 물었다가 무안을 당하기도 했다. 참으로 그의 모습은, 당대의 유행어를 빌려 말하건대, '마카오 신사'의 그것이었다. 그러나 그 멋진 모습이 우리가 그에게서 찾을 수 있는 모든 것은 아니었다. 오히려 그가 겉으로 드러내는 첫인상은 우리를 오도하여 얼마 동안 그의 참 멋을 보지 못하게 하지 않았나 싶다. 그러므로 필자처럼 비교적 오랫동안 그를 가까이해 온 사람도 그의 참된 멋을 자아내는 것이 그의 내면세계라는 것을 깨우치기까지 꽤 많은 시간을 들여야 했다.

여기서 김 교수의 멋 이야기부터 꺼낸 것은, 필자가 지켜보기에, 그 멋이 그의 사사로운 생활에서뿐만 아니라 학구적 자세에서도 하나의 기조를 이루고 있는 듯하기 때문이다. 그는 30년이 넘게 대학에서 교편을 잡고 있는 동안 문학과 철학 사이를 오가는, 우리나라의 영문학도들에게서는 비교적 보기 드문, 이론가로 성장했다. 그가 오늘에 이른 과정에는 우여곡절이 없지 않았지만, 주변 사람들이 보기에는, 그 과정 또한 멋으로 점철되어 있다.

1950년대에 그가 학사과정에 재학하고 있을 때는 영어영문학과에서 영어학과 영문학이 오늘날처럼 확연히 구분되지 않던 시절이었는데 그는 처음부터 영어학 쪽으로 기울어져 있었다. 학사과정에서는 영어사와 영문법을 배우는 것이 고작이었지만 김 교수는 당대의 영어학도들이 고전으로 받들던 예스페르센의 『현대영문법』(전 5권)을 공부하는 데 만족하지 않고 같은 저자의 『문법 원론』이라든지 블룸필드의 『언어론』 등을 읽으며 일반 언어학 분야로 관심을 확대하고 있었다. 많은 영문학과 학생들이 『현대영문법』을 겨우 한 권짜리 축약판으로 읽는 데 만족하고 있던 시절이라 그의 학구 자세는 우리들에게 아주 경이롭게 보였다.

김 교수가 대학원에 입학했을 때 그는 여전히 영어학에 대한 꿈을 버리지 않고 있었다. 그러나 1960년대 초부터 그의 관심은 영어학에서 영문학 쪽으로 옮겨가고 있었다. 어느 날 김 교수는 필자와의 사석에서 "어학은 너무 메말라 있다. 그 속에는 인간이 없다"라는 요지의 말을 한 적이 있었는데 그 무렵 그는 영어학을 떠날 결심을 하고 있었던 것 같다. 결국 그는 허먼 멜빌을 석사학위 논문의 주제로 삼았는데, 그가 다른 많은 작가들을 제쳐 두고 멜빌이라는 19세기 미국 작가를 택했다는 것은 시사적이라 할 수 있다. 가령 그는 에이합 선장이라든지 빌리 버드라든지 바틀비 같은 작중 인물들의 운명에 심취하면서 인간과 사회에 대한 원초적 물음을 던지는 한편 삶의 구경(究竟)에 대한 탐색을 하고 있었다. 훗날 철학에 대한 그의 관심이 심화된 것과 관련해서 생각할 때 그것은 결코 우연한 일이 아니었다.

1960년대에 김 교수는 현대 미술 이론에도 관심을 가지고 있었다. 그는 몇 가지 미술 전문 잡지들을 정기 구독하고 있었고 필자를 만나면 그가 새로 익힌 미술 이론들을 공들여 설명해 주곤 했다. 특히 칸딘스키와 몬드리안의 회화에서 점과 선의 의미 등에 대한 그의 해석은 인상적이었는데, 아마도 나의 무식을 상대하느라 그는 무척 답답했을 것이라 여겨진다. 기회가 주어지기만 했다면 그가 미술평론 쪽으로 전향해서 활약할 수도 있었을 테지만, 행인지 불행인지, 그에게 그런 기회는 오지 않고 말았다. 그러나 미술에 대한 그의 관심만은 오늘날까지도 질기게 지속되고 있으며 그 점이 나에게는 늘 감히 넘볼 수 없는 몇 중의 하나로 비친다.

김 교수가 철학에 대한 관심을 본격화한 것은 1970년대부터가 아닌가 한다. 내가 고작 니체, 프로이트 및 프롬 따위를 읽고 있을 때 그는 카시러와 칸트 및 헤겔 그리고 나중에는 후설을 읽고 있었다. 말이 칸트와 헤겔이지 그리 쉬운 접근을 허용하는 철학자들이 아니잖은가. 그래서 그들의 저술을 읽어 보겠다고 덤벼드는 많은 문학도들이 그저 주변만 맴돌다가 그만 포기해 버리지 않는가. 그런데도 이 철학자들에 대해 김 교수는 참으로 끈질기게 매달렸고, 오늘에 이르기까지 그 집념과 학구적 자세에는 흐트러짐이 없다.

김 교수의 박사학위 논문 주제가 S. T. 콜리지에 대한 철학적 접근이었던 것은 하나의 당연한 귀결이라 할 수 있다. 논문 「시와 언어의 이론」은 콜리지의 난삽한 문학론에 대한 철학적 해명을 시도하고 있는데, 이른바 구미의 본바닥에서도 이런 해석의 시도는 보기 드물고 우리나라에서는 이 논문에 버금갈 만한 저술의 출현을 적어도 당분간은 기대하기 어렵지 않을까 싶다.

김 교수는 문학이 구체적 사고에 의해 특징지어진다고 보고 있으며 이 구체적 사고를 논리적으로 해명하려는 문학 연구는 폭넓게 인문주의적 전통에 의존해야 하며 문화의 일반적 범주로부터도 도움을 받아야 한다고 믿는다. 그는 무엇보다도 철학 속에서 그 도움을 찾으려 했고, 그런 학구적 노력의 결과로 맺어진 것이 「경험의 구성과 소설」, 「말의 주술」, 「시의 이해를 위한 카시러의 기여」, 「엘리엇과 후설」, 「읽기의 체험과 문학 연구」, 「문학에 대한 철학적 조명을 위하여」 등을 포함하는 수많은 논문들이다.

문학과 철학의 관계에 대한 그의 심취는 어언 40년쯤 되지만 그의 학구적 자세는 그간 의연함으로 일관하고 있었다. 그 정도의 학문적 온축(蘊蓄)이 있었으면 빈번한 논문의 발표를 통해 우리나라의 문학비평계에 새바람을 불어넣는 논객으로 활약할 수도 있었겠지만 그는 늘 문단에서 멀찍이 떨어져 있었다. 최신 문예이론을 얄팍하게 갖춘 비평가들이 저널리즘을 타고 기승을 부리는 풍조가 만연하는 시대에 그는 자기 나름의 상아탑을 쌓고 그 속에 칩거하고 있었던 셈이다.

김 교수가 학구적 열정을 밖으로 발산하는 유일한 경로를 찾았다면 그것은 교육의 현장이었다고 할 수 있다. 강의실에서 그는 자상하면서도 근엄한 스승이었다는 평판이 높고, 연구실 주변에서는 연하의 동료들에게 공부를 하지 않는다고 질책하는 엄한 선배이기도 했다. 그리고 그는 오랫동안 몇몇 학회를 주도해 오면서 동학들에게 학문하는 자세의 수범(垂範)을 몸소 보이고 있다. 그의 이런 자세가 필자에게는 그의 생득적(生得的) 멋의 연장으로만 보인다. 그 멋은 그의 금욕적이고 수행자적인 학구 자세에서 빚어지는 것이기 때문에 소탈하지만 여느 문학도들이 감히 넘볼 수 없는 고유의 고고한 경지를 이루고 있다. 그 멋은 겉치레가 아니라 안에서 밖으로 발산되는 것이기 때문에 결코 화려하거나 매혹적이라고 할 수는 없다. 그러나 이 차분하게 잘 절제된 멋이 그것을 알아차리고 인정하는 사람들에게는 거역하기 어려운 친화력으로 다가오기도 한다.

1999년 여름 김 교수는 정년을 맞아 오랫동안 몸담아 오던 대학을 떠났다. 그의 주변 사람들이 뜻을 모아 정년을 기념하는 책을 한 권 엮어 내기로 결정했으니, 이야말로 우리나라에서 내로라하는 문학이론가, 평론가 및 철학자들이 그간 알게 모르게 눈에 보이지 않는 김 교수의 멋에 피폭(被曝)되고 있었다는 증거가 아니고 무엇이겠는가? 이 책의 출간을 맞아 김 교수가 앞으로도 더욱 건강하게 지내면서 오랫동안 동학과 후배들의 귀감으로 남아 있기를 바라는 마음이 간절하다.

(1999)

창석 이병한과 자하헌

아는 사람들은 알고 있겠지만 관악 캠퍼스의 2동 3층에는 인문대학 교수휴게실이 있다. 서울대학교가 관악산으로 이사 온 후 이내 생긴 휴게실이므로 그 역사가 어언 20여 년이나 된다. 이 방의 공식 명칭은 '교수합동연구실'로 되어 있기 때문에 내막을 모르는 사람들은 교수들이 이 연구실에 모여 세미나와 콜로퀴엄 같은 진지한 학술 활동을 하리라 여기고 있을 것이다. 그러나 사실은 여남은 평 정도 되는 이 공간에서 교수들은 차를 마시며 한담을 나누고 더러는 바둑을 두기도 한다. 1990년대 초에 이 방의 당호(堂號)를 짓자는 제안이 나왔고 여러 날에 걸친 논의 끝에 캠퍼스 일대의 옛 이름이 자하동(紫霞洞)이었던 것을 고려해서 '자하헌(紫霞軒)'이라는 이름을 채택하기로 했다. 그러자 누군가가 일창(一滄) 유치웅(兪致雄) 옹이 쓴 당호의 횡액(橫額)을 얻어다 걸기도 했다.

자하헌에 출입하는 교수들은 대체로 세상 돌아가는 것을 지켜보며 비분강개하거나 흰소리를 늘어놓기 일쑤이고 바둑판을 들여다보면서 훈수를 하느라 떠들썩한 편이지만 이렇게 싱거운 짓거리로만 시간을 허송하지는 않는다. 십여 명의 교수들은 서예반을 만들어 지금까지 10년이 넘도록 송은(松隱) 심우식(沈禹植) 선생의 지도를 받고 있다. 뿐만 아니라 여러 어문계 학과 교수들은 동서시회(東西詩會)라는 시 읽기 모임을 만들기도 했다. 중문학과의 창석(蒼石) 이병한(李炳漢) 교수가 주도한 이 모임에는 국문학과의 심재기(沈在箕), 중문학과의 이영주(李永朱)와 류종목(柳種睦), 독문학과의 송동준(宋東準)과 황윤석(黃允錫), 서문학과의 김춘진(金春鎭), 영문학과의 김명렬(金明烈)과 이상옥(李相沃) 등이 참여했다. 그런데 이 모임은 콜로퀴엄이라는 명목으로 2년간 대학 본부의 재정 지원까지 받았으니 한 달에 한 차례씩 열린 모임에는 자연히 기름이 돌았고 그 분위기가 화기애애할 수밖에 없었다. 이 동서시회에서 거론되었던 시에다 국문학과의 오세영(吳世榮)과 불문학과의 오생근(吳生根)이 뽑은 프랑스 시와 한국 시까지 보태어 책 한 권이 곧 간행될 예정이니 이 또한 동서시회의 보람 있는 결실이라 해야 할 것이다.

그러나 자하헌이 여느 휴게실과는 달리 명실공히 '합동연구실'이라는 이름에 손색이 없는 방으로 변한 것은 누군가가 화이트보드를 하나 가져다 두면서부터이다. 이내 화이트보드에는 낙서가 시작되었고, 1992년경에 창석은 한 주일에 두어 차례씩 당대(唐代)에서 청대(淸代)에 이르는 역대 중국의 명시들을 한 편씩 쓰기 시작하여 큰 호응을 얻었다. 초기에는 나도 셰익스피어의 구절 따위를 적어 보려고 했지만 휴게실 제공(諸公)들이 서양어로 된 인용구를 별로 탐탁히 여기는 눈치가 아니었기 때문에 이내 그만두고 말았다. 또 국문학과의 김용직(金容

稷)과 민병수(閔丙秀)는 이따금 자작(自作) 한시를 발표하기도 해서 우리들의 찬탄과 선망의 대상이 되기도 했다. 그러나 화이트보드에다 시를 쓰는 일은 주로 창석이 맡아서 했고, 그는 으레 계절이나 시류에 맞는 한시를 한 편씩 골라 쓴 후 어려운 대목은 직접 해석하기도 했다.

창석의 노력은 곧 그 교육적 성과를 거두기 시작했다. 자전을 뒤져 낯선 한자나 고사성어의 뜻을 밝혀내는 일을 전담한 이가 등장하였으니 그는 바로 영문학과의 이병건(李秉建)이었다. 한편 국문학과의 조동일(趙東一)은 창석이 써놓은 시의 패러디를 즐겨 쓰곤 했는데 이때 풍자의 대상이 되는 사람들은 으레 바둑을 두는 패들이었다. 그 사이에 어느덧 여러 해가 지났고 우리는 창석 덕분에 수백 편의 한시를 읽을 수 있었다. 그간 한시를 보는 우리의 안목도 크게 높아졌고 그 해득력도 상당히 향상되었다. 그러니 영문학과의 황동규(黃東奎)가 송대(宋代) 이후의 시는 당시(唐詩)에 비해서 일반적으로 품격이 떨어진다고 평했다든가 우리나라의 한시가 중국의 한시보다는 읽기가 더 어려운 것은 웬일이냐고 따질 수 있게 된 것도 우연한 일은 아니다. 그리고 조동일이 패러디를 쓸 때면 모두가 시구(詩句)의 첨삭을 두고 간섭하거나 조언할 수 있을 정도의 실력을 갖추게 된 것도 당연한 일이라 할 수 있다.

창석은 워낙 부지런하여 화이트보드에다 그저 시를 쓰는 데 그치지는 않았다. 그는 연구실에 돌아가서 우리들 몰래 그날그날 시를 우리말로 옮기고 해설문까지 써두었던 모양이다. 휴게실의 반응이 그의 해설에 반영되었으리라는 것은 쉽게 추측되지만 그 발언 내용이 실명(實名)으로 인용되리라고는 아무도 짐작하지 못했다. 이렇게 해서 모은 시들이 이번에 책으로 엮여 나오게 된 데에는 사연이 없지 않다. 창석은 금년 여름 그러니까 1998년 8월 말에 정년을 맞아 30여 년 동안 지켜온 교단을 떠나게 되어 화이트보드에 중국 시를 한 편씩 쓰는 일을 그만두지 않을 수 없게 된 것이다. 이런 피치 못할 사정만 아니었던들 그는 동료 교수들에게 한시 소개하는 일을 계속했을 것이고, 그의 느긋한 성품으로 미루어보건대, 서둘러 책을 엮어낼 생각은 하지 않았을 것이다.

이제 지난 스물 몇 해를 돌이켜보건대, 하루에 적어도 한 번은 자하헌에 들러야 직성이 풀리던 교수들이 인문대에는 여러 분 있었다. 이분들 중에서 몇 분은 이미 정년을 맞아 퇴임했고, 독문학과의 이갑규(李甲圭) 교수와 중문학과의 홍인표(洪寅杓) 교수는 정년을 맞기도 전에 우리와 유명을 달리하고 말았다. 그러나 분명한 것은 이미 자하헌을 떠났느냐 아니냐와는 상관없이 창석이 이번에 엮어내는 책은 모두에게 똑같이 소중하다는 사실이다. 이는 이 책이 각자의 개인사(個人史)에서 자질구레한 에피소드에 불과한 일들을 몇 가지씩 기록하거나 상기시키고 있기 때문이 아니라, 20세기 말엽에 인문대학의 어문계 교수들을 둘러싸고 있던 지적 분위기의 일면을 여실하게 증언하고 있기 때문이다.

자하헌에 자주 출입하는 인문대 교수 중에는 누구 하나 권력 주변을 맴돌며 기웃거리거나 재력을 탐해 황급히 뛰어다니는 일이 없었다. 그러기에 그들은 언론에 사회 병폐가 보도될 때마다 이를 아무 거리낌 없이 신랄히 비판하면서도 그 누구의 눈치도 볼 필요가 없었다. 또 그들의 비판이나 풍자에는 가시가 돋쳐 있었지만 무책임하게 악의

적이거나 파괴적이었던 적은 없었다. 그들은 연구와 교수의 틈틈이 휴게실을 출입하면서 말하자면 망중한(忙中閑)을 즐기고 있었고, 한담을 나누면서도 늘 무언가 진지하게 생각하고 있었다. 이런 분위기가 있었기에 자하헌에서는 잡담이냐 농담이냐 아니면 논쟁이냐를 가릴 것 없이 모두 조금은 생산적일 수 있었다. 창석이 그토록 오랫동안 화이트보드에다 중국의 명시들을 옮겨 쓰는 일을 보람있게 해낼 수 있었던 것도 물론 이런 분위기 덕분이었을 것이다. 그는 내심으로 이 분위기가 즐거워 중국 시 소개를 계속할 수 있었을 것이고, 또 그의 노력은 그 분위기를 유지하는 데 크게 이바지했을 것이다. 바로 이 점은 시의 해설 뒤에 인용되고 있는 실명의 촌평들을 읽어 보면 쉽게 확인될 것이다.

그러나 이 책이 일반 독자들에게까지 널리 보편적 호소력을 지닐 수 있게 하는 것은 이런 사사로운 측면들이 아니고, 시의 선정부터 번역 및 해설에 이르는 작업에서 일관되게 드러나는 창석의 높은 문학적 안목과 비평적 역량이다. 우선, 창석은 중국의 역대 시인들의 작품 중에서도 우리에게 일반적인 흥미를 유발할 수 있는 작품들을 골라서 아름다운 우리말로 옮기고 있다. 그는 이미 많은 수필을 통해 스스로 뛰어난 산문가임을 과시한 바 있지만 이번에 내는 이 시선집을 보면 그의 시어(詩語)를 다루는 솜씨 또한 상당한 경지에 달해 있음을 알 수 있다. 어디 그뿐이겠는가. 각 시편마다 붙여놓은 해설을 읽어 보면 시에 대한 그의 깊은 애정과 높은 안식이 드러나 있다. 오랫동안 교단에 서서 가르친 사람이라고 해서 누구나 다 이런 역량을 지니고 있는 것은 아니다. 또 이런 역량을 갖추고 있다고 해서 누구나 다 이런 시선집을 엮어낼 수 있는 것도 아니다. 창석처럼 부지런하게 그날그날 있었던 일을 기록해서 챙겨 두는 것을 생활화한 사람이 아니고서야 어찌 이런 책을 간행할 엄두를 낼 수 있었을 것인가.

오랫동안 자하헌을 출입하면서 창석의 인품이나 취향에 대해 조금은 짐작하고 있다고 자부하는 나 같은 사람에게는 이 책의 간행이 그만큼 더 반갑고 즐거운 일이다. 이 글에서 나는 이 책이 나올 수 있게 한 자하헌의 풍속 및 정경(情景)을 내가 지켜본 대로 그려내고자 했거니와 이런 시도가 내 반가움과 기쁨의 일단을 표현하는 방도가 되었기를 바라는 마음 간절하다. (1998)

조촐함의 미학

— 김명렬 산문집에 부쳐

백초(白初) 김명렬(金明烈) 교수를 만난 지도 어언 30년이나 된다. 그러나 그의 이름을 처음 들은 것은 그보다 훨씬 전인 1970년대 중엽이었다. 어느 날 서울 돈암동에 있는 외가를 찾아가니 외숙모가 물었다.

"너, 김명렬 교수 아나? 문리대 영문과 후배라 카더라."

나는 백초를 만난 기억이 없어 잘 모른다고 했다. 지금 생각하니 당시 그는 아직도 부모 슬하였던 것 같은데, 그날 외숙모가 이웃 백초 댁 이야기를 끄집어낸 것은 그의 모친을 칭송하기 위해서였다.

"김 교수 모친 말이데이. 아주 경우 바른 분이란다. 그 댁 예의범절을 보니 전형적인 서울 양반이더라."

경상도 출신으로 일제 때 서울서 경기고녀를 졸업한 외숙모는 시시비비를 가릴 때 걸핏하면 경우에 맞느냐 아니냐를 따졌고 사람들의 인품을 평가할 때면 으레 '서울 양반'이라는 잣대를 들이대곤 했다. 그날 외숙모는 입에 침이 마르게 백초의 모친 이야기를 했지만, 백초와 면식이 없던 나는 그 말씀을 귓등으로 듣고 말았다.

몇 해 후에 백초와 처음으로 상면했을 때 나는 그도 모친처럼 경우 바르고 범절 있는 분이 아니겠느냐는 선입견을 가지고 그를 대했고, 그 선입견은 오늘에 이르기까지 나를 배반하지 않았다. 오히려 그와의 친교가 깊어질수록 백초야말로 바로 그 어머니에 그 아들이구나 싶을 뿐이다.

백초는 거창한 도덕론을 펴는 일이 좀처럼 없지만 그의 생각이나 행동을 가까이해 본 사람들은 그가 높은 도덕군자임을 알게 된다. 그는 경우에 맞지 않은 사례를 보면 언제나 가슴 아파하며, 웬만하면 못 본 척하고 넘길 만한 일을 당할 때에도 으레 참지 못하고 "세상에! 어럴 수가 ……" 하며 속상해 한다. 이에 그치지 않고 그는 그 상황을 시정하기 위해 자기가 할 수 있는 일을 찾아서 행한다. 이를테면 산행을 할 때 사람들이 버려 놓은 쓰레기를 보면 그는 "이런! 몹쓸 짓을 ……" 이라고 한탄하면서 손수 그 쓰레기를 줍는다. 또 그는 좀처럼 자동차를 몰지 않는데, 그것은 운전을 싫어하기 때문이 아니라 자동차가 공기오염의 주범이라고 확신하기 때문이다. 그는 자기 한 사람만이라도 차 몰기를 자제해야 궁극적으로 공기가 맑아질 것이라고 믿을뿐더러 그 믿음을 실천하고 있는 셈이다.

이처럼 옳고 그름을 엄격히 가리면서 옳다고 여기는 것을 실천하려는 백초의 집념은 그를 꽤 까다로운 사람으로 만든다. 이 까다로움은 그가 학문을 대하는 자세에서도 그대로 나타난다. 그는 책을 읽거나 학생들을 가르치다가 미심한 대목을 마주치게 되면 그것을 해명하지 않은 채 적당히 넘기는 일이 없으며, 서재에 갖춰 둔 많은 사전과 참고서적들을 뒤져서 문제를 풀어내야 직성이 풀린다. 나는 가르치다가 잘 모르는 대목이 나올 때마다 백초를 찾아가서 물어보곤 했는데, 그는 며칠이 걸려서라도 답을 찾아내어 시원하게 설명해 주었다. 아마도 골치 아픈 문제를 들고 백초를 찾아간 사람은 나 혼자만이 아닐 것이다.

이런 까다로움은 흔히 나무만 보고 숲을 보지 못하는 식의 어리석음을 범할 수도 있지만, 백초에게는 숲과 나무를 아울러서 보는 능력이 있기 때문에 그럴 염려가 없다. 그가 나무 한 그루 한 그루를 꼼꼼히 보자는 것은 그렇게 해야 숲 전체를 올바로 볼 수 있다고 믿기 때문이다. 말하자면 그의 까다로움은 대범함이라는 다른 한 덕목과 균형을 이루고 있어서 주변 사람들에게 부담을 주지 않는다. 그리고 그런 균형은 그로 하여금 학문뿐만 아니라 일상생활에서 늘 꿋꿋하고 의연한 자세를 지킬 수 있게 해 준다.

그리고 대범함 — 이 덕목은 백초가 공동체 생활에서 아낌없이 베푸는 아량과 관용의 원천이요 사람들의 존경과 신임의 근거가 되기도 한다. 백초와 내가 한 학과에서 재직하던 여러 해 동안 그는 늘 우리 학과의 중심에 있었다. 교수들이 서른 명이나 되는 영어영문학과는 서울대학교에서도 비교적 큰 단위의 조직체여서 자칫하면 가지각색의 의견과 이해관계가 갈등하는 시끄러운 곳이 될 수도 있었지만, 그 중심에 백초가 있어서 우리 학과는 늘 화기애애했다. 말하자면 그는 우리 학과의 '피스 메이커'였다. 뿐만 아니라 그는 학내외를 통해 존경받는 스승이요, 자상스러운 선배요, 누구나 아끼는 후배였다. 특히 나에게는 언제나 그가 삶과 배움에 있어서의 선배 같은 후배요, 함께 있기만 해도 즐거워지고, 그러면서도 늘 경외심으로 대하게 되는 동료였다.

백초가 산문집을 낸다고 한다. 그는 알 만한 사람들이 다 아는 뛰어난 산문가이지만, 요것저것 따져 보는 까다로운 성격 탓인지, 오랫동안 망설여 오다가 고희를 훌쩍 넘기고 나서야 첫 산문집을 엮어 보겠다고 한다. 만시지탄(晩時之歎)이 있으나 반가운 소식이다. 나는 그가 여기저기 발표한 글을 읽어 보았지만, 이번에 그 글들을 모아 한꺼번에 읽어 보니 오랫동안 잊혀진 채 묻혀 있던 값진 보석들을 하나씩 캐내는 듯한 기분이 든다. 그 보석들은 하나같이 영롱하기 이를 데 없으며 색깔 또한 다채롭다. 이는 물론 백초의 명징한 생각들이 삶의 여러 분야에 두루 미치고 있다는 증거가 아니고 무엇이겠는가.

백초의 산문에서 가장 주목할 만한 주제는 자연에 대한 애정 어린 집착이다. 사실 이 책에 수록된 근 40편의 글 중에서 자연과 관계되는 것이 여남은 편이나 된다. 그에게 자연은 아름다울 뿐만 아니라 참되고 선하기 때문에 그는 자연예찬에 경도하는 한편, 오늘날 자연이 오염되고 인간의 환경이 무분별하게 파괴되는 현실을 개탄하기도 한다. 자연과 관련된 그의 발언은, 예찬이든 염원이든 아니면 매도(罵倒)든, 언제나 견고한 설득력을 띠는데 이는 그의 자연관이,「낙원 상실기」와「검룡소(儉龍沼)」에서 볼 수 있다시피, 인문학적 소양에 바탕을 둔 공감을 자아내기 때문에 가능하다. 한편 그는 자연에 대한 깊은 통찰에 그치지 않고 그것을 자기성찰의 계기로 삼기도 하는데 이런 면에서는「보물 줍기」,「철조망 안의 꽃」 같은 글들이 특히 주목할 만하다.

사실 백초의 산문에서 자아와 주변 세계에 대한 성찰은 핵심 주제 중의 하나이다. 오래전에 쓴「삼천리 길」이라는 명품 에세이에서 백초는 산행 길에 어느 사찰에서 겪었던 일을 둘러싸고 가차 없는 자기 문초를 한다. 그는 한 여인에 대한 관심 때문에 찾고 있던 불상을 눈앞에 두고도 보지 못한 데 대해 죄책감과 자괴심을 느꼈다고 고백한다. 한편 그는 근년에 쓴 에세이 「육십대 젊은이」와 「종심(從心)」에서 늙음에 대한 성찰을 하면서 누구나 숙명적으로 겪어야 하는 노년기에 자아를 반듯하게 지키는 길을 모색하고 있다.

경우 바름에 대한 집착은 백초의 성찰이 자기 자신만을 대상으로 하지 않고 주위 세계에까지 미치게 한다. 사실 그의 사회적 통찰은 그로 하여금 인간의 행태와 사회적 현상에 대한 준엄한 비평가가 되게 한다. 「까치고개의 개나리」, 「사라지는 새들」, 「밝은 태양, 밝은 세상」, 「개 사랑」, 「무의식적인 가해」, 「서양인 흠모하기」, 「승강기 단상」 등의 다양한 에세이들이 그의 비평가적 역량을 증언하고 있다.

이 모든 글들은 하나같이 읽는 이들을 감복시키지만, 우리 모두의 가슴에 참으로 절실하게 와 닿는 것은 회고조(調)의 글들이다. 「꽃모종」과 「옛날 음식 이야기」는 그 대표적인 글이라 할 수 있는데, 백초는 이런 글에서 흘러간 옛날에 대한 애틋한 탐닉만을 하지는 않는다. '그 좋았던 옛날' 운운할 때면 우리의 어조가 으레 엘레지풍(風)을 띠기 쉽지만 백초는 그런 감상주의적 효과를 노리는 일도 없다. 오히려 그는, 「새 나라의 새 세대」나 「유행」 등에서 두루 볼 수 있다시피, 지난날에 대한 기억을 그저 되살리기만 하는 대신에 그 기억을 현재를 비춰 보는 거울로 삼거나 주변을 성찰하는 계기로 활용하고 있다. 뿐만 아니라 그는 그 옛날의 온기를 우리 독자들에게 따뜻하게 전하기도 하는데, 그의 '회고'가 단순한 회고(回顧)에 그치지 않고 아주 값진 의미의 회고(懷古)로 될 수 있는 것도 바로 그런 따뜻함이 있기 때문이다. 그리고 그 따뜻함은 「이 땅의 한 끝」이나 「죽서루서 만난 사람」 같은 여행·탐사기까지도 아주 안온하게 읽을 수 있게 해 준다.

그런데 백초의 글에서 회고조가 가장 두드러지게 나타나는 것은 아마도 어휘 구사에서일 것이다. 그는 어린 시절 가정에서 혹은 점잖은 서울 양반 계층 사람들에게 듣고 익혔을 법한 말들을 적재적소에 쓰고 있어서 읽는 이를 놀라게 한다. 이를테면 "체수는 작다"느니, "촌스럽고 메떨어진다"느니, "발바투 나서다"느니, "화발허통이라"느니 하는 표현들을 나 같은 촌사람은 이 나이가 되도록 들어본 적이 없으며, "초달을 들어 엄히 다스렸다"느니, "빚을 청장했다"느니 "부귀를 누리고 와석종신했다"는 등의 문자는 서울의 범절 있는 집안에서나 썼음직한 유식한 표현이 아닌가 한다. 백초가 실생활이나 글 속에서 자연스럽게 쓰는 이런 생소한 표현들은 우리의 호기심을 자극하는 데 그치지 않고 계몽적이기까지 하다. 더욱이 이런 어휘나 문자들은 오늘날 거의 사용되지 않기 때문에 우리에게는 단순히 복고풍으로만 들리지 않고 아주 싱그럽고 유용하기도 하다.

지금까지 나는 백초의 인품과 글을 거론해 보려고 했지만 나의 어설픈 필설로는 도저히 그 진면목을 부각시킬 수가 없다는 사실만을 절감할 뿐이다. 그러나 그 과정에 하나의 키워드라고 할 만한 것이 떠올랐으니 그것은 '조촐하다'라는 말이다. 백초는 이 책에 수록된 또 한 편의 명품 에세이 「조촐하다는 것」에서 오늘날 '조촐함'이라는 말이 오용되는 사례를 지적하면서 그 참뜻을 다음과 같이 정의하고 있다.

그것은 고급한 것일 수는 있어도 사치스러운 것은 아니며, 절대로 야해서는 안 된다. 음식이면 가짓수가 많거나 푸짐하지는 않되 알차고 맛갈져야 한다. 의복이면 현란해서는 안 되며, 단정하면서 은연중에 세련된 심미안이 풍겨야 한다. 사람의 경우는 괄괄하거나 기걸찬 사람이 아니라 성정이 맑고 차분한 사람을 말한다. 용모도 보는 이의 눈이 번쩍 뜨일 정도의 미모이면 오히려 넘고처지는 격이요, 그냥 깨끗하고 단정해야 맞는다. 중요한 것은 용모건 옷차림이건 거기에 그의 높은 기품과 교양이 내비쳐야 한다는 것이다.

이 구절을 처음 읽었을 때 나는 백초가 자기 자신의 성품뿐만 아니라 자기 글의 성격까지 그려내고 있구나 하고 생각했다. 왜냐하면 이 책에 수록된 다양한 글들의 밑바탕에 관류하는 특징을 찾아 한마디로 요약한다면 바로 '조촐함'이기 때문이다. 그는 고담준론을 펴거나 허장성세를 부리지 않으며 글이 언제나 차분하고 논리가 정연하다. 그는 분출하는 감정에 휩쓸리는 일이 없지만, 글이 단아하고 겸허해서 늘 독자들의 깊은 지적 공감을 끌어내는 데 모자람이 없다. 또 미사여구를 쓰지 않지만 군더더기 없이 깔끔한 문체는 한결같이 우리의 정감에 호소해 온다. 바로 이런 성격이야말로 그의 글이 근본적으로 조촐한 성격을 지니고 있음을 말해 주는 것이 아닐까. 그리고 바로 이런 조촐함이 있기에 그의 산문은 웬만한 산문가들이 쉽게 넘볼 수 없는 고품격의 경지를 이룰 수 있다. 그러므로 '조촐하다'는 말은 백초의 성품과 글을 아울러서 그려내는 키워드로 아무 손색이 없으며, 바로 이 점에서 글은 인품을 반영한다는 오래된 통설의 진실성이 재삼 확인되기도 한다.

각설하고, 「나의 외삼촌 상허 이태준」이라는 글에 밝혀져 있듯이, 백초는 소설가 이태준의 생질이다. 그는 외숙 이야기를 할 때마다 눈가를 촉촉이 적시곤 하는데, 외숙에 대한 그의 애절한 감정은 한 작가로서 불행한 끝을 맞은 것으로 알려져 있는 혈육에 대한 안타까움으로만 젖어 있지는 않다. 오히려 그 감정에는 20세기 최고의 산문가였던 외숙에 대한 흠모와 그리움이 섞여 있다고 해야 할 것이다. 백초를 아는 사람들이 상허의 초상이나 사진을 본다면 백초가 외탁을 했구나 싶겠지만, 그는 용모뿐만 아니라 글재주에서도 외숙을 닮았다. 나는 백초의 글솜씨가 상허를 능가한다고는 말하지 않겠지만, 적어도 상허에 버금간다고 말하는 데 아무 망설임이 없다. 일찍이 시인 정지용이 "나도 산문을 쓰면 쓴다. 태준만치 쓰면 쓴다"고 말했다는데, 나는 이 호언장담에 빗대어 "백초도 글을 쓰면 외숙 상허만큼은 쓴다"고 말하고 싶다. 그러니 만약에 상허가 오늘날 살아 있어서 그 유명한 『문장강화(文章講話)』의 증보판이라도 구상한다면, 필경 만만찮은 산문가로 성장한 조카의 글에서도 몇 구절 인용하는 것을 주저하지 않을 것이다. (2010)

미스터 황돈

"아, 참, 철들자 망령 난다더니, 이 나이가 되어서야 겨우 철이 드나 봐요."

"하, 하! 무슨 말씀을 하시려고요?"

"우리 애들 아버지 말이에요. 그 양반 참 좋은 분이었어요. 그걸 요즘에야 알게 되었다고요."

"하, 하! 이제 알게 되셨다니, 거참, 너무 오랜 시간이 걸렸군요."

며칠 전에 연세가 여든이 넘은 박성신(朴聖信) 여사와 긴 안부전화를 하다가 전화를 끊기 직전에 이런 대화를 하며 나는 기분이 아주 좋았다. 7, 8년 전쯤 우리 곁을 영영 떠나 버린 한 멋쟁이의 모습이 떠올랐기 때문이다.

멋쟁이라! 여기서 적절한 낱말이 떠오르지 않아서 그를 그렇게 불러 보았지만, 황돈(黃敦)이라는 분은 항간에서 말하는 그런 멋쟁이는 아니었다. 그의 멋은 잘 갖추어 입은 복장이나 점잖은 행동거지에서 빚어진 것이라기보다 내면적인 사람됨과 탁월한 식견에서 자연스럽게 배어나온 것이므로 사실 세속의 기준으로는 쉽게 가늠될 수 없었다.

내가 미스터 황 — 우리는 서로 '미스터'라는 호칭을 썼다 — 을 처음 만난 것은 1957년이었다. 여름방학 중에 동숭동 문리대 교정에 나가 보니 게시판에 동화통신사(同和通信社) 기자 모집 광고가 붙어 있었다. 장차 기자가 되어야겠다고 딱히 마음먹은 적은 없었지만, 문리대 문학부를 졸업해야 취업할 데라고는 중등학교, 은행, 언론기관 등이 고작이었던 시절이라 언론사 기자도 한 번쯤 고려해 봐야 할 직종이긴 했다. 마침 봄학기에 졸업에 필요한 학점을 모두 취득해 두었던 나는 학교 교원이 되겠다는 오랜 포부를 잠시 접어두고 '취직 연습'을 하는 기분으로, 아니 반은 장난삼아, 채용시험장에 나갔다.

덜컥 합격하자 나는 심심풀이로 다녀 보기로 했다. 그 당시 동화통신사에는 훗날 동아일보사를 거쳐 정계에 입문한 이만섭(李萬燮) 기자 그리고 이미 소설가로 이름을 떨치고 있던 서기원(徐基源) 기자가 근무하고 있었다. 나는 은근히 외신부 근무를 기대했지만 배치받은 부서는 특신부라는 곳이었다. 홍일해(洪一海) 부장 아래 미스터 황이 차장으로 있었고 나는 수습기자로 특신부의 세 번째 직원이 되었다. 주된 업무는 영문 일간지 *Donghwa Commercial News*를 간행하는 일이었는데, 말이 일간지였지 영문으로 작성된 국내 경제·상업 뉴스와 새로 신용장이 개설된 수출입 품목의 수량과 단가 등을 수합한 등사물이 재계를 포함한 사회 요로에 배달되고 있었다.

미스터 황이 나에게 가장 인상적이었던 것은 그의 비범한 업무 능력이었다. 그는 출근하면 그날 들어온 통신문 중에서 경제, 상업 및 무역 등에 관계되는 기사들을 골라 영문 기사를 작성했는데, 늘 타자기에 끼운 등사원지에다 손수 타자를 쳐 넣을 뿐, 영문 원고의 초안을 만드는 것을 한 번도 본 적이 없다. 그러므로 그는 늘 하루 일과를 두어 시간이면 끝냈지만 그가 쓴 영문 기사는 흠잡을 데 없이 반듯했고 오타는 한 자도 찾아 볼 수 없었다.

다음으로 내게 감명을 준 것은 그의 엄청난 독서량이었다. 그 당시 그의 취미는 역사, 특히 전쟁실록에 관계되는 책을 손에 잡히는 대로 읽는 것이었다. 그는 당대의 노벨문학상 수상작으로 유명했던 윈스턴 처칠의 여러 권짜리 『제2차 세계대전 회고록』을 다 읽었다면서 걸핏하면 그 내용을 언급하거나 인용했다. 그러나 무엇보다 놀라운 것은 영문학에 대한 그의 해박한 지식이었다. 그는 디킨스와 스콧의 소설과 셰익스피어의 희곡 등을 모조리 읽었다고 했다. 뿐만 아니라 그는 보스웰의 전기에 기록된 존슨 박사의 언행을 거론하는가 하면 스턴의 『트리스트람 샌디』라든가 중세 시인 초서의 『캔터베리 이야기』를 언급함으로써 나를 기죽게 했다. 처음에 나는 그 모든 주장에 허풍이 섞여 있겠거니 싶었지만 우리가 더 가까워짐에 따라 그가 허황하게 자기과시를 하는 사람이 아님을 알게 되었다.

세 번째로 놀라웠던 것은 미스터 황의 음주량이었다. 그는 매일 저녁 하숙방으로 돌아오면 소주를 두 병쯤 마셨지만 자세나 언변에서 흐트러짐을 보인 적이 한 번도 없었다. 오히려 그는 술잔을 놓는 즉시 책을 펴들고는 밤이 이슥해지도록 읽었고, 웬만한 책은 이틀 저녁이면 다 읽고 나서 그 내용에 대한 논평을 했다.

미스터 황을 처음 만났을 때 내 나이가 스물두 살이었으니까 그의 나이는 스물다섯이었을 텐데 나는 부지불식간에 그를 본받아야 할 사람으로 받들고 있었다. 이를테면 파이프 담배를 피우고 있는 그의 모습이 너무 멋있어 보여 나는 3년간 피워 오던 궐련을 집어치우고 파이프 담배를 피우기 시작했다. 미군부대에서 밀반출되어 나온 '프린스 앨버트(Prince Albert)'니 '본드 스트리트(Bond Street)'니 '하프 앤 하프(Half & Half)'니 하는 브랜드의 엽초 깡통을 남대문시장에서 사던 일이 지금도 생각난다. 그리고 워낙 술을 좋아하는 사람 옆에 있다 보니 나도 자연히 술을 마시게 되었다. 그때나 지금이나 나는 술을 잘 하지 못하지만, 그가 소주 두 병을 마실 때 한 병이라도 따라 마시려고 무모하게 애를 썼으니, 아마 내가 평생 마신 술의 반 이상을 그와 대작하느라 마시지 않았나 싶다.

그 시절에는 왜 그렇게 자주 하숙집을 옮겨 다녔던지, 우리는 몇 차례나 한 방에서 하숙을 했다. 한 번은 갑자기 기거할 곳이 없어진 내가 중구 인현동의 어느 이층 다다미방에 들어 있던 그를 찾아가서 몇 달 동안 함께 지난 적이 있고, 또 한 번은 그가 안암동의 어느 한옥에서 하숙하던 나를 찾아와서 오랫동안 한 방에서 지내기도 했다. 그렇게 우리는 별 허물없이 서로 가까이하고 있었다.

미스터 황은 아주 심한 근시안이었다. 그런 근시가 태생적인 것인지 아니면 그의 엄청난 독서량과 관계가 있는지는 알 수 없으나, 내가 그를 회고할 때면 언제나 안경을 낀 채 책읽기에 몰입하고 있던 한 지적인 얼굴이 떠오른다. 아무튼 그는 경이로운 독서가였다. 그러나 참으로 놀랍게도 그의 독서는 학교교육과 전혀 관계없었다. 그는 전쟁 통에 대학은커녕 고등학교 과정도 마치지 않은 것으로 알려져 있었다.

미스터 황의 가족은 해방 후에 월남했고, 경동중학교를 5학년까지 다니다가 1.4후퇴 때 부산으로 내려간 그는 미군부대의 군무원으로 여러 해 동안 일했다고 했다. 그러므로 그의 동년배들이 부산에서 대학에 다니는 동안 그는 미군사령부에서 밤낮으로 영문 타자기 앞에 앉아 있었다. 훗날 그는 미군부대에서 좋은 위스키를 마음껏 마시며 지천으로 나뒹굴던 페이퍼백 영문 서적을 얼마든지 탐독할 수 있었던 그 시절을 즐겁게 회고하곤 했다. 하지만 그가 학업을 중단함으로써 타고난 학자적 자질을 썩히고 만 것을 생각하면 아까운 일이라 하지 않을 수 없다.

미스터 황을 처음 만난 후 얼마 되지 않아 알게 된 일이지만, 그는 평양의 한 명문가 자제였다. 그의 부친은 해방 후 한때 을지로 입구의 반도호텔을 맡아 경영한 적이 있었고, 가족들은 성북동 숲속의 어느 으리으리한 한옥에서 거주한 적이 있다고 들었다. 그에게는 형이 몇 분 있었고 그중의 한 분은 법학자로 명성을 떨치던 황산덕(黃山德) 교수였지만 미스터 황은 늘 그 만형의 학문을 대수롭지 않게 여기는 눈치였다.

미스터 황이 평생의 반려자 박성신 여사를 만난 것은 스물일곱 살인가 되었을 때였다. 1957년 하반기에 동화통신사에 다닐 때 나는 돈암동 미아리 고개 아래서 하숙하고 있었는데, 당시의 미스 박은 옆방에서 기거하며 직장 생활을 하고 있었다. 함경남도 원산의 명문 루시고녀(高女) 출신으로 전쟁 중에 남하한 미스 박은 재계와 학계에 몇몇 후견인이 있었지만 사실상 혈혈단신으로 외롭게 지내고 있었다. 나보다 여러 살 연상이었던 미스 박과 나는 스스럼없이 친해졌고 우리는 이따금 만나 긴 대화를 나누곤 했다.

미스터 황과 미스 박은 만난 후 얼마 되지 않아 결혼했고 1녀 2남을 두었다. 그 자녀들은 모두 서울대학교에서 공부한 후 맏딸은 한 미국 대학의 음악학 교수로, 맏아들은 국내의 어느 잘 나가는 벤처기업 CEO로, 그리고 막내는 이름난 중견 건축가로 각각 활약하고 있다. 그러니 황돈·박성신 내외는 누구나 부러워할 만큼 자식 농사를 잘 지은 셈이다. 한 가지 아쉬운 점이 있다면 미스터 황이 한창 일할 나이에 건강을 해쳐 무역협회의 이사 직을 끝으로 사회생활을 등진 채 약 20년간 독서로만 소일하다가 일흔이 조금 넘은 나이로 세상을 떠났다는 것뿐이다.

지금 돌이켜 생각하건대, 미스터 황은 언제나 나에게 부러워할 만한 멋쟁이였고 내 평생의 친구요 멘토이기도 했다. 나는 한때 끽연과 음주에서 그를 본받으려고 애를 쓴 적이 있고, 그를 따라 클래식 LP 레코드를 수집한다든지 함께 등산을 다니며 암벽 자일 타기까지 했다. 하지만 내가 40여 년 동안 그를 가까이한 것은, 아니, 그를 찾아다닌 것은 무엇보다도 정치, 경제, 사회, 문화 등에 관해서 그가 피력하는 꾸밈없는 견해들이 내가 보기에는 언제나 탁견이었고, 그가 무심코 던지는 한 마디 한 마디가 나에게는 사고의 방향이나 행동의 지침이 되어 주었기 때문이다.

뿐만 아니라 어쩌다 그가 내 귀에 익지 않은 영문학 작품을 거론할 때마다 나는 마음속으로 언젠가 그 책을 꼭 읽어 보리라고 다짐하곤 했다. 내가 대니얼 디포의 『흑사병 시절의 일기』라든가 새뮤얼 핍스의 『일기선집』 같은 구석진 책까지 찾아 읽은 것은 그 결심에 충실하려고 했기 때문이다. 그리고 내가 중세에서 현대에 이르는 영문학

작품들 중의 많은 것을 찾아 읽으려고 노력한 것도 순전히 황돈이라는 멘토로부터의 무언의 닦달 덕분이었다. 하지만 그가 20대에 읽었다는 수많은 작품들을 나는 30, 40대가 되도록 그 반도 읽지 못하고 말았다.

미스터 황이 우리와 유명을 달리한 지 여러 해 되지만 지금도 나에게는 살아 있는 존재나 다름없다. 한 권의 책을 읽을 때마다 나는 으레 "미스터 황은 이 책에 대해 무엇이라고 말했을까" 하고 상상해 보며, 내가 어떤 문제에 부닥치면 "미스터 황이라면 어떻게 했을까?" 하고 한 번쯤 짚어 보지 않을 때가 없다. 그런 의미에서 그는 언제까지나 내 곁에 있는 셈이다.

박성신 여사와 내가 전화로 주고받은 대화를 미스터 황이 저승에서 엿들었을까? 날씨가 좀 선선해지면 박 여사를 모시고 파주에 있는 그의 유택이나 한 번 찾아가 볼 일이다. (2012)

"그만두면 뭘 하지?"
— 송욱 선생의 말년

그날도 인문대 교수휴게실에 들른 송욱(宋稶) 학장의 안색은 그리 편해 보이지 않았다. 1977학년 가을학기는 어느새 그 끝자락이 보이는데 학생들의 시위는 계속되고 있었다. 해거름 무렵 인문대 1동 현관 앞에 대기 중인 학장 승용차 쪽으로 오라는 전화가 왔다. 내려가 보니 두 학장보가 송 학장을 기다리고 있었다. 네 사람을 태운 차는 곧장 돈암동 옛 전차 종점 인근의 어느 맥주집을 향해 달려갔다.

지금 생각하면 그런 시절도 있었을까 싶지만, 1970년대에 관계 당국의 학원사찰은 공공연한 비밀이었다. 시위가 있건 없건 날마다 경찰서와 중앙정보부에서 나온 사람들이 캠퍼스에 상주하며 학생들의 동정을 살피고 있었다고 한다. 그 당시 학장직 임면권자에게 무슨 보고가 들어갔는지는 알 수 없었지만, 우리 대학 학장이 사임 압력을 받고 있을 거라는 루머가 며칠째 돌고 있었다. 그래서 그런지 돈암동까지 가는 도중에 송 학장은 별 말이 없었고 우리도 말을 자제하고 있었다.

맥주가 두어 순배 돌자 송 학장이 입을 열었다. "학장 그만둘까 봐."

그 난데없는 선언에 함께 앉아 있던 세 사람은 어안이 벙벙해진 채 아무 말도 하지 못했다.

얼마 동안 침묵이 흐른 뒤 내가 나섰다. "네, 그만두시지요."

이 당돌한 대꾸에 깜짝 놀란 듯 송 학장은 한참 동안 나를 뚫어지게 노려보더니 물었다. "그만두면 뭘 하지?"

나는 서슴없이 대답했다. "뭘 하시긴요. 학장님은 시인이시잖아요. 시인이 시를 쓰고 시집이나 내면 되지 뭘 따로 하셔야 합니까?"

오랜전 일이라 그때 두 학장보가 내 의견을 거들었는지 도무지 생각나지 않는다. 아마도 그들은 가만히 있었을 것이다. 그러나 늘 시위 현장을 살펴야 했던 그들은 당시의 학원 소요 사태가 얼마나 심각한지 그리고 학장이 어떤 궁지에 몰려 있는지 누구보다 잘 알고 있었을 것이다.

"음, 그래, 시집이나 하나 내야겠어." 송 학장은 이렇게 말하면서, 그렇잖아도 민음사에서 시선을 내자는 제안이 있었다고 했다. 민음사가 '오늘의 시인총서'라는 새로운 판형의 시리즈를 내면서 몇몇 시인들을 베스트셀러 리스트에 올려놓던 시절이라 그 제안에 귀가 솔깃했을 것이다. 이어서 그는 "그런데 말이야. 민음사 시선에는 비평가의 해설이 실려야 한대. 내 시집 해설은 누가 쓰지?"라고 물었다.

나는 대뜸 앞에 앉아 있던 학생 담당 학장보 김광남(金光南) 교수를 가리키며, "누가 쓰긴요. 그야 당연히 이 김 선생이 쓰셔야지요."라고 말하면서 내심 그 즉흥적 대답이 흠잡을 데 없을 거라고 자부했다.

김광남이 누구던가? 불문학을 가르치면서 '김현'이라는 필명으로 문단에서 이름을 날리고 있던 소장 평론가가 아니던가? 평소 송 학장은 자기 시에 대한 비평에 별나게 민감한 반응을 보이면서 평론가들을 경계하곤 했는데, 아마 그를 안심시키는 데에는 김현만큼 믿음직한 비평가도 없었을 것이다. 그때 그 자리에서 김광남 교수는 별 말 없이 빙그레 웃기만 했지만 내심 내 제안이 무척 흥미롭다고 여겼을 것이다.

이런 일이 있고 나서 얼마 되지 않던 선달 그믐날 송 학장은 재임 2년 10개월 만에 학장실을 비웠다. 그리고 이듬해 8월 송욱 시선『나무는 즐겁다』가 민음사에서 나왔다. 김현은 현란한 스타일로 해설을 썼는데 그 말미에「雅樂—重光之曲」이란 시의 전문을 인용했다.

슬프다 하면
너무 무겁고
무겁다 하면
너무 깊으다
하늘인가 바단가
흘러가는 가락인가 —
살별 떼가 날으는
밤을 다한 마음인가
넓어질수록
아아 홍청대는 空間이여!
가라앉아도
아아 싱싱한 時間이여!
불꽃을 퉁기면서
휩싸고 든다.

그리고 김현은 "아름답다! 그 말밖에 할 말이 없다"며 해설을 영탄조로 끝맺었다. 두 번째 학장 임기를 채우지 못하고 도중하차한 후 의기소침해 있던 송 선생이 마음을 추스르는 데에 그 멋진 해설이 큰 힘이 되었을 것임이 분명하다.

송 선생은 학장 재임 중에 영문학과의 이병건(李秉建) 교수와 나에게 두 학장보 자리를 동시에 맡기려 한 적이 있었다. 하지만 나는 일언지하에 사양했다. 학장이 영문학과 교수인데 같은 과 교수들이 학장보 자리를 맡는다는 것은 모양이 좋지 않다는 이유에서였다. 그런 구상을 한 것만 보아도 그에게는 사회적 균형감각뿐만 아니라 남들이 자기를 어떻게 여길 것인가에 대한 고려가 전혀 없었음을 알 수 있다. 사실 그가 강의실이나 일반 대인관계에서 보인 기이한 언행은 보통사람들의 상식을 벗어나는 경우가 많아서 휴게실에 드나드는 입방아꾼들은 그를 인문대의 대표적 기인(奇人) 중의 한 사람으로 꼽기도 했다.

그의 괴팍함을 증언하는 사례는 많다. 이를테면, 어느 날 오전 인문대 2동 3층 화장실에서 송 선생은 대학 시절 동기생이요 동료인 박시인(朴時仁) 선생을 마주쳤다고 한다. 박 선생이 "안녕하시오?" 하고 인사를 건네니, 송 선생은 묵묵부답 아무런 반응도 보이지 않았고, 속이 상한 박 선생이 "아니, 여보! 우리 인사 좀 하며 지냅시다"라고 따지니까, 송 선생은 "아침부터 괜히 시비야"라고 대꾸했다고 한다.

송 학장은 대학 행정에서도 파격적인 처리를 함으로써 원성을 사곤 했다. 가령, 국문학과에서 결재를 받기 위해서 올린 어느 박사학위 논문 심사위원 명단에서 국문학과 교수들의 이름은 모조리 지우고 그 대신 영문학과 교수 두 명과 불문학과와 미학과의 교수 각 한 명에게 심사를 의뢰한 적이 있는데, 이는 그가 교무 행정에서 취한 전횡적 조처의 한 대표적 사례일 뿐이다.

이런 기벽(奇癖)을 상대하기가 어려워 주변 사람들은 대체로 송 선생을 경원(敬遠)하는 편이었다. 그런데 관악 캠퍼스로 이전한 뒤 5년간, 무슨 이유에선지, 그는 나에게는 과분한 신임을 베풀어 주었다. 약 스무 해쯤 앞서 동숭동 캠퍼스 학생 시절에 몇 차례 그의 연구실을 찾아갔다가 매번 냉정한 문전박대를 받았던 일을 기억하고 있던 나는 그 따뜻한 배려에서 격세지감을 느꼈다. 어쨌든 나는 이렇다 할 대학 보직 없이 학도호국단 관련 행사에 불려 다녔고 돈암동 맥주집 등의 술자리에도 여러 차례 합석했다.

학장직을 그만두고 평교수로 가르치던 송 선생은 심신이 피로한 기색을 보였고 강의실 출입을 무척 힘들어하는 듯했다. 특히 신입생들을 상대로 한 교양영어 시간을 부담스러워 해서 두어 차례 도움을 드렸더니, 어느 날 그가 휴게실에서 “이제부터 교양영어 걱정은 없어. 모르는 게 있으면 이상옥 선생한테 물으면 되거든. 이 선생은 도사야!”라고 가당찮은 ‘칭찬’을 했다. 그 특유의 비딱한 미소가 실려 있는 듯한 찬사에 내가 몹시 무안했던 기억이 아직껏 생생하다.

그 무렵에 나돈 소문으로는 송 선생이 매일같이 퇴근길에 돈암동 맥주집에 들른 후 성북동 입구의 자택까지 걸어가서는 다시 술을 든다고 했다. 맥주와 당시 시중에 나돌던 저질 포도주가 상자째 그의 집으로 배송되어 들어간다는 이야기도 있었다. 하루는 돈암동 모임이 끝나자 송 선생이 우리를 자택으로 초대했다. 맥주가 여러 병 나왔고, 그날 저녁 웬일인지 무척 기분이 좋아진 그는 우리에게 시작(詩作) 노트

북까지 공개해 보였다. 그 속에는 여러 편의 시와 단상(斷想)이 적혀 있었다.

그러던 중 1980년 4월 어느 날 그의 급서 소식이 대학으로 전해져 왔다. 그날은 그가 평교수로 돌아간 지 다섯 번째 학기 도중이었다. 연세는 쉰다섯에 불과했다.

송욱 선생의 유고(遺稿)는 이듬해에 출간된 단행본 『詩神의 住所』에 수록되었다. 거기 실려 있는 1978년 5월 7일자 수상문(隨想文)에는 "죽음도 美의 創造의 일면을, 혹은, 創造하는 原理의 한 부분을 지니기 마련이리라"라는 구절이 보인다. 말년에 그가 혹시 임박한 죽음을 예감하며 그것을 긍정적으로 받아들이려는 그 나름의 체념 — 혹은 달관? — 을 하고 있지 않았던가 싶다.

송욱 선생은 남의 눈치를 별로 보지 않고 자기 멋대로 살다가 간 괴짜였다. 그리고 그의 괴벽은 그로 하여금 주위에 대한 배려를 외면한 채 독자적 세계의 구축에만 몰두하게 함으로써 인간관계에 부정적인 영향을 끼쳤던 것도 사실이다. 하지만, 천승걸(千勝傑) 교수가 어느 글에서 지적한 대로, 그런 성격이 송 선생의 "학문과 예술에 결정적인 동력이 되었다"는 것 또한 부인하기 어렵다. 실로 그가 남긴 그 개성이 뚜렷한 시며 서너 권의 창의적이고 개척적인 평론서도 그 특유의 괴짜됨이 아니었던들 결코 이룰 수 없었을 성과임이 분명하다. (2012)

피천득 선생을 추모하며
—L형에게

L형께서는 이제 고인이 되신 금아(琴兒) 피천득 선생을 추도하는 정감 넘치는 글을 쓰셨더군요. 오래전에 선생의 가르침을 받았고 이따금 찾아뵙고 좋은 말씀을 듣곤 하던 저입니다만, 정작 선생에 대해서는 형만큼 깊이 알지 못하는 듯해서 부끄럽습니다.

피 선생의 문학에 대해서는 L형께서 그 핵심을 아주 설득력 있게 거론하셨기 때문에 더 보탤 말씀이 없습니다. 굳이 한 마디 보탠다면, 선생을 생각할 때마다 저는 프랑스의 어느 문사가 "문체는 곧 사람 그 자체이다"라고 한 말을 늘 상기한다는 것입니다. 형께서 지적하신 대로 선생께서는 평생 동심을 잃지 않았고 아름다움의 향유에 집착했는데, 선생의 그런 생활은 글 속에 그대로 고스란히 반영되어 있지요. 그래서 선생을 가까이한 사람이라면 글과 사람이 어쩌면 이렇게 똑같을 수 있까 하는 생각을 하지 않을 수 없습니다. 글과 사람이 각각 따로 노는 사례를 우리는 흔히 마주칠 수 있습니다만, 선생의 글에서 볼 수 있는 진정성, 솔직함, 천진스러움은 선생을 뵐 때마다 선생께 배어나고 있었습니다. 우리가 선생을 진정으로 존경하고 흠모할 수 있었던 것도 바로 그 때문이 아니었던가 싶습니다.

아시다시피, 피 선생께서는 꽤 여러 편의 시와 수필을 썼고, 평생 영문학 교수로 재직하시면서 시작품의 번역도 하셨습니다. 근자에 샘터에서 간행한 '琴兒 피천득 문학 전집'에서는 선생의 글을 네 권으로 묶어 두고 있습니다. 많다면 많고 적다면 적은 그 글 중에서 저는 특히 『셰익스피어 소네트』를 가장 빈번히 펴 보곤 합니다. 그 어려운 소네트를 읽다가 뜻풀이가 막힐 때마다 저는 언제나 주저 없이 선생께서 해두신 번역 쪽으로 눈길을 돌리기 때문이지요.

제가 피 선생의 영시 강의를 들은 지도 어언 반백 년이나 지났습니다. 그중에서도 특히 기억나는 것은 앨프리드 테니슨의 장편 추도시 『인 메모리엄』을 배우던 일입니다. 그 시를 읽으면서 저는 왜 선생께서는 그 많은 영시의 유산 중에서도 그 시에 대해서 남다른 애착을 보이실까 궁금해 했습니다. 그 시를 읽어 본 사람이라면 누구나 알고 있겠지만, 더러 반짝이는 구절이 있음에도 불구하고, 이 추도시는 너무 긴 편이라 읽어내기가 여간 거북하지 않거든요. 그러다 어느 날 저는 다음 대목에 이르러 "아하! 바로 이 구절 때문에 선생께서는 이 시에 그처럼 연연하셨구나" 하는 생각이 번쩍 들었습니다.

I hold it true, whate'er befall;
    I feel it, when I sorrow most;
    'Tis better to have loved and lost
Than never to have loved at all. (xxvii)

그런데 훨씬 나중에 알게 되었습니다만 피 선생께서는 기왕에 위 구절을 다음과 같이 번역해서 『내가 사랑하는 시』 속에 수록해 두었더군요.

무어라 해도 나는 믿노니
내 슬픔이 가장 클 때 깊이 느끼나니
사랑을 하고 사랑을 잃는 것은
사랑을 아니 한 것보다 낫다고

선생께서 유명을 달리하여 이제는 우리 곁에 계시지 않게 되어서야 저도 위 구절의 참뜻을 조금은 짐작할 수 있을 듯합니다.

선생의 명복을 빕니다. (2007)

"사전 뒤지는 법이나 익히고 졸업하라"
— 권중휘 선생

권중휘(權重輝) 선생을 생각할 때마다 가장 먼저 내 마음속에 떠오르는 이미지는 혜화동 쪽에서 문리대 정문을 향해 걸어오던 모습이다. 늘 중절모에 차분한 색상의 양복 차림이었는데 더러는 가방도 들고 있지 않았나 싶다. 지금은 대학로의 확장으로 인해 복개되어 사라졌지만, 교문 앞에는 명륜동과 혜화동에서 청계천 쪽으로 흐르는 개천이 있었다. 우리는 그 개천을 '센 강'이라 불렀다. 아마도 '아프레게르' 풍조에 젖어 있던 학생들이 당대의 프랑스 실존주의 문학과 샹송에 탐닉하고 있었기 때문일 것이다. 그런데 그 개천과 권 선생이 연상되는 것은 웬일일까? 그것은 아마도 당대의 학생들 사이에 팽배해 있던 지적 분위기와는 아무 관계도 없어 보이던 권 선생의 모습이 그 '센 강'과 대비되어 더 고고하고 선명하게 부각되었기 때문이 아닐까 싶다.

1954년 3월 초순에 권 선생을 처음으로 뵌 날 나는 오래된 궁금증을 하나 풀었다. 권 선생과 이양하(李敭河) 선생이 함께 편찬한 민중서관의 영한사전을 들고 공부했을 뿐만 아니라 권 선생이 지은 교재로 영어를 배웠던 나는 이 유명한 영문학자가 도대체 어떤 분일까 오랫동안 궁금히 여기고 있었던 것이다. 영문학과의 면접시험장은 문리대 운동장 쪽 붉은 벽돌 건물의 한 강의실이었는데, 권 선생은 그 자리에서 김용권(金容權) 선생을 조교로 대동하고 있었다. 첫인상은 "노인이구나" 하는 것이었다. 훗날 나는 그때 권 선생의 연세가 마흔아홉에 불과했다는 것을 알고 적이 놀랐지만, 하여간 그날 내가 받은 첫인상은 그러했다. 그런데 한 가지 신기한 것은 그때부터 반세기가 지나 세상을 뜨실 때까지 권 선생은 더 이상 연세가 드는 것 같지 않았다는 점이다. 그날의 그 인상 탓이었겠지만, 나이가 오십이 되었을 때 나는 이제부터 학생들이 나를 노인으로 여기겠구나 하는 생각을 하게 되었다.

면접시험장에서 내가 받은 첫 번째 물음은 영문학과에 지망한 이유였고 두 번째 물음은 그간 영어 책을 몇 권이나 읽었느냐는 거였다. 영문학과를 택한 이유로는 예나 지금이나 상투적으로 둘러댈 만한 대답을 했을 테지만, 두 번째 물음에 대답하기는 정말 난감했다. 당대에 유행하던 딕슨 총서 중의 단편집을 두어 권 읽은 것이 고작일 뿐 이렇다 할 만한 원전 독서의 실적이 없었기 때문이었다. 그 유명한 '넘버 스쿨'에 드는 일본의 한 고등학교에서 대학 예비과정을 이수하고 동경제국대학의 영문학과에 입학했던 권 선생은 나를 얼마나 한심한 녀석이라고 여겼을까 지금 생각해도 등골에 식은땀이 흐르는 듯하다. 어쨌든 그 면접장에서 기가 한번 죽은 후부터 반생을 살아오면서 나는 선생을 마주할 때마다 늘 조금은 주눅이 들지 않을 수 없었다.

권중휘 선생으로부터의 첫 가르침은 신입생환영회 자리에서 있었다. 5월 초순경에 있었던 그 모임에서 권 선생은 "너희들이 대학

4년 과정에 영문학을 하면 얼마나 하겠느냐. 영어사전 뒤지는 법이나 익히고 졸업하면 될 것이다"라는 요지의 말을 했다. 이런 충고를 듣고 섭섭하게 여긴 신입생은 나 혼자만이 아니었을 것이다. 얼른 듣기로는 그 충고가 우리를 너무나 얕보고 하는 말처럼 들렸기 때문이다. 그러나 학사과정을 이수하는 동안 나는 그 말씀의 진의를 이해할 수 있게 되었다. 영어 책을 본격적으로 읽기 시작하면서 나는 이내 영어사전이라는 것이 단순한 어휘집에 그치지 않으며, 시대에 따라 변천한 낱말의 의미와 그 용례별 차이는 사전을 제대로 뒤질 수 있어야 파악할 수 있다는 사실을 알게 되었던 것이다.

나는 학사과정 때 권 선생으로부터 셰익스피어, 현대소설 및 영어학개론 등을 배웠다. 현대소설로는 서머싯 몸의 『과자와 맥주』와 그레이엄 그린의 『사건의 핵심』을 배웠으며, 셰익스피어 시간에는 『리어 왕』을 읽었다. 권 선생께서 왜 현대의 많은 다른 작가들을 외면하고 서머싯 몸과 그린을 교재로 택했는지 지금까지도 나는 그 이유를 모른다. 다만 짐작하건대, 선생께서는 이 두 작가들이 쓴 소설의 영어가 우리 외국인이 배워두면 좋은 규범적 산문이라고 생각한 것이 아닐까 싶지만 어디까지나 추측일 뿐이다.

권 선생의 교수법은 '꼼꼼히 읽기'의 모범이라고 할 만했다. 그래서 선생의 강의는 언제나 인기가 아주 높았고 영문학도들뿐만 아니라 타 과 학생들도 많이 수강했다. 그의 강의를 들었던 사람들은 오늘날까지도 영어 배우기와 관련해서 유익했던 강의는 권 선생의 과목들밖에 없었다고 이구동성으로 말하고 있다. 나 자신도 오랜 기간에 걸친 교직생활을 통해 '꼼꼼히 읽기'의 중요성을 강조하지 않은 학기가 없었을 정도로 권 선생의 수범(垂範)을 따르려고 했음을 이 자리에서 밝혀 두고 싶다.

권 선생은, 내가 알기로, 우리나라 영어영문학계에서 영어학과 영문학을 학문적으로 겸비한 학자로는 처음이자 마지막이 아니었던가 싶다. 선생은 학사과정의 학생들에게 영문법과 영어학개론 등의 과목도 가르쳤는데, 이는 물론 그 당시의 영어학이 문헌학적 성격을 띠고 있어서 넓은 의미로는 영문학과 뿌리를 같이하고 있었기 때문에 가능했을 것이라 여겨진다. 우리들 몇 사람이 어느 날 선생을 찾아뵙던 중 선생의 전공이 문학과 어학 중 어느 편인지 물어본 적이 있는데, 그때 선생께서는 동경대학에서 졸업논문으로는 칼라일을 썼지만 문학과 어학을 굳이 구분해야 할 필요를 느끼지 않는다는 요지의 말씀을 했던 것으로 기억된다. 말하자면 선생은 어학 쪽으로 치우치지만 않았을 뿐 동경대학 시절의 은사 이치카와 산키(市河三喜)의 학문적 전통을 어느 정도 전습하고 있지 않았나 싶다. 오늘날 우리나라의 거의 모든 영어영문학과 안에서 사실상 언어학이 독살림을 차리고 있다시피 하거나 어학과 문학 사이의 소통이나 상호 이해가 완전히 단절되어 버린 것을 보며 조금이나마 안타깝게 여기는 사람이라면, 권 선생 시절의 영어학에 대한 향수를 버릴 수 없을 것이다.

학기 초마다 개강은 늦게 하고 핑계만 있으면 쉽게 종강해 버리던 시절이었지만 권 선생은 늘 충실한 강의로 명성을 떨치고 있었다. 선생은 매시간 학생들에게 출석부를 돌렸지만, 그 흔한 대리 서명을 각별히 규제하는 것 같지는 않았다. 그러나 기말 성적 매기는 일에서만은 아주 엄격해서 대부분의 수강생들이 수강 신청을 할 때부터 좋은 성적을 받을 생각은 하지 않고 있었다. 그때의 학생들은, 요즈음 학생들과는 달리, 성적 따위에 대해서 초연했거나 적어도 겉으로는 초연한 척했다. 나도 그런 학생들 중의 하나였지만 언젠가 한 번은 기어이 권 선생으로부터 A학점을 받고 졸업하리라는 결심을 한 적도 있다. 그리고 한평생 교직에 몸담았던 사람으로서 이제 나는 학생들이 궁극적으로 좋아하는 것은 때 이른 종강이 아니라 시간을 꼬박꼬박 채워 주는 것이요, 싸구려로 나눠주는 A학점이 아니라 엄격하고 공정하게 매기는 학점이라는 것을 장담할 수 있다.

엄격하다는 말이 나왔으니 말인데, 권 선생은 대학 캠퍼스에서나 일반 사회에서 늘 근엄하게 생활하신 분이 아니었던가 싶다. 그리고 좀 외람된 추측이기는 하지만, 선생께서는 늘 자기규제를 엄격하게 해왔으리라 여겨진다. 오랜 세월 동안 교직 생활을 했고 또 사립대학교와 국립대학교에서 총장을 연이어 맡으면서도 선생께서 그 흔한 루머나 스캔들에 휘말린 적이 한 번도 없었다는 사실이야말로 나의 추측이 근거 없지 않음을 말해준다.

끝으로, 건강 비결. 1990년경이었다고 기억되거니와, 영어영문학과의 동창회라는 것이 결성되자, 그 첫 행사로 은사들을 만찬에 초대하는 자리를 마련한 적이 있었다. 그 자리에서 누군가가 권 선생의 건강 비결을 물으니 선생은 아무런 비결도 없다면서 그저 당신의 체질이 질병 바이러스를 잘 퇴치하기 때문에 좀처럼 독감 같은 것에 걸리지 않는다고 했다. 선생은 건강을 위한 운동은커녕 문밖출입도 별로 하지 않은 것으로 알려져 있다. 절주(節酒)는 했는지는 몰라도 일평생 담배를 피웠다. 그리고 1960년대의 위 수술을 포함하여 복부 수술도 두 차례나 한 것으로 알려져 있다. 그런데도 선생은 백수(百壽)의 문턱에 이르도록 살았을 뿐 아니라 끝내 맑은 정신을 놓지 않았으니 그 미스터리를 풀 길이 없는 우리 제자들로서는 그저 그 타고난 건강을 부러워할 뿐이었다. 한편 생각하건대, 이렇다 할 건강 비결은 없었다고 하더라도, 권 선생께서는 사회생활에서 보였던 그 근엄함에 상응하는 절제와 건강관리를 일상생활에서도 실천하고 있지 않았을까 싶다.

올해는 내가 권중휘 선생으로부터 "사전 뒤지는 법이나 익히고 졸업하라"는 충고를 들은 지 꼭 50년이 되는 해이다. 흔히 우리 시대를 스승이 없는 시대라고 개탄하지만 권 선생이야말로 우리 모든 제자들이 우러러보는 스승이었다. 이제 우리 곁에 더 이상 계시지 않는 선생의 모습을 회상하며 글을 초(草)하자니 문득 가슴에 그리운 정이 솟는다. 삼가 선생의 명복을 빈다. (2004)

김종운 선생의 명복을 빌며

1991년 7월 16일은 서울대학교가 두고두고 기념할 만한 날이다. 이날 서울대학교는 창설 45년 만에 처음으로 교수들이 총장을 직접 선출했다. 1980년대를 걸쳐 각계각층에서 진행되어 온 폭넓은 민주화 개혁의 일환으로 국내의 여러 대학에서는 이미 총장을 직선하고 있었고, 직선제의 발전적 측면에 대한 기대에 못지않게 부정적 양상에 대한 우려의 목소리도 없지 않았다. 그렇기 때문에 투표 날을 기다리는 서울대학교 교수들의 마음에도 조금은 우려가 섞여 있었던 것이 사실이다. 그러나 정작 선거가 끝나고 한 달쯤 뒤에 김종운(金鍾云) 총장이 취임하던 날 모든 교수들의 얼굴에 그간의 우려는 말끔히 씻겨 있었고 오히려 온 캠퍼스에는 열망과 축제의 분위기가 감돌고 있었다.

여기서 총장 직선의 이야기를 가지고서 김종운 선생에 대한 추모의 글을 시작하는 이유는 이 행사가 진행되는 동안 김 선생의 몇 가지 비범한 모습이 주위 사람들에게 여실히 드러났기 때문이다. 오랫동안 그를 가까이해 온 사람들은 그에 대한 평소의 생각들이 근거 없지 않았음을 그 기간에 확인할 수 있었을 뿐 아니라, 그간 눈에 띄지 않았던 그의 새로운 모습을 처음으로 보고 놀라기도 했다. 지금 생각하면 선거 기간 중에 드러난 김 선생의 성품과 자질이야말로 여느 선거에서 흔히 볼 수 있는 그 어떤 '운동'이나 '유세'로도 얻어내기 어려운 값진 성과를 올리게 하지 않았나 싶다.

무엇보다도, 김 선생은 원칙에 충실한 분이었다. 그의 원칙은 자기가 옳다고 믿는 것 혹은 마땅하다고 여기는 것에 뿌리를 내리고 있었다. 그리고 그의 모든 언변과 행동의 성향 및 예의범절은 모두 이 원칙에 따라 결정되었다. 이 점은 선거 때 그가 보인 몇 가지 소신에 의해 잘 증명되었다. 총장 선거에 앞서 후보추대위원회에서는 제1차로 결정한 추대 대상자들에게 위원회로 나와서 의견을 발표하라고 요구한 적이 있었다. 그런 통첩을 받은 김 선생은 "내가 언제 총장 후보로 '출마'하겠다는 의사를 표명한 적이 있는가? '출마'를 하지 않은 사람이 무슨 명분으로 추대위원회 앞에 나가서 자기선전과 의견 개진을 할 수 있단 말인가?"라고 하면서 난색을 보인 적이 있다.

후보로 추대된 후에도 김 후보는 모든 선거에서 흔히 이용되는 '공약'을 포함한 몇 가지 '선거운동'만은 단호히 거부한 적이 있다. 그는 그 선거가 다름 아닌 대학사회의 선거라는 점을 강조하면서, '공약'이나 '운동'이 부도덕하게 비칠 수 있으며 득표에 도움이 되기는커녕 오히려 당선될 경우에 부담으로 작용할 가능성이 높다는 이유로 이를 단호히 배격했다. 개표 결과 김 후보는 2위를 한 분과 상당한 표차를 냈고, 돌이켜 생각하건대, 도덕적 원칙을 고수하려는 자세가 그의 득표에 부정적 영향을 끼치기는커녕 은연중에 도움이 되었던 것 같다.

김종운 선생이 원리원칙에 시종일관 충실했다는 것을 보여주는 다른 하나의 예로는 우리나라의 학계에서 하나의 관행이 되다시피 한 '화갑기념논문집'의 간행에 대한 그의 견해에서도 잘 드러났다. 이 기념논문집에 관계되는 한 우리 영어영문학과도 예외는 아니었다. 회갑을 맞는 교수들은 어떤 형태로든 기념논문집을 봉정받았고 이는 곧 동료와 후배들에게 늘 물심양면의 부담을 의미했지만, 1970년대에 이미 김 교수는 필자에게 이 관행을 '폐습'이라고 단언한 바 있다. 그러다 스스로 회갑을 맞게 되었을 때 주위에서 기념논문집을 만들려는 움직임이 있는 것을 알게 된 그는 이를 단호히 만류한 후에 훌쩍 미국으로 떠나 거기서 한 해 동안 한 권의 책을 마무리하는 연구에 열중했었다. 그는 젊은 시절부터의 신조 하나를 이런 식으로 몸소 실천했고, 그때부터 우리 학과는 화갑기념논문집에 대한 걱정을 덜게 되었다.

둘째, 김 선생은 외양보다는 실체, 허식보다는 실익을 중시하는 분이었다. 사실 이 점은 그의 모든 사고방식의 근저를 이루고 있었으며 그의 언행을 견실하게 하는 미덕이기도 했다. 이 미덕은 늘 상황을 합리적으로 가늠하고 핵심을 꿰뚫는 비범한 능력으로 뒷받침되고 있었다. 그는 어떤 문제에 부닥칠 때마다 사안을 정확히 분석한 다음에 신속한 판단을 거쳐 치밀한 계획을 세운 후에 강력한 추진을 통해 이를 원만히 해결하곤 했다. 그가 1960년대부터 서울대학교에 봉직하면서 여러 요직을 번갈아 맡아서 수행해 온 것도 다름 아니라 그의 관리능력이 인정되었기 때문이고, 이 관리능력은 늘 실체와 실익을 존중하는 그의 신념에 의해 떠받쳐지고 있었다.

셋째, 김 선생은 강력한 의지와 실천력의 소유자였다. 이 점은 그의 주변에서 오랫동안 그를 지켜본 사람들이 공통적으로 증언하는 바이며, 많은 사람들은 그 사실을 증명하기 위한 사례로 그의 단주와 단연을 거론하곤 한다. 그는 군에 복무하던 시절이나 학창 시절, 그리고 초기의 교수 시절에 말술을 사양하지 않는 호주가이자 애연가였다고 한다. 그래서 오늘날 우리에게는 특히 술과 관계되는 그의 일화가 여럿 전해지고 있다. 그리고 그의 젊은 시절 동료들은 그가 술자리에서는 삶의 아름다움을 찬미하는 한편, 속물주의라든가 기회주의 같은 것은 단호히 배격하곤 했음을 증언하고 있다. 그러나 1960년대 중반에 가정을 가지기 시작할 무렵부터 그는 어떤 계기에서인지 술과 담배를 뚝 끊었다. 그 후 근 30년간 금주와 금연을 실천하고 있었지만, 그 결단이 건강 문제 때문이었다기보다는 그의 강한 의지력과 관계 있음이 분명했다.

넷째, 김 선생은 대인관계가 그럴 수 있을까 싶게 원만한 분이었다. 그는 외유내강한 분으로서 대학에서는 늘 좋은 스승이요 다정한 동료였으며, 특히 후배들의 마음을 편안하게 해 주는 부럽고 본받을 만한 선배이기도 했다. 그러므로 그를 가까이 모셔 본 적이 있는 사람들은 한결같이 그에게 비범한 포용력이 있음을 증언하고 있으며, "한 번 그를 섬겨 본 사람이라면 끝내 그를 섬기게 될 것"이라는 것이 통설로 되어 있다.

그의 이런 인품은 그가 담당해 온 대학 내의 중요 보직과 상관관계가 있다. 그는 훌륭한 인품으로 인해 그 많은 직책을 잇달아 맡아야만 했었고 또 맡은 직무을 원만히 수행할 수 있었던 것도 그 인품의 여덕이었다. 그러나 오직 인품만이 그를 훌륭한 보직자가 되게 한 것은 아니다. 서울대학교의 어느 명예교수가 증언하듯이, 그의 상사들은 늘 "그의 타고난 기획관리능력을 알아보고" 그를 중용했던 것이다. 그래서 역대 총장들은 동숭동 시절부터 그를 문리과대학 도서관장, 본부 기획실장, 미국학연구소 초대 소장, 교무처장, 인문대학장, 부총장 등의 요직에 기용했던 것이다. 그리고 그가 이런 자리를 거치는 동안 그 탁월한 자질과 능력이 대학 내에 널리 알려지게 되었고 그 결과 그는 초대 직선제 총장으로 무난히 선출될 수 있었다.

김종운 총장이 1991년 8월에 취임한 후 어떤 비전을 가지고 대학의 운영과 관리에 임해 왔는가를 몇 마디로 요약해서 말하기는 쉽지 않다. 그러나 분명한 것은, 그가 대학의 발전을 보는 안목이 캠퍼스의 확충이나 새 건물들의 축조 같은 '하드웨어'적 측면보다도 주어진 여건 속에서 교육과 연구의 내실화를 꾀하는 '소프트웨어'적 측면에 더 쏠려 있었다는 점이다. 이런 안목은 물론 앞서 언급된 바 있는 '실체'와 '실익'에 대한 그의 믿음과 궤(軌)를 같이하고 있다. 그리고 이 내실을 위해 김 총장이 보인 최대 관심은 물론 학사 운영의 개선이었다. 그는 학내의 기존 제도들을 엄밀하게 재점검하여 교육과 연구라는 두 가지 면에서 획기적 변화와 발전을 이루었다. 특히 연구의 지원을 위한 발전기금의 확충 및 연구 업적의 체계적 관리와 평가를 위한 제도적 개선은 실로 눈부신 성과를 거두었다.

내실화를 위한 다른 하나의 노력은 교양교육 면에서 드러났다. 사실 그간 우리나라의 대학에서는 교양교육의 중요성을 늘 이론적으로는 존중하면서도 실제로는 이를 졸업에 필요한 요식행위 이상으로 대접하지 않고 있었다. 그러나 김 총장은 취임사에서 이미 교양교육

개선의 중요성을 강조함으로써 이에 대한 의지를 보인 바 있고, 그 후에 그가 '고전 읽기'를 포함한 교양교육 전반의 개선을 위해 기울인 노력은 많은 결실을 맺었다.

그뿐만 아니라 김 총장은 기회가 있을 때마다 대학문화의 창달을 위해서 우리 모두가 힘을 모아야 할 때가 되었음을 강조하곤 했다. 사실 그간 우리의 캠퍼스는 너무 오랫동안 정치적 소요에 휘말려 왔고 학생들이 생각하는 문화도 늘 일정한 정치적 색채에 깊이 젖어 있었다. 이미 최루탄과 화염병으로 초토화되다시피 한 대학문화를 안타깝게 여긴 김 총장은 건전한 문화가 대학인들의 일상생활에서 꽃을 피울 수 있도록 여러 방면에서 각별한 배려를 했다.

김종운 선생은 서울대학교 총장직을 마지막으로 학계를 은퇴했지만, 그는 무엇보다도 오랫동안 강단에서 미국문학을 가르쳐 온 교수요 학자였다. 그는 경기중학교 시절부터 작문과 문학에 뛰어난 소질을 보였다는 동기생들의 증언이 있다. 그러므로 그가 1949년에 서울대학교 문리과대학 영어영문학과를 지망한 것은 장래에 문학자 혹은 교수로 입신할 꿈을 실현하기 위한 첫 단계의 선택이었으리라 짐작된다. 그의 대학생 시절은 한국전쟁으로 인해 중단되어야만 했고, 졸업 또한 군 복무 등으로 인해 여러 해 지연되었다. 대학을 졸업하자 그는 이내 미국으로 유학을 떠났다. 1950년대 말은 우리나라의 영문학도들이 본격적인 수학을 위해 미국으로 건너가는 일이 아주 드문 시절이었지만 그는 명문 보드인대학과 뉴욕대학에서 본격적으로 미국문학을 공부하는 혜택을 누렸다.

1960년부터 발표되기 시작한 김 선생의 논저를 이 자리에서 일일이 소개할 수는 없다. 그 목록을 대충 훑어보건대 그의 관심과 업적은 예상외로 다채롭지만, 그의 주된 관심은 언제나 현대 미국소설에 있었다. 초기에 그는 미국의 유대계 작가들을 중심으로 한 전후 세대 작가들을 집중적으로 연구했고, 이 무렵의 성과는 1974년에 나온 문학박사 학위논문「Jewish American Renaissance 연구」와『미국문학산고』등의 단행본으로 출판되었다.

김 선생이 반생 동안 미국문학 연구를 위해 기울여 온 학구적 노력이 참으로 빛난 결실을 본 것은 1992년에 나온『현대미국소설론 — 두 세계 사이에서』이다. 이 단행본의 부제에 나타나 있는 '두 세계'는 전후의 미국 유대계 작가들의 세계와 1960년대 이후에 활약하고 있는 포스트모던 작가들의 세계를 가리키므로 사실 이 책은 전후 미국소설에서 가장 중요한 흐름을 이루고 있는 두 개의 작가군을 거의 망라해서 다루고 있는 셈이다. 이 논저가 우리나라의 학계에서 어떻게 받아들여졌는가는 이 책이 출간되자마자 쏟아져 나온 서평들을 훑어보면 쉽게 짐작할 수 있다. 여러 평자들은 저자의 문학 외적 접근이라든지, 문예이론에 치중하기보다 작품분석을 중요시하는 경향이라든지, 뛰어난 문체와 정연한 논리 같은 것들을 이구동성으로 상찬하고 있다. 그러므로 이『현대미국소설론』이 앞으로 현대 미국소설을 깊이 공부하려는 사람들 사이에서 반드시 읽어야 할 연구서요 외국문학을 연구하는 자세와 방법을 시사하는 논저로서의 위치를 오랫동안 누리게 될 것을 의심할 수 없다.

김 선생은 현대 미국문학 이외에도 지역연구의 방법, 비교문학 및 한국문학 등 다방면으로 관심을 드러내고 있었다. 1980년대에 그가 미국의 워싱턴대학에서 한국문학을 가르쳤던 것도 그에게 이런 학구적 배경이 있었기에 가능했다. 특히 한국문학을 해외에 소개하기 위한 노력의 일환으로 그는 여러 편의 우리 단편소설을 영어로 번역하고 또 그것에 대한 논문을 쓰기도 했다. 이 방면의 성과는 『전후 한국 단편선(*Post-War Korean Short Stories*)』이라는 제목으로 출판되어 오늘날 해외에서 한국학 연구를 위한 필수 교재로 활용되고 있다. 한편 1998년에 하와이대학 출판부에서 간행된 영역 단편선 *A Ready-Made Life: Early Masters of Modern Korean Fiction*으로 그는 대한민국 번역문학상을 받기도 했다.

지금까지 나는, 외람되게도, 직접 겪어 보았거나 전해들은 바에 근거하여 이제는 우리와 유명을 달리한 김종운 선생의 인품과 경력 및 업적을 거론해 보았다. 새삼스럽게 지난 일들을 생각하니 선생을 그리는 마음이 애절하다. 그는 이 세상을 떠나면서 실로 많은 사람들의 마음속에 텅 빈 공간을 남겨 놓았고, 그 허전함은 무엇으로도 영영 채워지지 않을 것이다. 삼가 선생의 명복을 빈다. (2001)

영문학자 데이비드 데이쉬스

1964년 9월 하순 어느 날 내가 영국 서섹스대학 영미학부의 학부장(dean) 데이비드 데이쉬스(David Daiches) 교수와의 면접을 신청하기 위해 부속실을 찾아갔을 때 여비서에게 맨 먼저 물어본 것은 Daiches를 어떻게 발음해야 하느냐였다. 1960년엔가 나온 그의 『소설과 현대 세계(*The Novel and the Modern World*)』는 우리나라에서도 이미 읽히고 있었고 그가 이름 난 중견 영문학자라는 사실은 누구나 알고 있었지만, 정작 그의 성씨를 어떻게 읽느냐에 대해서는 의견이 구구했을 뿐 아무도 그 정확한 발음을 모르고 있었던 것이다. 그래서 '데이취스'냐, '데이쉬스'냐, 아니면 '데이크스'냐를 놓고 설왕설래가 있었고 심지어는 '데이-'가 아니라 '다이-'가 옳을 거라는 주장까지 등장했던 기억이 난다. 하여간 그날 나는 학부장 비서실에서 Daiches를 '데이쉬스'라고 읽어야 한다는 것을 확인할 수 있었다. 데이쉬스 교수는 당시 새로 설립되어 몇 년 되지 않은 서섹스대학 영미학부의 초대 학부장이었고, 우리에게 펭귄 판 미국문학사로 이름이 알려져 있던 마커스 컨리프(Marcus

Cunliffe) 교수 등과 함께 영미문학 분야의 세 정교수 중의 한 분이었다.

내가 데이쉬스 교수를 처음 상면하던 날 그분은 내가 한국에서 제출한 연구계획서를 미리 읽고서 나를 기다리고 있었다. 그는 "보아하니 너는 현대 영국소설에 관심이 있구나. 학사학위 논문을 위해서 로런스를 읽었고 석사학위 논문으로는 조이스를 읽었다니 현대 작가 중 가장 중요한 두 사람을 공부한 셈이다. 로런스와 조이스 말고도 현대의 중요 작가로는 콘래드와 울프를 들 수 있는데, 어떻게 하겠느냐? 이 두 작가 중에서 하나를 새로 골라서 읽어 보겠느냐, 아니면 이미 공부했다는 로런스와 조이스 중의 하나를 좀 더 깊이 읽어 보겠느냐?"라는 요지로 내 의향을 물었다. 이 말을 들으면서 나는 그의 책 『소설과 현대세계』를 떠올리고 있었다. 나는 영국으로 떠나오기 전에 그 책의 초판을 사서 통독했기 때문에 그 책이 위에서 언급된 네 작가를 집중적으로 다루고 있다는 것을 잘 알고 있었다.

나는 그 자리에서 콘래드를 읽겠다고 답했다. 영국으로 떠나면서 특정 작가나 시대를 공부하겠다고 마음먹은 적은 없었지만, 그렇게 즉흥적으로 결심하는 데에는 별로 어려움이 없었다. 1950년대 후반에는 로런스의 모든 작품을 읽고 학사학위 논문을, 그리고 1960년대 초반에는 『피네건스 웨이크』를 제외한 조이스의 모든 작품을 읽고 석사학위 논문을 써 본 적이 있는 나에게 이 두 작가를 다시 읽는다는 것은 적잖게 맥 빠지는 일이 될 듯했다. 게다가, 지금 생각하면 참으로 어이없는 일이지만, 서울에서 소위 대학원 과정까지 이수하면서도 우리는 콘래드나 울프를 강의실에서는 읽어 본 적이 없었다. 그나마 울프는 개인적으로 너무 궁금해서 두어 편의 소설을 읽어 보았지만, 콘래드의 작품세계는 고작 「청춘」이라는 소품 하나를 읽어 보았을 뿐인 나에게 사실상 완벽하게 캄캄했다. 그러므로 아무 망설임 없이 콘래드를 읽겠다고 한 데에는 무엇보다 한 미지의 세계에 대한 호기심이 작용했다고 할 수 있다.

내 의향을 듣자 데이쉬스 선생은 즉석에서 내 지도교수가 되어 주겠다고 하면서 첫 과제로 『로드 짐』을 읽고 페이퍼를 써 오라고 했다. 그렇게 시작된 페이퍼 쓰기는 1964/65학년 내내 계속되었고 나는 도합 일곱 편의 글을 제출했던 것으로 기억한다. 그는 매번 내 의견에 대한 논평을 해 주는 한편 잘못된 표현을 자상스럽게 고쳐 주기까지 했다. 지금 회고하건대 무엇보다도 고마웠던 것은 내가 세 번째 글인가를 제출하고 나서 학부장실을 찾아갔을 때 그가 "너도 이제는 콘래드의 문학세계로 점점 깊이 들어가고 있구나"라고 격려해 주던 일이다. 이런 말씀에 힘을 얻은 나는 그 후 20여 권이나 되는 콘래드 전집을 사들였고 몇 해 더 지나서는 콘래드를 주제로 한 학위논문까지 쓰게 되었으니, 그게 모두 데이쉬스 선생과의 만남에서 시작된 작은 호기심이 빚어낸 결과인 셈이다.

주지하다시피 그 당시 영국 대학에서는 인문사회 계열의 학생들이 우리나라나 미국에서와 같은 학과목 수강 및 학점 취득을 하지 않았다. 수업은 '튜토리얼(tutorial)'이라고 하는 교수와 학생 간의 일대일 면접을 통해 주로 이루어졌다. 더러 대학 단위의 연강(連講) 혹은 윤강(輪講)이 제공되어 학생들이 수강하기도 했지만 과정 이수를 위한 필수가 아니라 선택이었으며, 학생들은 개개인의 교양이나 졸업시험을 위해 참고삼아 그런 강의들을 수강하곤 했다.

따라서 데이쉬스 선생도 특정 과목을 강의하고 학기 말에 수강생들에게 학점을 주는 식의 수업은 하지 않았지만, 다행히도 나에게는 그분의 '명강의'를 들어 볼 기회가 있었다. 1965년 봄학기에 대학에서는 '현대 유럽 정신(Modern European Mind)'이라는 윤강 제목을 걸고 문학, 역사, 철학, 사회학 등을 전공하는 교수들에게 몇 시간씩 강의를 하게 했는데, 그때 데이쉬스 선생은 50분짜리 강의를 네 차례 했다. 매시간 그는 정시에 청중이 꽉 찬 작은 강당으로 들어와서 "Good morning"이라고 인사를 한 후 준비해 온 강연 원고를 읽기 시작했다. 도중에 강연이 원고에서 벗어나서 곁가지를 치는 일은 드물었고 청중의 질문 때문에 강연이 중단되는 일도 없었다. 그가 읽기를 마치고 "Thank you"라고 할 때마다 시계를 쳐다보면 분침이 정확히 50분을 가리키고 있어서 매번 나는 감탄하곤 했다.

네 차례의 강연을 일관한 주제는 현대 작가들이 보인 한 특성으로서의 유아론(唯我論, solipsism)이었다. 19세기까지만 해도 작가와 독자는 많은 것을 공유하고 있었기 때문에 문학적 소통에 별로 어려움이 없었지만, 현대에 이르러서는 작가와 독자 개개인이 각기 고유의 세계를 구축하고 그 속에 안주하는 통에 작품을 매개로 한 소통에 장벽이 생겨나게 되었다는 것이 그 강연의 요지였다. 그는 유아론의 한 극단적 사례로 T. S. 엘리엇의 『황무지』를 들면서 그 마지막 구절인 "Shantih, shantih, shantih"를 거론했다. 모든 독자들은 이 구절의 뜻을 짐작하지도 못했을 테니 이런 불가사의한 구절 대신에 차라리 "Pantie, pantie, pantie"라고 했더라면 더 의미 있지 않았겠느냐는 조크가 청중의 폭소를 자아내던 기억이 아직도 새롭다.

강연 내내 데이쉬스 선생은 청중의 주의력을 장악하고 있었다. 강연 내용은 깊이 있으면서도 평이했을 뿐 아니라 그 진지한 어조와 명료한 어투는 나에게 너무나 감명적이었다. 그의 책을 읽어 본 사람들은 누구나 동의하겠지만, 그는 글을 난삽하게 쓰지 않는다. 또 첨단 문예이론을 들먹인다든가 편벽한 자기 이론을 내세우는 일도 없다. 하지만 그가 많은 저서를 통해 폭넓게 드러내 보인 문학에 대한 관심과 통찰은 훗날 등장하게 된 페미니즘이니 문화연구 같은 문예이론의 모태가 될 수도 있었을 것이다. 그러므로 거창한 이론을 펴며 고담준론을 일삼는 평론가들의 글에 식상한 사람들도 그의 책을 읽을 때는 대번에 반하지 않을 수가 없다.

데이쉬스 선생은 공석에서나 사석에서 늘 온유한 분이었다. 그래서 그는 서섹스대학에서 동료 교수들이나 학생들의 존경을 두루 받고 있었다. 특히 내가 가까이했던 대학원생들은 늘 그에 대해 일종의 경외심을 드러내고 있었다. 그러나 지금 회고하건대, 한 학생은 데이쉬스 선생에 대해서 "He writes too much"라고 하면서 부정적인 투의 평가를 하기도 했다. 그것은 물론 그가 너무 헤프게 책을 쓴다는 불평이었다. 아닌 게 아니라 그는 박학다식의 권화(權化)라고 할 만한 분으로서 아주 넓은 분야에 대해서 글을 썼다. 그는 영국문학과 미국문학을 가리지 않았고, 셰익스피어에서 엘리엇에 이르기까지 시대와 장르를 종횡무진 넘나들며 관심을 보였다. 그 결과 그는 1930년대 중엽에서 1990년대 초반에 이르기까지 문학이론, 문학사, 시대론, 작가론, 작품론 등 50여 권의 책을 냈다. 그중의 일부를 임의로 골라 보면 다음과 같다.

The Place of Meaning in Poetry (1935)

New Literary Values; Studies in Modern Literature (1936)

Literature and Society (1938)

Poetry and the Modern World (1940)

Virginia Woolf (1942)

Robert Burns (1950)

Two Worlds : An Edinburgh Jewish Childhood (1956) (memoirs)

Critical Approaches to Literature (1956)

A Critical History of English Literature (1960) two vols.

The Novel and the Modern World (1960)

D. H. Lawrence (1963)

Milton (1964)

Scotch Whisky: Its Past and Present (1969)

A Third World (1971) (memoirs)

Sir Walter Scott and His World (1971)

Robert Burns and His World (1972)

Robert Louis Stevenson and His World (1973)

Scotland and the Union (1977)

Edinburgh (1978)

A Companion to Scottish Culture (1981)

Let's Collect Scotch Whisky (Jarrold Collectors Series) (1988)

A Weekly Scotsman And Other Poems (1994)

이처럼 데이쉬스 선생은 폭넓은 분야에 걸쳐 저술했고 몇 권의 자서전적 기록과 시집도 남겼다. 각별히 눈길을 끄는 것은 그의 고향 스코틀랜드에 대한 애착을 드러내는 제목이 유난히 많다는 점이다.

데이쉬스 선생은 리투아니아에서 영국으로 이민 온 어느 세습 유대 랍비의 아들로 1912년에 태어났다. 출생지는 북부 잉글랜드였지만 에딘버러에서 자란 그는 어려서부터 스코틀랜드에 대한 애착을 길렀다. 에딘버러대학에서 당대의 대영문학자 H. J. C. 그리어슨과 J. 도버 윌슨의 지도를 받으며 영문학을 전공하여 최우등생으로 졸업한 그는 스물네 살이 되던 1936년에 옥스퍼드 베일리얼 칼리지의 펠로(fellow)로 임명되었다.

그때부터 시작된 그의 학문과 저술의 여정은 길고 다채로웠다. 1939년에 유럽에서 제2차 세계대전이 발발하자 그는 미국으로 건너가서 시카고대학의 조교수가 되었고 1944년부터 1946년까지는 주미 영국대사관의 2등서기관으로 근무하기도 했다. 1946년에서 1951년까지 5년간 코넬대학에서 교수로 있는 동안 그는 훗날 문명을 날리게 된 해럴드 블룸을 가르치는 한편 M. H. 에이브람스 교수와 교분을 두터이 하여 *Norton Anthology of English Literature*를 공편하기도 했다. 1951년에 10여 년에 걸친 미국 생활을 마치고 귀국한 그는 케임브리지대학에서 10년간 영문학을 가르치면서 지저스 칼리지의 특별연구원 직을 겸하기도 했다. 1961년에 마흔아홉의 그가 서섹스대학의 정교수로 부임했을 때 그의 교수 생활의 절정기가 시작되었다고 할 수 있다. 그는 전혀 새로운 개념으로 신설된 서섹스대학의 첫 영문학 정교수가 되어 앞서 언급한 영미학부의 학부장 직을 겸하면서

16년 동안 대학 발전에 기여했으며, 서섹스의 영문학과가 'Balliol by the Sea'라는 애칭을 누릴 정도로 이름을 날리는 데에도 핵심적 역할을 했다.

1977년에 부인과 사별하자 그는 이내 대학에서 퇴직했고, 그 후 6년간 고등인문학연구소 소장직을 맡은 것을 끝으로 1986년에는 공직 생활을 마치고 에딘버러로 돌아갔다. 그는 50년 동안이나 스코틀랜드를 떠나 살았지만 한시도 스코틀랜드와 에딘버러를 잊은 적이 없는 듯했다. 특히 에딘버러는 그에게 마음의 고향이었고, 이 도시에 대한 그의 애틋한 감정은 『두 세계(*Two Worlds: An Edinburgh Jewish Childhood*)』에서 감동적으로 그려지고 있다. 그러므로 그가 젊어서부터 노년에 이르기까지 스콧, 번즈, 스티븐슨, 보스웰 등의 스코틀랜드 작가들에 대한 많은 저술을 남겼다든가, 스카치 위스키에 대한 전문가적 견해와 스코틀랜드에 관련되는 지지학(地誌學)적 관심을 책으로 쓴 것도 결코 우연한 일이었다고 할 수 없다. 그는 에딘버러에서 만년을 보내다가 2005년에 93세를 일기로 세상을 떠났다. (2010)

월류재통신
(51~60)

그 하늘의 빛을 혹시 그 강가에서
다시 한 번 쬘 수만 있다면…

상심루賞心樓 유감

– 월류재통신(51)

K 형,

林臥避殘暑	숲속에 누워 늦더위를 피하는데
白雲長在天	흰 구름이 하늘에 떠도는구나
賞心旣如此	마음이 이토록 즐겁거늘
對酒非徒然	어찌 한 잔 술을 마다할 건가
月色徧秋露	달빛은 가을 이슬을 비추고
竹聲兼夜泉	댓잎 소리에 샘물 소리 겹치는데
涼風懷袖裏	시원한 바람이 소매에 스치니
玆意與誰傳	누구에게 이 뜻을 전해야 하나

잘 아시겠지만, 당나라 시인 이의(李嶷)의 「추야동산(秋夜東山)」 전문입니다. 제가 외우고 있는 당시 중의 한 편이지요. 어제 혜화동 국숫

1930년대 말엽의 상허 이태준 일가 – 수연산방의 상심루 앞에서 (사진 제공: 김명렬 교수)

집에서 매실주를 한 잔 앞에 두고 이 시가 문득 생각나기에 처음 네 줄을 인용해 보았던 것입니다.

일찍이 1930년대에 상허(尙虛)께서 동소문 밖의 한적한 교외였을 성북동 골짜기에다 수연산방(壽硯山房)을 마련하고 별채로 상심루(賞心樓)라는 초막을 지으실 때 '賞心'이라는 옥호를 어디서 따왔는지는 알 길이 없지만, 제 좁은 생각에 혹시 위의 시구를 염두에 두고 계시지나 않았을까 싶었습니다. 이 시가 풍기는 느긋함과 넉넉함이 「무서록(無序錄)」을 일관하는 분위기와 어쩐지 합치되는 듯한 느낌이 들기에 그런 부질없는 추측을 해 보았던 것입니다.

K 형께서는 비감 때문에 수연산방을 자주 찾지 못한다고 하셨는데, 어제 다시 가 보니 형의 심경이 이해되고도 남음이 있었습니다. 해방 직후에 솔가하여 월북하신 외숙의 후일담이며, 한국전쟁 중에 부친과 큰 형님께서 겪으셨다는 그 혹심한 고초에 대한 이야기를 문향각(聞香閣)에 앉아 듣고 있자니 인간이 고안해 낸 이데올로기며, 그것이 촉발한 전쟁 따위가 빚어내는 비극적 아이러니를 새삼 절감하지 않을 수 없었습니다.

어제는 상허 고택 탐방만으로도 감명 깊은 날이 되었습니다. 그리고 좋아하는 이들과 모처럼 한자리에 모여 담소를 나눌 수 있어서 얼마나 즐거웠는지 모르겠습니다. 앞으로도 종종 그런 자리를 가졌으면 좋겠습니다. (2008)

전생에서 본 한 장면

– 월류재통신(52)

K 형,

보내주신 메일 잘 읽었습니다. 동강의 풍치를 넣어서 찍은 L 형의 동강할미꽃 사진을 두고 하신 말씀이 특별히 흥미롭습니다.

> 산이 있고 강이 있고 넓게 터진 하늘에 구름이 있고, 그리고 꽃이 있고… 그러면 낙원 아닙니까? 워즈워드는 어린아이들에게는 이승에 태어나기 전 전생의 기억이 남아 있다고 믿었습니다. 그 사진을 보니까 저는 문득 저의 전생에서 본 한 장면 같다는 생각이 들었습니다. 칠십이 넘어 이런 말을 하는 것을 워즈워드가 들었으면 망령이라고 했겠죠?

그래서 저도 L 형의 사진을 찾아내어 다시 한번 음미해 보았습니다. 멀리 병풍처럼 둘러서 있는 동강의 빼어난 경관을 배경으로 삼은 사진이 흠잡을 데 없이 좋군요. 하지만 저에게는 그 사진을 두고 K 형이 "전생에서 본 한 장면 같다는 생각"을 하신 대목이 더 놀랍습니다. 한 장의 잘 찍은 사진이 우리에게 참으로 믿기 어려운 심령적 체험까지 하게 하는구나 싶어 경탄을 금할 수 없었다는 말입니다.

하지만 '망령'이라뇨? 워즈워드는 당대 사람으로는 드물게 여든이 되기까지 살지 않았습니까. 그가 우리 나이쯤 되었을 때 아직도 머리는 맑았지만 시 쓰기는 그만둔 지 이미 오래되었지요. 그 긴 여생 동안을 그가 어떻게 지냈을까 궁금합니다. K 형께서도 잘 아시다시피, 그는 일찍이 30대 초반에 쓴 부(賦) 「불멸성의 암시」에서 누구나 유년기에는 하늘나라에서 살지만 나이가 들면 차츰 "감옥의 그림자"가 인간을 둘러싸게 된다고 했지요. 그래서 그는

> 그 꿈결 같은 하늘의 빛은 어디로 사라졌는가
> 그 영광이며 꿈은 지금 어디 있단 말인가

라고 읊었습니다. 이는 그가 한창 시절에 이미 깊은 상실감을 절절히 느끼고 있었음을 말해 줍니다. 그러니 여생 동안 그의 삶은 사라져 버린 유년시절에 대한 그리움으로 젖어 있었을 테고 따라서 삶의 기조도 엘레지 풍(風)을 띠고 있지 않았을까 싶습니다.

하지만 그는 상실해 버린 유년기에 대한 그리움에만 빠져 있지는 않았습니다. 그 무렵에 쓴 다른 한 편의 시 「내 가슴은 뛰어 오르네」에는 다음 구절이 보이거든요.

동강의 벼랑에 핀 동강할미꽃 (촬영: 이익섭)

하늘에서 무지개를 보면
내 가슴은 뛰어오른다
내 삶이 시작하던 시절에 그러했고
어른이 된 지금도 그러하니
늙은이가 되어서도 그래야 할 텐데 …
아니면 차라리 죽는 게 나으리

여기서 표명된 워즈워드의 염원이 노년기에 이르러서 실현되었는지 저로서는 잘 모르겠습니다. 하지만 한 가지 분명한 것은 동강의 경관을 담은 한 장의 사진을 보고 "전생에서 본 한 장면" 같다는 생각을 떠올린 K 형을 바라보며 워즈워드가 '망령'이라고 했을 리는 만무하다는 것입니다. 오히려 그는 K 형의 가슴이 아직도 뛰어오르고 있는 것을 지켜보며 부러워하거나 적어도 빙그레 미소 지으며 고개를 끄덕였을 공산이 더 높습니다.

자, 그러니, K 형, 너무 늦기 전에 동강의 할미꽃들을 친히 탐방하러 나서지 않겠습니까? 워즈워드가 유년기의 아이들만이 누릴 수 있다고 했던 그 하늘의 빛을 혹시 그 강가에서 다시 한 번 쬘 수만 있다면 사라져 버린 나날에 대한 상실감을 극복하고 소중한 정신적 재충전을 할 수도 있지 않을까 싶습니다. (2010)

작은 기도

– 월류재통신(53)

K 형,

수일 전에 저 혼자 인근의 어느 섬으로 큰방울새란을 찾아갔습니다. 지난 몇 달 동안의 변덕이 심한 날씨 탓에 많은 꽃들이 개화 시기를 늦추고 있는데 혹시나 헛걸음을 하지 않을까 자신 없이 나선 길이었습니다. 그러나 습지의 풀섶을 헤치며 조금 들어가니 올해도 어김없이 두어 무더기의 꽃이 피어 있었습니다. 마침 개화 상태도 절정이었습니다.

올해 유심히 살펴보니 꽃잎이 유난히 흰색을 띠고 있어서 다른 곳에서 보던 불그레한 꽃과는 다르지 않겠습니까. 꽃 한 송이 한 송이는 다소곳하고 얌전해 보이지만, 붉은색이 많이 도는 혓바닥만은 사나워 보이는 것이 마치 아가리를 벌린 채 성을 내고 있는 악어 같았습니다. 그리고 그 잎은 로버트 프로스트가 「방울새란」이라는 시에서 비유한 대로 창날을 많이 닮았다는 사실도 이번에 새삼스럽게 확인할 수 있었습니다.

여러 장을 담아 와서 컴퓨터에 올려놓고 요모조모 뜯어보고 있는데 자꾸만 마음에 걸리는 것이 있었습니다. 그것은 그 꽃의 자생지에 눈에 거슬릴 정도로 크게 세워져 있던 '도립수목원예정부지'라는 팻말이었습니다. 도청에서 수목원을 세우겠다는 데 대해 제가 왈가왈부할 일은 아니지만, 그 넓은 섬에서 다른 많은 곳을 제쳐두고 하필 그곳에다 세워야 하느냐는 의문이 이는 것을 어찌할 수 없었습니다. 그리고 내년에는 그곳에서 그 예쁜 큰방울새란을 더 이상 볼 수 없게 될 것이 아니냐는 생각이 자꾸만 들었습니다.

그래서 저는 그 이튿날 다시 그곳을 찾아갔지요. 그곳이 개발되면 사라져 버리고 말 큰방울새란을 다시 만나 고별인사라도 해야겠다는 생각이 들었기 때문이랄까요. 이 구석 저 구석 찬찬히 다시 살펴보니 인동덩굴이 한창 꽃을 피우고 있었습니다. 뿐만 아니라 자주개자리, 벌노랑이, 족제비싸리 같은 콩과 식물의 꽃도 볼 만했고 주변에서는 노루발풀도 막 개화를 시작하고 있었습니다. 제가 체계적으로 탐사해 본 적이 없어서 앞으로 여름 내내 또 어떤 식물이 꽃을 피울지 잘 모르겠습니다만, 한 가지 확실한 것은 늦여름이나 초가을쯤 되면 그곳에서 자주쓴풀, 산해박, 땅귀이개, 이삭귀이개가 꽃을 피울 것이고 부들의 꽃이삭과 좀나도고사리삼의 포자낭도 눈에 띌 것이라는 사실입니다.

이처럼 그곳은 알 만한 사람들이 다 아는 소문난 야생화 자생지인데 거기다 도청 사람들은 수목원을 세우겠다고 합니다. 기왕에 우리 동네 뒷산이 도립공원으로 지정된 것을 전후하여 제가 아끼던 나도송이풀이며 큰엉겅퀴며 잔대며 절국대 같은 것들의 자생지가 마구 훼손

큰방울새란 – 선감도에서

되는 것을 안타깝게 지켜본 적이 있는 저는 벌써부터 자못 걱정이 큽니다. 그러니 도청에서 수목원 계획을 당장에 그만두면 좋겠습니다. 정 그렇게 할 수 없다면 그곳의 생태를 면밀히 조사해서 자생 식물들을 최대한 보호하는 대책이라도 세웠으면 좋겠습니다.

다시는 보지 못할 것 같은 불길한 예감 속에서 큰방울새란에게 하직을 고하며 돌아서는데 문득 프로스트의 시구가 떠오르지 않겠습니까.

그곳을 떠나기 전
우리는 한 작은 기도를 올렸다.
장차 마을에서 풀베기를 시작할 때
그곳만은 잊히기를 빌었다.
혹시 그런 은혜를 입을 수 없다면
유예(猶豫)의 시간이라도 얻어
꽃이 어지러이 피어 있는 동안이나마
풀베기를 말아 달라고 빌었다
(로버트 프로스트, 「방울새란」 마지막 연)

프로스트의 이 "작은 기도"에 동참하고 싶은 사람이 어디 저 혼자뿐일까 싶습니다. (2011)

광릉요강꽃
– 월류재통신(54)

N 님,

꽃의 비행대가
활강(滑降) 직전
저기 미끄러지면
이슬방울들의
소스라침
연잎처럼 펼쳐진
활주로가
요강처럼 오므라들고
이 아침
봄날 비상은
끝
(「광릉요강꽃」 전문)

"연잎처럼 펼쳐진 / 활주로가 / 요강처럼 오므라들고"라고 하셨습니까? 하하, 무척 재미있고 조금은 해학적입니다. 사물의 성격을 규정하거나 해석하는 데에 그 명칭이 얼마나 결정적인 역할을 하는가를 말해 주는 하나의 전형적 사례를 보는 듯합니다. 광릉요강꽃이라니! 참으로 괴이한 이름이지요? 이 식물이 우리나라에서 처음 발견된 곳이 광릉이라서 이름에 '광릉'이 들어가게 되었다고 합니다만, '요강'이라니 그 유래가 이만저만 궁금하지 않으시지요?

우선 이 식물이 혹시 미나리아재비과의 요강나물과 무슨 관련이라도 있나 생각해 보았습니다. 하지만 요강나물 꽃을 본 적이 있는 사람이라면 난초과에 속하는 광릉요강꽃의 이름이 요강나물에서 유래했으리라는 추측은 결코 하지 않을 것입니다. 그래서 문헌을 뒤져보니 광릉요강꽃과 같은 속(屬)에 드는 복주머니란(일명 개불알꽃)을 요강꽃이라고 부르기도 했나 보네요. 그 꽃의 '주머니' 혹은 '불알'의 윗부분이 동그랗게 열려 있는 점에 착안한 사람들이 그 식물을 요강꽃이라고 불렀음에 틀림없습니다. 좀 뭣하긴 합니다만 그럴듯한 이름이라 할 수 있겠지요.

그러나 광릉요강꽃에다 '요강'이라는 이름을 붙이다니 당치 않습니다. 굳이 그 꽃을 요강으로 본다고 하더라도 기껏 엎질러진 요강을 가리킬 테니 이 귀한 꽃에 붙이는 이름으로는 말이나 될 일입니까? 제가 그 귀한 꽃에 코를 갖다 대어 본 적이 없고, 그래서 그 꽃에서도 복주머니란과 같은 고약한 냄새가 나는지 어쩐지는 알 수가 없습니다만, 혹시 냄새가 난다 한들 설마 그 냄새를 탓하며 '요강'이라는 이름을 붙이기까지야 했겠습니까? 또 그 이름이 인체의 한 부위를 비유적으로

광릉요강꽃 – 명지산에서

가리키지 않겠느냐는 추측도 있지만 그런 비유는, 그 타당성 여부와 상관없이, 늘 우리를 민망하게 할 것이며 이 귀한 꽃을 위해서도 온당한 처사라 할 수 없을 것입니다.

그래서 답답한 마음에 여러 가지 자료를 뒤져보니 이 식물에는 '치마난초'라는 이명이 있었네요. 마주난 듯이 보이는 두 개의 잎에 착안하여 붙인 이름이겠지요. 사실 이 식물을 처음 대하는 사람에게는 꽃의 생김새보다도 촘촘하고 가느다란 주름을 가진 잎이 더 인상적으로 다가올 것입니다. N 님께서 이 광릉요강꽃을 노래하면서 "연잎처럼 펼쳐진 / 활주로" 운운하실 때에도 꽃보다는 그 잎을 더 눈여겨보셨던 거지요? 그 잎에서 강한 인상을 받은 것은 저도 마찬가지입니다. 저는 그 잎을 보며 프랑스 인상파 화가 드가의 무희(舞姬)들이 입고 있는 치마를 연상했거든요. 그래서 그런지 저에게는 '치마난초'가 아주 적절하고 친근하며 예쁜 이름이라고 생각됩니다.

이우철 교수가 펴낸『한국 식물명의 유래』(2005)를 보니 '광릉요강꽃'은 '치마난초'의 이명에 불과하다고까지 해 두었네요. 하지만 '국가표준식물목록'에 들어가 보니 광명요강꽃이 여전히 추천명으로 되어 있고 치마난초는 이명들 중의 하나로 수록되어 있습니다. 이 목록에서는 '개불알꽃' 대신에 '복주머니란'을 추천명으로 수록하고 있는데, 어찌하여 요강을 닮지도 않은 광릉요강꽃에서는 요강이란 이름을 떼어내지 않는지 저로서는 도무지 이해할 수 없습니다. 앞으로 관계자들이 식물의 추천명 혹은 국명을 정비할 때 광릉요강꽃이라는 이름 대신에 치마난초를 추천해 주기 바라는 마음이 간절합니다. (2010)

조등弔燈인가 청사초롱인가
– 월류재통신(55)

N 님,

곰배령으로 가는 길, 그 숲속은 무척 어두웠던 모양입니다. 나무가지 사이로 햇빛이 살짝 들어와 금강초롱꽃들을 비치는 순간순간을 놓칠세라 L 형이 심혈을 기울여 담아 오신 그 사진들을 보며 N 님의 시심(詩心)이 그만 너무도 절절히 공명을 했나 봅니다. 하지만 그 사진에서 조등(弔燈)을 떠올리며 읊으신 몇 편의 노래들이 친구들에게 이만저만 걱정을 끼치지 않은 듯합니다.

1
그래
내가
죽은 모양이제
저렇게
슬퍼해야지

어둡게

어둡게

불 밝히고

금강초롱아

(중략)

3

꽃 같은

죽음

죽음 같은

꽃

세상에

이런 등식(等式)이

있는가

상여는

보이질 않고

금강초롱의

장의행렬

그 등렬에

꽃이

진다

슬픔이

진다 (후략)

보내 주신 위 시들을 읽으면서 저는 N 님께서 근래에 쓰신 그 많은 꽃시 중에서 이렇게 심오한 감정을 가지고 쓴 것은 찾아보기 어려울 거라는 생각을 했습니다. N 님께서 짠하게 느끼신 바가 저에게도 고스란히 전해 오는 듯했으니까요. 그 시를 읽은 친구들이 걱정을 했다면 그것은 N 님께서 느낀 시적 정취가 친구들의 심금까지 울리는 데 성공했다는 뜻이 되겠고, 이는 바로 그 작품들이 잘 쓴 시라는 것을 말해 주지 않을까 싶습니다.

물론 이런 음울한 시를 쓰신 데 대해 찬양의 박수까지 보내지는 않겠습니다. 그런다면 좀 뭣한 일이 되겠지요. 하지만, 몇몇 친구들이 걱정하고 있듯이, 그렇게 깊이 우려할 만한 일도 아니라는 것이 제 솔직한 심경입니다. 죽음이나 장송행렬을 그처럼 의연히 노래할 수 있다는 것은 죽음 앞에서의 굴복이라기보다 그것을 편안히 관조할 수 있는 초연한 자세를 함축하기 때문입니다.

어쨌든 저는 L 형이 보내 주신 사진들을 다시 한번 열어 보아야 했습니다. 곰배령 금강초롱꽃들은 화악산에서 볼 수 있는 것들과는 달리 청람색이 많이 빠져 있는 데다 나무 그늘 속에 있어서 그런지 보기에 따라서는 좀 음산한 느낌을 줄 수도 있겠네요. 하지만 N 님, 만약에 금강초롱꽃의 실물을 친견하셨다면, 그런 침침한 초롱들을 보면서도 아주 달리 생각하셨을 겁니다. 특히 몇몇 곳에서만 볼 수 있는 짙은 청람색 초롱꽃들 앞에서 감탄해 본 적이 있는 사람들이라면, 십중팔구 그 꽃에서 장송행렬이 아니라 뭔가 로맨틱한 것을 연상하려 했을 테니까요. 그 옛날 저녁이 되면 기방(妓房)에서 문간에 내어 걸곤 하던 초롱, 아니면 정인(情人)를 찾아가는 이몽룡의 밤길을 밝히기 위해 방자

금강초롱꽃 – 화악산에서

가 들고 있었음 직한 그런 초롱 말입니다. 그러니 조등(弔燈)과는 사뭇 거리가 먼 이야기가 될 테지요.

참고로, 지난 달 그믐께 제가 친구들과 꽃 탐사를 갔을 때 담아온 금강초롱꽃 사진을 한 장 붙여 보내오니, 일람해 보시기 바랍니다… 자아, 어떻습니까. 영락없는 청사초롱이지요? 그러니 이 사진을 보시고 음울한 사념일랑 물리치고 한번 기분 전환을 기해 보시지 않겠습니까. (2011)

변산바람꽃과 노루귀
- 월류재통신(56)

N 님,

제가 보내 드린 변산바람꽃을 보시고 사열(査閱)하는 기분이셨다고요? 저는 그것을 보고 쓰신 네 편의 시를 받고는 사진을 보내 드린 보람을 새삼스럽게 느꼈습니다. "그냥 훑어보기나 하라"고 하셨습니다만 저는 꼼꼼히 읽었습니다. 시도 좋았습니다만, 그 꽃에 대한 저의 애착이 유난히 진했기 때문이었다고 할까요?

참으로 별나게 추웠던 겨울이어서 설마 꽃이 올라왔을까 싶으면서도, 그래서 헛걸음을 할 줄 뻔히 알면서도, 2월 하순부터 혹시나 하며 찾아가 보곤 하던 계곡이었습니다. 드디어 네다섯 포기의 꽃대가 올라왔을 때의 그 반가움, 하지만 활짝 핀 꽃을 볼 수 있기까지는 또다시 열흘을 더 기다려야 했습니다.

N 님께서는 변산바람꽃에서 "파랗게 질린 / 입술"과 "거뭇 거뭇의 / 눈까풀"을 보시는가 하면, "바람나와 / 보라 / 바람나와 / 보라 / 변산 / 바람꽃이어"라는 구절에서 'ㅂ'음을 유연하게 흘려보냄으로써 읽는

변산바람꽃(위)과 노루귀(아래) – 수리산에서

이의 눈과 귀를 한꺼번에 즐겁게 하셨습니다만, 저는 무엇보다 시 속의 그 다소곳한 드라마에 홀딱 빠지고 말았습니다.

수술의 담자색 꽃밥이
암술은 숙주빛으로
바람날라
달덩이 같은
내 처녀여
꽃잎들이
하얗게 막아선다
(「변산바람꽃 - 6826」 전문)

이어서 보내 주신 「노루귀-6852」는 또 어떻고요.

어린 날의
내 약음(弱音)
어쩌면
그 현란이어
어디서 여울 물소리
들린다
은어의 지느러미
저 갸웃의
갸웃의

고개짓

천(千)의 천의

현음(絃音)

노루귀

긴 목을 탄다

(「노루귀 – 6852」 전문)

소리가 빛으로 환원하는가 하면 그 빛에서 다시 소리가 울려오는가 싶더니 후반에 가서는 "은어의 지느러미 / 저 갸웃의 / 갸웃의 / 고개짓"이라는 대목이 시신경을 간지럽게 하고 노루귀의 목을 탄다는 "천(千)의 천의 / 현음(絃音)"은 청신경을 포근히 건드리네요. 이래저래 N 님께선 이번에 제 마음에 쏙 드는 시 두 편을 써 주신 셈입니다.

이제 꽃철이 본격적으로 시작되고 있으니 앞으로도 염치 불구하고 '꽃 메기기'를 계속하겠습니다만, 일일이 시로 화답하기가 N 님께 너무 버거우면 어쩌나 자못 걱정이 됩니다. 아무 부담 없이 사진을 일람하시고 어쩌다 한 가락씩 읊어 주신다면 저에게는 무한한 기쁨이 되겠습니다. 고맙습니다. (2012)

우리에게 '물망초'는
– 월류재통신(57)

C 님,

벌써 50년이나 지난 옛날이야기입니다. 1960년대 전반 어느 해에 저는 〈물망초(Vergiss mein nicht)〉라는 독일 영화를 본 적이 있습니다. 너무 오래된 영화인지라 그 줄거리가 전혀 생각나지 않고 그저 음악과 관계되는 깔끔한 멜로드라마였다고만 기억될 뿐입니다. 그래서 뒤져보니 1959년에 제작된 이 영화는 독일과 이탈리아의 합작품이고 남자 주인공으로는 당대의 유명한 테너 가수 페루치오 탈리아비니가 출연했네요. 요즘까지 우리나라에서 꾸준히 애창되고 있는 〈나를 잊지 마오(Non ti scordar di me)〉라는 노래도 그때 그 영화에서 탈리아비니가 불렀던 노래였고요. 반세기라는 세월이 결코 짧은 시간은 아니지만 제 기억 속에 이토록 깊은 망각의 골을 파 놓았을까 싶습니다.

여기서 이런 이야기를 새삼스럽게 들추는 것은 '물망초'라는 영화 제목 때문입니다. 저는 그 영화를 보기 전이나 보고 난 후에도 오랫동안 물망초라는 식물이 실제로 있을까, 있다면 어떻게 생긴 식물일까,

이따금 궁금히 여기면서도 그 의문을 풀어 보려고 나선 적이 없었습니다. 아마도 우리 귀에 아주 익은 가요인 〈동심초〉나 〈고향초〉의 제목이 실존 식물을 가리키지 않듯이, 물망초도 특정 식물의 이름이 아니라 그저 '나를 잊지 마오'라는 애틋한 염원을 담은 가공적인 풀이름일 거라는 심증이 강했기 때문일 겁니다.

물망초가 실제로 존재하는 식물이라는 것을 알게 된 것은 근년의 일입니다. 독일에서 간행된 도감을 구하게 되자 저는 맨 먼저 혹시 물망초가 있는지 찾아보았습니다. 아, 그런데 '-물망초(-Vergissmeinnicht)'라는 이름을 가진 식물이 열두 종이나 실려 있지 않겠습니까. 알프스물망초, 들물망초, 늪물망초, 음지물망초, 숲물망초, 날개물망초, 모래물망초 등등인데, 거의 청색 혹은 보라색의 꽃을 피우고 그 크기는 대개 5밀리미터 안팎이거나 더러는 1~2밀리미터로 아주 작은 것도 있나 봅니다.

독일에서 알프스물망초는 화분에 심어서 기를 정도로 인기 있는 원예화이기도 한데, 이는 아마도 물망초를 둘러싼 전설 하나가 널리 알려져 있기 때문이 아닐까 싶습니다. 다뉴브 강가에 살던 한 사내가 사랑하는 여인을 위해 이 꽃을 따가지고 오다가 홍수에 휩쓸려 죽어가며 "나를 잊지 마오"라고 절규했다는 이야기가 바로 그것입니다.

독일의 물망초는 모두 지치과의 왜지치속(屬, *Myosotis*) 식물인데 한반도에서는 그중 한 종만 자생하나 봅니다. 북부의 고산 지역에서 자라는 왜지치(*Myosotis sylvatica*)가 바로 그것이며, 앞서 언급한 독일의 '숲물망초(Wald-Vergissmeinnicht)'가 이 왜지치에 해당합니다. 이영노(李永魯)의 『새로운 한국식물도감 II』에는 백두산에서 찍어 왔다는 왜지치

꽃마리(위)와 참꽃마리(아래) – 축령산에서

의 사진이 실려 있는데 과연 그 생김새가 독일의 숲물망초와 똑같습니다. 그러나 남한에서는 이 식물이 적어도 지금까지 발견된 적이 없는 듯해서 아쉽습니다.

하지만 저는 이 아쉬움을 단순한 아쉬움으로만 제쳐두고 싶지 않습니다. 왜냐하면 독일의 물망초나 백두산의 왜지치 사진을 볼 때마다 우리나라에서 요즘 흔히 눈에 띄는 꽃마리와 참꽃마리가 자꾸만 연상되기 때문입니다. 물론 이 두 종은 왜지치속(屬)이 아니고 꽃마리속(*Trigonotis*)에 드는 식물이지만, 잎과 꽃 그리고 꽃차례에 있어서 왜지치와 아주 유사합니다. 뿐만 아니라 이영노 도감에 의하면 꽃마리를 영어로는 Korean forget-me-not이라고 부른다니 영어권에서는 꽃마리를 물망초의 일종으로 여기고 있다는 뜻이 아니겠습니까. 더욱이 미국에서는 지치과(Boraginaceae)를 물망초과(Forget-me-not Family)라고 부르는가 하면, 지치과의 다른 몇 가지 속(屬) 식물들까지도 forget-me-not이라고 부르고 있네요. 그러므로 영어권에서는 물망초라는 말이 꼭 왜지치속 식물만을 가리키지는 않으며, 오히려 지치과 식물 중에서 속간(屬間) 경계를 넘나들며 비교적 널리 사용되고 있음이 분명합니다. 그러므로 우리가 꽃마리나 참꽃마리를 물망초라는 이명 혹은 속명(俗名)으로 부른다고 해도 호칭상 큰 무리는 없지 않을까 싶습니다.

자, 그러니, 어떻습니까? C님. 탈리아비니의 미성으로 〈나를 잊지 마오(Non ti scordar di me)〉를 듣고 있거나 기타 무슨 사연이 있어서 '물망초'라는 말이 입에 오르게 되었을 때는 봄철에서 여름철에 걸쳐 우리 주변에 흔하게 꽃을 피우는 꽃마리나 참꽃마리를 떠올려 보아도 좋지 않을까요? (2011)

유선관에서 1박하며

– 월류재통신(58)

C 님,

얼마 전에 저는 남도 여행을 하며 스무남은 해 전의 일을 떠올린 적이 있습니다. 1988년에 저는 어느 계간지의 청탁으로 당시 갓 출간된 이청준(李淸俊)의 단편집 『남도사람』의 서평을 쓰던 일이 생각났던 겁니다. 그때도 이청준은 스테디셀러 작가의 위치에 있었지만 그 단편집은 처음에 독자들이나 언론의 각별한 주목을 끌지 못했지요. 모두 일곱 편의 단편 중에서 처음 다섯 편은 일종의 연작(連作)으로 '남도사람 1'에서 '남도사람 5'에 이르는 부제를 달고 있습니다. 그러나 이 다섯 단편은 서로 느슨하게 연결되어 있을 뿐이고 개별 작품은 각각 완벽한 단편소설로 읽힐 수 있지요.

저는 이청준의 다른 많은 소설을 읽을 때 그랬듯이 그 단편들 속에서도 일종의 소리 없는 아우성을 들을 수 있었습니다. 그것은 한 뿌리 깊은 원한이 서린 아우성이었고 그 원한이 용서로 이행하는 과정이 저에게는 무척 매혹적이었습니다. 아무튼 내 딴에는 그 서평을 꽤 열심히 썼던 기억이 납니다.

C 님도 아시다시피 1990대 초반에 이 단편들을 각색한 시나리오를 가지고 임권택 감독이 〈서편제〉를 만들자 그 영화는 이내 폭발적인 인기를 누렸지요. 덩달아 단편집 『남도사람』까지도 『서편제』라고 제목을 고쳐 달고 다시 출간되어 한동안 베스트셀러가 되기도 했습니다. 하지만 영화 〈서편제〉에서 느낄 수 있었던 그 들뜬 감흥과는 전혀 다른 원작 속의 차분한 정취를 간파한 독자들이 얼마나 되는지 모르겠습니다.

여기서 제가 이런 사실을 들추는 것은 '남도사람' 시리즈의 마지막 단편 「다시 태어나는 말 — 남도사람 5」가 오랫동안 저에게 하나의 숙제를 남겼기 때문입니다. 그 단편에서 주인공인 '사내'는 아비에 대한 반생의 원한을 풀고 용서하는 마음에 이르는데, 사내와 은밀한 사연을 쌓은 적이 있는 한 여관집 여인의 머리 빗는 버릇을 통해 그 용서라는 추상개념이 형상화되어 있습니다. 그 여관은 해남 대흥사(大興寺) 경내에 있는 유선관(遊仙館)으로 추정될 수 있었는데, 1970년대 말엽에 대학의 몇몇 동료들과 어울려 해남 대흥사를 거쳐 두륜산(頭輪山)을 오르면서 저는 웬 골기와집 여관이 이런 곳에 있을까 의아해 했던 적이 있었습니다. 그러므로 약 10년 후에 그 단편을 읽게 되자 그 여관에서 늘 머리를 빗고 있는 여인의 모습은 내 마음속에 하나의 지울 수 없는 이미지를 남겼고, 언젠가는 대흥사를 다시 찾아가 그 여관에 들러 보리라는 꿈을 가지게 되었답니다.

그 단편 속의 여인이 실존 인물을 모델로 한 것인지 아니면 순전한 픽션으로 꾸민 인물인지는 알 수 없지만, 이번에 그 여관에서 하룻밤을 묵으면서 저는 혹시 그 여인을 떠올릴 수 있는 종업원이라도 있

해남 대흥사 경내에 있는 유선관 전경

는지 살펴보았습니다. 하지만 근 30년의 긴 세월이 흐른 오늘날 그 여인의 모델을 찾는다는 것은 물론 부질없는 짓이었을 것입니다. 그날 저녁과 이튿날 아침에 밥상을 들고 들어온 사람은 중년의 사내였고, 부엌에서 일하는 아낙들이 몇몇 보이기는 했으나 물론 유심히 살펴볼 수는 없었습니다.

이튿날 아침 숙박비를 계산하면서 주인인 듯싶은 분에게 수작을 걸어 보았지요.

"혹시 소설가 이청준이 이 여관에 머문 적이 있습니까?"

주인은 얼마 동안 생각하더니 "네, 오래전 일이지요"라고 답했다.

용기를 얻은 나는 "지금은 돌아가셨지만 제가 알던 사람입니다. 이 여관을 무대로 한 단편소설을 쓴 적이 있지 않습니까?"라고 물었지만, 주인은 더 이상 말하고 싶지 않다는 눈치더군요. 그래서 아쉽지만 더 묻는 것을 포기하고 저는 돌아서고 말았습니다.

이리하여 「다시 태어나는 말」의 여인이 몸소 현신해 주지는 않았지만 저는 그리 실망하지 않았습니다. 그 여관의 건물 배치나 내부구조는 제가 그 작품을 읽으며 마음속으로 떠올렸던 것에서 그리 벗어나지 않는다는 사실을 확인하는 것만으로 저에게는 큰 소득이라고 할 수 있었거든요. 뿐만 아니라 제가 묵었던 방 같은 그런 작은 방에서 마당과 뒤안 쪽으로 난 창호지 문을 모두 열어 젖히고 단정히 앉아 막 감은 머리를 빗고 있는 여인을 이제는 좀 더 구체적으로 떠올릴 수 있게 되었으니, 그 정도의 현현(顯現, epiphany)을 그려볼 수 있게 된 것만으로도 이번 탐방이 그리 헛되었다고 할 수는 없을 것입니다. (2011)

다시 찾은 정암사

– 월류재통신(59)

L 형,

제가 얼마 전에 정선군 고한으로 정암사(淨岩寺)를 찾아간 것은 오랜 염원 하나를 실현하기 위해서였습니다.

그게 그러니까 우리가 함께 강원도 지역으로 들꽃을 찾아다니기 시작한 지 얼마 되지 않아서였지요. 어느 1박 2일 탐사 길에 전날 금대봉을 탐사한 우리는 아침부터 만항재와 화방재 일대를 탐사할 예정이었습니다. 화창하던 날씨가 밤새 변덕을 부리더니 고한에서 계곡으로 올라가는 도중에 비가 내리기 시작하지 않았습니까. 마침 계곡의 초입에 '태백산정암사(太白山淨岩寺)'라는 현판이 걸린 일주문이 나타나기에 그곳부터 한번 들러보자고 했지요. 우중이라 샅샅이 찾아다니지는 못했지만 그 절의 경내에서는 털이슬과 쥐털이슬을 본 것이 고작이었던 기억이 납니다.

그런데 그 절 말입니다. 낯선 이름이라 대수롭잖게 여겼지만 그 내력을 알아보니, 웬걸, 우리나라에서 석가모니의 진신사리를 모시고 있는 다섯 곳 중의 한 곳이더군요. 그래서 '적멸궁(寂滅宮)'이라는 현판이 걸려 있던 법당을 찾았더니 스님이 맨 벽을 향해 예불을 올리고 있었고 여신도 한 사람이 서 있는 것이 보였습니다. 앞마당으로 내려와 가파른 앞산을 쳐다보니 저만큼 높다랗게 석탑 하나가 서 있는 게 보였고, 그게 필시 사리탑일 거라는 생각이 들었습니다. 하지만 세차게 내리고 있던 빗줄기를 무릅쓰고 그 산을 오를 엄두가 나지 않아 그만 포기하고 말았지요.

제 기록을 뒤져 보니 그날이 2004년 8월 26일이라 어언 7년이나 지났군요. 그 세월이 흐르는 동안 잊힐 만하면 한 차례씩 그 절이 생각나지 않겠습니까. 그럴 때마다 다시 찾아가 봐야 되는데 싶었고, 또 그동안 몇 차례 그 근처를 지나다녔습니다만, 늘 쫓기듯 다니던 들꽃 탐사 길이라 틈을 내지 못하고 말았습니다.

두어 주일 전에 며칠간 날이 쾌청하다는 예보가 있기에, 그리고 이제는 단풍철 러쉬도 엔간히 끝났을 거라는 생각이 들기에, 길을 나섰습니다. 세 시간에 가까운 운전 끝에 정암사에 이르러 일주문을 들어서니 새로 조성된 낯선 포대화상(布袋和尙)의 좌상이 반갑게 맞아 주더군요. 더 들어가니 빨간 열매들이 탐스럽게 매달려 있는 몇 그루의 백당나무가 보였지만 일단은 못 본 척하고 적멸궁부터 찾아갔지요.

잠시 법당에 들렀다가 종종걸음으로 나무 계단을 오르는데 마치 희귀한 들꽃과의 첫 상면을 기대하며 산을 오를 때처럼 가슴이 두근거렸습니다. 드디어 파란 하늘을 배경으로 탑신(塔身)의 뒷모습이 역광으로 눈에 들어오자, 생각하던 것보다는 큰 탑이구나 싶더군요. 탑은 육중하지도 날렵하지도 않았고 그저 편안해 보였습니다. 지붕 모서리마다 작은 종이 매달려 있는 등 우리가 흔히 볼 수 있는 전래의 석탑과 많이 달랐지만, 한 구조물로서의 균제미가 진신사리를 모시는 탑으로나 국가에서 지정한 보물급 문화재로나 아무 손색이 없어 보였습니다. 그러나 무엇보다도 탑을 쳐다보고 있는 동안 그간 몹시 두근거리던 제 가슴은 어느덧 차분히 가라앉고 있었습니다. 사실 탑돌이를 하는 참배객들이 기대하거나 얻을 수 있는 것 중에서 이런 위무적(慰撫的) 효과보다 더 소중한 것이 있을까 싶습니다.

차근차근 살펴보니 그 탑은 뜻밖에 일종의 전탑(塼塔)이었습니다. 흙을 구워 만든 벽돌로 지은 여느 전탑들과는 달리 돌을 다듬어 만든 판석들을 쌓아 지은 탑이라 '모전석탑(模塼石塔)'이라고 부르더군요. 쓰인 석재는 수마노(水瑪瑙)라는데 해설판에 의하면 회녹색을 띤 석회석의 일종이라니, 서양에서 건자재로 흔히 쓰이는 라임스톤(limestone)과 유사한 암석이 아닌가 싶습니다.

일주문으로 내려오는 도중에 포대화상을 살펴보았습니다. 그 조상은 수마노탑을 멀찍이 등지고 앉아 있었는데 전통적으로 과장되어 온 파안의 미소며 불룩한 배는 언제 어디서 보아도 우리를 흐뭇하게 하지요. 그래서 요모조모를 뜯어보고 있는데 문득 대학 재임 시절의 동료 황동규 시인이 오래전에 쓴 시에서 "기차게 웃는 미래불(未來佛)"이라고 한 구절이 생각나더군요.

이미 스무 해가 지난 이야기이지만, L형께서는 기억하시겠지요. 아직은 중국 왕래가 쉽지 않던 시절 구이저우(貴州)에서 국제학회를 마친 우리가 항저우(杭州)에 들른 적이 있지 않습니까. 그때 저는 영은사(靈隱寺)의 작은 계곡에 암각된 포대화상의 조상(彫像)을 카메라에 담아

정암사의 수마노 사리탑

온 적이 있습니다. 그 사진을 액자에 담아 황 시인에게 선물했더니 얼마 후 시인은 다음 시를 지었답니다.

남몰래 홀로 쓰레기 줍는 사람
남몰래 길섶에 꽃 심는 사람
스칠 때,
경상도 사람이 경상도 때리고
전라도 사람 전라도 비틀 때,
한 판사가 목영자 피고를 감싸며
죄 없는 자 먼저 돌로 쳐라, 하자
그를 향해 돌이 날갯짓하며 날아들 때
……
직장 이웃 이상옥 선생이
중국에서 필름에 담아온 항주 영은사 미륵불,
왼손으로 염주 가볍게 잡고
오른팔은 바위에 올려논 채 비스듬히 누워
엄지손가락 하나 떨어져나간 것도 잊어버리고
배꼽 훤히 내놓고 기차게 웃는 미래불(未來佛),
그의 과거가 언뜻언뜻 하늘에 비친다.

성큼성큼 나는 걷는다.

(황동규의 「성큼성큼 나는 걷는다」 전문)

정암사 포대화상

그때 저는 미래불의 화신이라는 포대화상이 시인의 자아 및 주변 성찰을 위해서는 이렇게 읊어질 수도 있구나 싶어 감탄한 적이 있습니다. 이번에 평소 무척 궁금해 하던 사리탑을 찾아갔다가 우연히 오랫동안 잊고 있던 이 시까지 찾아내어 다시 읽게 되었으니 이번 정암사 탐방은 그만큼 더 보람 있었다고 해야 하지 않을까 싶습니다. (2011)

무작정 1박 2일

– 월류재통신(60)

N 님, 그리고 L 형,

N 님께서는 제가 보내 드린 해국 사진을 보며 꽃잎들이 쩝쩝 혀를 차는 소리를 들으시는가 하면, 배초향 사진에서는 뽕잎을 먹고 있는 누에와 물레로 실이 뽑혀나가는 송방망이를 떠올리셨네요. 그 시각·청각적 이미저리의 절묘함에 붙잡힌 채 뭐라 화답의 글을 쓸 엄두를 내지 못하고 있는데, 어디선지 모 콘도의 할인 쿠폰이 한 장 날아들지 않겠습니까. 그래서 즉흥적으로, 앗다, 모르겠다, 모든 것을 얼마 동안 덮어두자는 마음으로 훌쩍 집을 떠나 한 이틀 쏘다녔습니다.

산천경개나 보면서 들꽃은 잊어버리겠다고 마음먹고 평소 애용하는 100밀리 마크로 렌즈는 아예 집에 두고 나섰답니다. 그래서 그런지 오랫동안 들꽃만 밝히고 있던 저의 눈에도 누렇게 익어가는 들판의 벼가 비로소 보이더군요. 오랜만에 한계령을 넘어가는데 길가 여기저기에는 아직까지도 수년 전 수해의 상흔들이 눈에 띄었고, 저게 복구

되려면 앞으로 수십 년, 수백 년은 걸리겠지 싶었습니다.

양양 쪽으로 내려오다가 오색에 들러 보았습니다. 큰 수해를 겪고 새로 복구한 마을은 많이 변해 있었지만, B 상회의 그 한 많은 할머니와 늘 얼굴에서 빙그레 웃음을 놓지 않던 따님은 건재하더군요. 대번에 날 알아보고는 "L 교수는요?" 하며 안부를 묻더군요. 취, 곰취, 곤드레 등을 한 보따리 사들고 '차 한 잔'을 사양한 채 하산했지요.

동해안에 이르러 가장 먼저 들른 곳은 속초 아바이마을이었는데, 평소에 함경도식 순대를 몹시 궁금해 했기 때문이었습니다. 요즘 우리 주변에서 순대 하면 으레 당면을 가득 채운 돼지 창자뿐인지라 늘 식상했었는데, 당면이 들어가지 않았다는 것만으로도 아바이순대는 저에게 별미였습니다.

이렇게 늦은 점심을 먹고 찾아간 곳은 간성 진부령 아래의 건봉사(乾鳳寺)였습니다. 대웅전 앞의 누각에 '금강산건봉사(金剛山乾鳳寺)'라는 현판이 보였는데 거기서 금강산이 얼마나 먼데 금강산 타령이냐 좀 황당하지 않느냐는 생각이 들더군요. 하지만 6.25사변 전까지만 해도 우리나라의 최대 사찰 중의 한 곳이었다니 그만한 허풍쯤이야 부릴 수도 있겠다 싶기도 했습니다. 요즘 여러 사찰이 그렇듯 몇 년 전에 비해 많은 증축이 있었으리라고 예상하고 있었지만 다행히도 건봉사에서는 몇 년 전에 허물어져 있던 홍예교(虹霓橋)가 말끔히 복구되어 있었을 뿐 이렇다 할 증축이 없어서 찾는 이의 마음이 오히려 편했습니다.

아기자기한 울산바위가 바로 앞에 보이는 곳에서 하루를 묵고 이튿날은 미시령을 넘어 보겠다고 나섰지요. 스무 해쯤 전에 황동규 형이 「미시령 큰바람: 그날 미시령은 바람 그거 — 이익섭 형에게」라는

시에서,

아 바람!
땅가죽 어디에 붙잡을 주름 하나
나무 하나 덩굴 하나 풀포기 하나
경전(經典)의 글귀 하나 없이
미시령에서 흔들렸다.

풍경 전체가 바람 속에
바람이 되어 흔들리고
설악산이 흔들리고
내 등뼈가 흔들리고
나는 나를 놓칠까봐
나를 품에 안고 마냥 허덕였다.

라고 노래한 후 늘 궁금해 하던 미시령을 오늘에야 넘게 되었다고 잔뜩 기대하고 있었지요. 하지만 그 기대는 이내 실망으로 바뀌고 말았습니다. 56번 오르막 국도로 들어서자 이내 터널 통과료 징수소가 나타났고, 그제야 미시령에 4킬로미터쯤 되는 긴 터널이 뚫렸다는 것을 알게 되었지요. 재마루로 올라가는 길로 들어서기에는 이미 너무 늦었던 탓에 결국 황 시인이 읊은 "큰바람"은 섭섭하게도 체험해 보지 못했습니다.

용대리에 이르자 백담사로 들어가는 이정표가 보였지만 일반 차

건봉사 전경

량은 출입이 통제되는 통에 탐방을 포기하고 돌아서는데 문득 연전에 보았던 내린천의 환상적 물빛이 생각나지 않았겠습니까. 그래서 무작정 합강교를 건넜지요. 하지만 내린천은 갈수기를 맞아 수량도 많이 줄어 있었고 그 어디서도 옥색 물빛을 보기가 어려웠습니다. 하기야 이곳저곳에서 개발이 진행 중이었으니 그 강물인들 어찌 그 옛날의 파란빛을 그대로 지닐 수 있겠습니까. 운두령 정상에서는 또 한 번의 좌절을 겪었습니다. 계방산이 오대산국립공원의 일부로 편입되자 공원관리 당국에서는 등산로를 지정해서 일반에게 개방하기로 했지만 산림청에서 입산금지령을 내리고 말았다는 겁니다. 그러니 재마루에서 태기산 쪽 능선의 일부를 탐사해 봐야겠다고 먹었던 마음이 허망해질 수밖에요.

이렇게 미시령, 백담사 입구, 내린천, 운두령을 거쳐 내려오면서 일련의 실망이랄까 좌절만을 겪었지만 재마루에서 노동리 쪽으로 내려오자 이내 모두 잊어버릴 수 있었습니다. '계방산장'의 젊은 주인이 근자에 차린 소문난 카페에서 끓여 주는 맛 좋은 블루마운틴 한 잔을 마시자 이내 오전 내내 무거웠던 마음도 한결 가벼워졌거든요. 산장의 노친네들은 "L 교수는 어떡하고 이렇게 다니느냐?"고 물어 왔습니다. 전날부터 강원도 사람들이 L 형과 함께 다니지 않는 저를 보고는 무언가 잘못되었다는 생각을 하는 듯했습니다. 하기야 그렇게 생각하는 것이 어디 강원도 사람들뿐이겠습니까. 여기저기서 스치는 인디카 사람들이면 언제나 L 형의 안부를 묻곤 하니까요.

장평에서 봉평으로 들어서니 이달 초에 있었던 이효석문화제가 끝난 지 이미 여러 날이기 때문인지 그 많은 메밀밭에 꽃은 거의 보이

물매화풀

지 않았습니다. 점심을 먹으러 들른 곳은 봉평고등학교 앞의 메밀국숫집이었습니다. N 님이 애송하시던 시집 『하룻밤 돌배나무 아래서 잤다』의 김남극 시인이 저에게 "봉평에서 이 지역산 메밀로 국수를 뽑는 집 중의 한 곳"이라고 일러 주었던 바로 그 집을 L 형은 기억하고 계시겠지요? 메밀 전병말이와 비빔국수를 맛있게 먹었습니다. 그 이웃에 새로 조성된 가산(可山)공원에서 이효석 흉상 등을 살펴본 후 귀로에 올랐고, 집으로 돌아오니 아직 해가 떨어지기 전이었습니다.

L 형께서는 저더러 꽃 메기기를 계속하라고 하셨지요. 하지만 이번 나들이에서는 들꽃이라고 담은 것이 한 장도 없으므로 초당(艸堂)이라는 이가 쓴 멋진 현판이 보이는 건봉사 사진에다 두어 주일 전 평창에서 담아 온 물매화풀 사진 한 장을 얹어 부칩니다. (2011)

문학과
예술에 대한
생각들

이념은 창작과 비평의 뒤치다꺼리를 할 수 있을지언정
결코 그 선행지표가 되어
작가들에게 질곡으로 작용할 수는 없다

감각과 이론이 무성한 시대

어린 시절에 피카소의 큐비즘 시대 그림을 처음 보았을 때 나는 "무슨 놈의 그림이 이러냐? 이런 그림이라면 나도 그리겠다"고 생각한 적이 있다. 지금 돌이켜보건대 참으로 어처구니없는 생각이었지만, 그런 생각이 잘못된 것임을 깨우치기까지는 상당한 시간이 흘러야 했다. 현대 화가들의 화첩을 여러 권 들추고 구미의 유수한 미술관을 여러 곳 찾고 난 후에야 비로소 나는 피카소가 큐비즘 시대에 앞서 이른바 '청색시대'와 '도색시대'를 차례로 거쳤고 또 그보다 더 이전에는 르누아르, 로트레크 등 인상파 화가들의 영향을 받으며 화가로서 입신하게 되었다는 사실을 알게 되었던 것이다. 피카소에게 큐비즘은 치기(稚氣)나 광기가 빚어낸 장난이 아니었고 그가 견고한 데생에서 출발한 후 한 화가로서 부단한 자기경신의 노력을 기울이는 동안에 자연스럽게 대두한 하나의 예술적 국면이었다. 이런 창작의 경지를 어찌 그의 아류들이 감히 넘볼 수 있을 것인가.

여기서 이런 이야기부터 끄집어내는 것은 우리의 문화계, 특히 문단에서 단단한 데생 수련도 없이 큐비즘을 흉내 내는 식의 창작과 비평을 시도하는 사례를 빈번히 볼 수 있기 때문이다. 정확하지 못한 문장으로 글을 쓰면서 교묘히 말장난이나 일삼는 듯한 작품이라든가, 최신 유행 이론을 서툴게 원용하며 낯선 용어들이나 어지럽게 늘어놓는 비평에 대해 우리가 식상해 한 지는 이미 오래다. 이런 풍조는 진득이 생각하는 대신에 조급하게 판단하고, 내면을 깊이 파헤치는 대신에 표면이나 긁적거리다가 마는 식의 감각주의 문화가 만연하고 있는 우리 시대의 일반적 사회 현상과 관계있음이 분명하다. 이런 문화적 풍조와 사회적 현상 사이에서 인과관계를 가리기는 쉽지 않지만, 적어도 이 두 가지가 서로를 조장하고 있음에 틀림없다.

한 시대의 문화 현상은 대체로 자연발생적인 것이어서 인위적 조작을 통해서 통제하기는 어렵다. 특히 한 풍조가 대세를 이루고 있을 때 그것은 마치 거침없이 흐르는 강물 같은 것이어서 섣불리 막을 수도 없고 또 어떤 의미에서는 막으려는 노력이 바람직하지도 않다. 그러나 오늘날처럼 사람들의 감성이 간지러울 정도로 감각주의를 추구하고 지성은 초첨단의 이론만 밝히려 드는 시대에는 문화의 창조와 비평을 위해 들이는 노력도 너무 천박하고 조잡하여 사회 병리의 한 현상으로 보이기까지 한다. 이런 경우에는, 그저 안타깝게 지켜보고만 있을 일이 아니라 적어도 그것을 곰곰이 살펴서 바로잡으려는 규범적 노력이 필요하지 않을까 싶다.

문화의 모든 면면이 다 그러하지만, 문예 창작과 비평도 그 일에 종사하는 이들에게는 치열한 자기 단련을 요구하는 작업이다. 이 단련은 그 과정에 무엇보다 앞서 정확한 문장 쓰기와 단락 맺기 등의 작문

연습에서 출발해야 할 것이며, 폭넓은 고전 문헌의 섭렵, 비평적이고 창의적인 사고 및 삶과 인간사회의 문제들에 대한 고뇌에 찬 성찰을 요한다. 그리고 그 과정은 필연적으로 너무 길거나 고통스러울 수도 있다. 그러므로 작가나 비평가를 지망하는 이들은 무엇보다 앞서 느긋이 자기 수련 과정부터 거쳐야 할 것이며 창작과 비평의 작업에 성급히 뛰어드는 일을 삼가야 한다. 만약에 피카소가 모든 수련 과정을 생략하고 처음부터 큐비즘 시대로 뛰어들어 그림 그리기를 시작했더라면 오늘날 누가 그의 그림들을 귀하게 여길 것인가. (1998)

시와 산문 사이에 경계선이 있는가

50년쯤 전에 나는 대학원 입학 시험에서 "시와 산문을 구별하라"는 뜻밖의 문제를 놓고 답안을 쓰느라 쩔쩔맨 적이 있다. 그 후 오랫동안 그 문제는 해결해야 할 화두로 남아 있었지만 아직껏 나는 그 정답을 잘 알지 못한다. 그래서인지 시인이 쓴 산문을 읽을 때마다 나는 좀 특별한 기대를 하는 편이다. 황동규(黃東奎) 시인의 경우도 물론 예외는 아니다. 그간 나는 여남은 권이나 되는 그의 시집 이외에 산문집도 서너 권은 읽었는데, 매번 시와 산문 사이의 경계에 대한 단서를 얻게 되기를 은근히 희망하곤 했다.

『삶의 향기 몇 점』의 「책머리에」에서 황 시인은 시와 산문을 구별하면서 "손볼수록 시는 길이가 줄어들고, 손볼수록 산문은 부피가 는다"라고 한 말은 시와 산문이 본질적으로 차이가 있음을 시사한다. 또 그는 "그렇기 때문에 산문은 시인의 해방이다. 산문은 시와 달리 늘 확장되려 하고 있고 또 의무감을 덜 지우기 때문이다"라고 하면서, 작시(作詩) 과정에 작용하는 모종의 제약이 산문을 쓸 때는 작용하지 않다는 것을 암시한다. 하지만 그는 그 제약이 어떤 성질의 것인지를 구체적으로 밝히지는 않으며, 다만 시인이 시 속에서는 자유로이 표현하지 못하는 것도 산문을 통해서는 거침없이 토로할 수 있다는 것을 슬며시 비치고 있을 뿐이다.

아니나 다를까, 이 산문집 도처에서, 우리는 그가 쓴 시의 많은 대목들을 떠올리면서 계몽의 빛을 쐬고 있는 듯한 느낌을 받는다. 이를테면 우리는 그의 시 속에서 빈번히 마주치는 겨울이라는 계절과 그 쌀쌀함의 정체를 짐작할 수 있다. 또 그의 중기 시 이래로 그를 사로잡아 왔음이 분명한 죽음과 종교 문제도 어느 정도 근원적으로 해명되고 있다. 뿐만 아니라 사생활과 시 속에서 그는 어찌하여 음악, 꽃, 술 그리고 여행 같은 것들에 그토록 집착하고 있는가 하는 의문에 대해서도 우리는 제법 시원한 답을 얻을 수 있다. 그러므로 이 산문집은 황 시인의 시를 총체적으로 이해하는 데 필수적인 길잡이 노릇을 하고 있으며, 이런 특성은 그의 산문과 시가 외연 관계를 맺고 있음을 보여 주기도 한다.

그러나 우리에게 참으로 흥미 있는 것은 그의 산문이 지닌 이런 상대적 의미보다도 그 본질적 특성이다. 그 특성은 삶에의 통찰에서 번져 나오는 아우라 같은 무엇으로서 그의 산문과 시에 의해 공유되고 있다. 이를테면 그가 근작 시 「삶의 맛」에서 "이 환한 살아 있음"이라고 읊은 바 있는 그 특유의 느낌은 그의 시 도처에서 감지될 수 있을 뿐만 아니라 산문의 여러 대목에도 배어 있다.

황 시인은 50년이라는 짧지 않은 세월에 걸쳐 시를 써오면서도 늘 치열한 자기 경신을 통해 이런 특성을 유지해 올 수 있었다. 그리고 바로 이런 특성이 있었기에 그의 산문도 시 못지않게 "삶의 향기"를 맛깔스럽게 담아낼 수 있고, 또 그것을 읽는 이에게는 시적 감흥을 주기까지 한다.

> 조금 이운 달이었으나 달빛이 하도 좋아 잠을 이루지 못하고 세 번이나 차를 타고 나가 달구경을 했다. 하늘이 워낙 맑아 참으로 오랜만에 제대로 분명히 모습을 갖춘 은하수를 보았다. 오리온을 비롯한 성좌들도 세상 그 어느 곳보다도 뚜렷했다. 사막은 사람을 단순하게 만들고 그의 의식을 비우게 해서 모든 일과 사물의 요철을 뚜렷하게 만든다. 그래서 성자들이 스스로 사막 속으로 들어간 게 아닌가.

이런 구절을 읽으면 황 시인이 그저 뛰어난 시인에 그치지 않고 범상치 않은 산문가임을 알 수 있다. 그리고 그가 이 산문집을 두고 "지금까지의 어느 책보다도 나의 정점을 보여 준다"고 호언하는 것도 그럴 만하다는 생각이 든다.

다시 시와 산문 간의 구별 이야기로 돌아가서, 『삶의 향기 몇 점』이 내 오래된 화두를 해소해 주지는 못하지만 굳이 시와 산문 사이에 경계선을 그어야 할까 하는 생각을 하게 한다. 왜냐하면 산문이 생경한 과학적 진술만을 위한 것이 아니고 문학예술의 경지를 조금이라도 넘보는 경우에는, 이 두 가지 쓰기 형식 사이의 외면적 차이에도 불구하고, 언제나 시와 많은 것을 공유하고 있을 것이기 때문이다. (2009)

변하는 것과 변하지 않는 것_1

새 천 년이 목전에 다가옴에 따라 컴퓨터가 2000년이라는 숫자를 인식하지 못해서 일어날지도 모르는 불상사에 대비하는 소동이 자못 요란하다. 항간에서 Y2K라고 지칭되는 이 문제는 돈과 기술을 들이기만 하면 해결될 수 있으므로 전혀 걱정할 필요가 없는 일과성(一過性)의 문제라고 할 수도 있다. 한편, 새로운 백 년 혹은 새로운 천 년이 다가온다는 핑계로 각계의 문화인들이나 지식인들이 벌이는 소동 또한 도시 만만치 않다. Y2K 문제를 제쳐놓는다면, 서기 1999년이 2000년으로 넘어가는 것은 가령 1949년이 1950년으로 넘어가는 것이나 별로 다를 것이 없으련만 사람들은 마치 2000년 정월 초하룻날부터 이 세상에 무슨 천지개벽이라도 있을 것처럼 야단법석을 떨고 있는 것이다.

인류의 역사가 시작된 이래로 사람들은 시간을 여러 단위로 나누어 생각하는 데 익숙해졌다. 그래서 백 년으로 구성된 한 세기가 마치 문명이나 역사의 발전에 있어서 하나의 획기적 단위가 되는 것처럼 여겨지고 있지 않나 싶다. 오랫동안 중국의 연호(年號)를 써 오던 우리나라의 경우는 그렇지 않겠지만, 서기 연호를 써 온 서양의 경우에는 19세기에서 20세기로 넘어올 때도 상당한 소동이 있었다. 그 무렵, 우리 한반도에서는 5백 년이나 버텨온 조선왕조의 쇠퇴에 개화니 근대화니 하는 이데올로기적 변화가 맞물려 문화적·정신적 충격이 있었지만 아무에게도 한 세기가 끝나고 다른 세기를 맞는다는 의식은 없었을 것이다. 그러나 서양에서는 이른바 '세기말' 사조라는 것이 등장해서 작가와 예술가들은 상당히 들떠 있었다. 그들은 한 시대의 물질적 발전에 편승한 낭만주의니 자연주의니 사실주의니 하는 문예사조에 안온하게 자리 잡기를 거부하고 회의주의·염세주의·향락주의를 내세우면서 임박한 새로운 백 년에 대한 그들 나름의 기대와 불안감을 표출하고 있었다.

21세기의 첫 해를 목전에 두고 있는 이 시점에도 사람들은 새 시대에 거는 희망에 못지않게 적잖은 불안감을 느끼고 있다. 더욱이 서기 2000년은 단순히 새로운 한 세기가 시작되는 해가 아니고 새로운 천 년이 시작되는 해이기도 하므로 사람들은 마치 자기네가 지금까지와는 전혀 다른 새 세상으로 진입하고 있다는 착각마저 하고 있는 듯하다. 오래전부터 우리 정부는 21세기위원회인가 뭔가 하는 기구를 두고 있는 것으로 보아 적어도 새 시대를 맞기 위한 준비를 하는 시늉을 하고 있었음에 틀림없다. 이에 언론까지 가세하여 호들갑을 떨며 이른바 '뉴 밀레니엄' 타령을 하고 있으니 사람들은 그저 뭐가 뭔지 잘 모르면서도 공연히 조금은 들뜨고 신명이 나다가도 문득 그 연유를 몰라 어리둥절하기도 한다.

이런 와중에서 문학·예술이나 일반 문화의 창조나 그 전파에 종사하는 사람들도 21세기부터는 문화의 위상에 무슨 큰 변화라도 오는 것이 아닌지 몹시 궁금해 하고, 또 그 변화에 대처하는 효과적인 방안을 쉽게 떠올릴 수 없어 조금은 심란한 상태에 있지 않나 싶다. 그러나 여기서 분명히 짚고 넘어가야 할 것은 21세기로 들어선다고 해서 정치적으로나 문화적으로 개벽이 일어나지는 않을 것이라는 사실이다. 변화하는 것이 있다면 역사 발전 단계의 인과율에 의해 필연적으로 야기되는 것이지, 지나간 천 년과 다가올 천 년 사이의 단층(斷層)에서 빚어지는 돌연변이 현상은 아닐 것이라는 말이다.

물론 새로운 정보통신기술의 급속한 발달로 인해 오늘날 우리가 예술과 문화를 보는 눈에 커다란 변화가 일고 있는 것을 부인할 수는 없다. 이를테면 지금까지의 천 년 동안 인류의 정신생활에서 가장 중요한 매개체 노릇을 해 왔던 인쇄문화가 오늘날은 영상문화로부터 심각한 도전을 받고 있다. 뿐만 아니라 이른바 사이버 공간에서 펼쳐지고 있는 가상현실의 세계는 오랫동안 문학과 예술에서 견고한 것으로 간주되어 왔던 현실 또는 실체의 개념과 상충하기 때문에 그 괴리에 쉽게 적응하지 못하는 사람들을 심히 곤혹스럽게 할 수도 있다. 그러나 이런 현상 또한 21세기를 맞는 시점에서 우연히 심화되는 문제일 뿐 새 밀레니엄이 초래하는 돌연한 현상이라고 할 수는 없다.

그리고 정보 전달의 체계에서 오늘날 일어나고 있는 기술적 혁신이 정보 자체의 성격이나 내용에 어느 정도 영향을 줄 것이라는 것도 충분히 예상할 수 있는 일이다. 이는 전달 체계의 한계로 인해 제약될 수밖에 없었던 정보가 그 체계의 혁신 덕분에 어느 정도까지 성격이 변하고 내용이 수정될 수도 있을 것이라는 말이다. 그러나 전달 체계에서 혁신이 이루어진다고 해서 정보의 성격이나 내용이 필연적으로 그리고 본질적으로 변하게 되리라고 단정할 수는 없으며 또 변해서도 안 된다.

그러므로 이 시점에서 마땅히 명심해야 할 것은 21세기를 맞으면서 마치 우리가 지금까지와는 전혀 다른 마음가짐으로 임해야 할 것처럼 착각해서는 안 된다는 것이다. 그리고 새로운 시대를 맞이하기 위해서는 오직 새로운 방식을 통해 새로운 내용의 정보와 지식을 수용하지 않으면 안 될 것처럼 오해해서도 곤란할 것이다. 이를테면 가상현실 세계가 우리의 삶을 지배하는 시대가 올 것이므로 전통적인 책 읽기를 마치 사라져야 할 활자문명의 잔재라고 하며 백안시한다든지, 이른바 사이버 공간 속을 섭렵함으로써 필요한 정보를 얻어서 쓰기만 하면 족할 것이라고 생각한다면 그것은 커다란 오산이 될 것이다.

역사 발전의 경우와 마찬가지로 문명의 발전에 있어서도 참다운 변화는 버릴 것을 버리고 지킬 것은 지킬 때 이루어질 수 있는 법이다. 다가오는 21세기가 우리의 삶에 아무리 급격한 변화를 초래한다 하더라도, 그간 우리가 소중하게 여겨 온 것들 중에서 많은 부분을 우리는 여전히 지켜야 할 것이다. 특히 수천 년에 걸쳐 전습되어 온 인간의 정신적 가치와 고전적 자산들은 쉽게 타파되어서 안 될 것이며 또 타파되지도 않을 것이다. 정보 전달의 체계가 아무리 혁신된다 하더라도 그 전달 내용까지 쉽게 혁신될 수는 없다는 말이다. 그러므로 변하게 될 것과 변하지 않을 것 혹은 버려야 할 것과 버리지 말아야 할 것을 지각 있게 분별하는 일이 오늘날처럼 우리에게 절실히 요망된 적은 일찍이 없었다고 할 수 있다. 이런 점을 생각할 때, 작금에 우리 사회에서 벌어지고 있는 자못 무분별한 뉴 밀레니엄 타령과 그것을 둘러싼 다방면의 소동이야말로 대체로 부질없고 낭비적이라고 해야 하지 않을까 싶다. (1999)

변하는 것과 변하지 않는 것_2

문학의 시대는 끝났다는 소문이 돌기 시작한 지 꽤 오래된다. 영상을 만들어 눈으로 보는 문화가 지배하는 환경 속에서는 글을 쓰고 읽는 행위가 뒷전으로 밀려나는 것도 당연하지 않겠느냐는 자포자기적인 푸념도 심심찮게 들린다. 더욱이 수년 전에 새로운 세기와 새 천년의 시작을 맞으면서 우리는 구텐베르크 시대의 종언이니 사이버 공간의 가상현실이니 하는 추상개념들이 마구 들먹여지는 것을 지켜보며 마치 문명의 가파른 벼랑에 선 듯 어지럼증을 겪기도 했다. 이 모든 것은 우리가 처한 문화적 상황이 변하고 있으며 그것도 정신을 차리기 어려울 정도의 속도로 변하고 있다는 것을 의미한다. 이런 변화의 와중에서 사람들은 인류의 역사만큼 긴 전통을 가진 문학의 명운이 다했고 그 쓰임새도 끝나 버렸다는 식의 자의식에 사로잡히게 되었다.

그러나 문학의 뿌리는 깊고 단단하기 때문에 주변에서 불어닥치는 바람이 아무리 거세어도 송두리째 흔들리지 않을 것이며 또 흔들려서도 안 된다. 문학의 궁극적 경지라고 할 수 있는 허구는 역사보다 더 보편적이며 따라서 더 값지다는 믿음을 인간이 지니게 된 것이 어디 어제오늘의 일이었던가? 창작된 문학은 무엇보다도 인간에게 즐거움과 가르침을 줄 수 있어야 한다는 주장이 일찍이 본격적으로 배격된 적이 한 번이나마 있었던가? 인간이 문자를 발명하기도 전부터 이미 구비문학의 형태로 구체화되고 있던 이런 믿음, 이런 주장이야말로 수천 년이라는 세월에 걸쳐 시대적 변천이나 이념의 성쇠를 겪으면서도 변함 없이 문학을 지탱해 온 버팀대이다. 그러므로 이 버팀대를 상실하지 않는 한 문학은 어떤 불리한 여건에서도 살아남을 것이다.

문학에서는 물론 시대와 지역의 차이에 따른 인생관과 세계관의 변화가 문제될 수 있고 또 그것을 담는 형식이 변할 수도 있다. 그리고 오늘날처럼 문화의 창조와 그 전달의 매체가 급격히 변하고 다양화되는 시대에는 오랫동안 인쇄문화에만 편승해 온 문학이 새로운 도전을 받는 것도 당연하다. 그러나 인류의 역사를 통해 언제나 시공(時空)의 경계를 초월하며 인간의 자아 및 주위세계에 대한 성찰과 정신적·도덕적 삶을 윤택하게 하는 기능을 해왔던 문학은 앞으로도 그 어떤 도전, 어떤 시련 앞에서도 결코 쉽게 허물어지는 일이 없을 것이다.

문예창작과 비평 그리고 그것을 전파하는 일에 종사하는 사람들이 주위의 변화에 아랑곳하지 않고 이런 문학 고유의 기능만을 지키기는 물론 쉽지 않은 일이다. 특히 그들이 좌고우면하지 않고 제 갈 길만을 찾아가기에는 주위로부터의 유혹이 너무나 큰 도전으로 와 닿기도 한다. 그 유혹들 중에서도 가장 극복하기 어려운 것은 아마 이론과 이념의 공세일 것이다. 사실 지난 수십 년 동안 현란하게 등장해서 일정 기간 유행했다가 사라진 이론들은 꽤 여럿 있다. 행인지 불행인지 이런 이론들은 대개 제대로 이해되지도 않은 채 우리 문단에 크고 작은 충격 또는 상처만 남기고 지나가곤 했다. 그러나 정치적·사회적 색채를 띤 이념들은 비교적 지속적으로 영향을 주면서 모든 창작과 비평 활동을 순수와 참여 또는 보수와 진보라는 이름의 양분법을 통해 조망하게 하는 결과를 빚기도 했다.

문학은 궁극적으로 인간의 이상적 삶을 지향하고 또 예언적 비전을 내세우기도 하기 때문에 늘 조금은 불온하고 진보적일 수밖에 없다. 그러나 항구적으로 불변하는 인간적 가치와 문화적 전통을 지켜나가려고 한다는 의미에서 문학은 본질적으로 온당하고 또 보수적이다. 그러므로 우리의 문단이 참여와 순수 또는 진보와 보수라는 진영으로 갈라지고 작가들이 그 어느 한 진영의 편만 들어야 한다든지 두 진영의 눈치를 보면서 작가활동을 하지 않을 수 없다면 이는 불행한 일이다. 왜냐하면 문예활동의 최우선 조건은 자유로움이므로, 어떤 의미에서도, 이념이 문예활동을 선도하려 하거나 그 자유를 해치는 것을 허용할 수는 없기 때문이다. 다시 말해, 이념은 창작과 비평의 뒤치다꺼리를 할 수 있을지언정 결코 그 선행 지표가 되어 작가들에게 질곡으로 작용하거나 복속(服屬)을 요구할 수는 없다.

따라서 작가들은 새 천 년이니 디지털 시대니 영상문화 만능이니 하는 추상명사들이 횡행하는 문화 풍토 속에서도 결코 곤혹스러워 하거나 소외를 느낄 필요가 없다. 그리고 그 어떤 문화이론과 정치이념들이 압력으로 작용해 온다고 해도 문학은 그것을 외면해야 한다. 왜냐하면 이런 것들은 문화 생산의 주도자로 자처하는 사람들이 전횡적으로 조성한 환경이거나, 역사 발전의 과정 속에서 인간이 자의적으로 그어놓은 획에 불과하기 때문이다. 물론 문화가 정치적으로 세력화되고 또 그렇게 해서 조성된 세력이 사회적으로 막대한 영향을 끼치고 있는 오늘날에는 이런 세력에 대해 전적으로 외면한다는 것이 쉽지 않을 수도 있다. 그러나 이런 사회적 문맥으로부터 자유로워지지 않고는 올바른 창작과 비평의 길을 걸을 수도 없다.

요컨대, 우리의 쓰고 읽는 행위에 영향을 줄 수 있는 주변의 문화적 환경은 수시로 변할 수 있지만, 우리는 이런 변화에 매번 대응할 생각을 하지 말아야 한다. 그런 시류 순응이 우선은 편하게 느껴질지 모르나 문학에 있어서 본질적인 것과 피상적인 것을 구별하지 못하는 우를 범하는 격이 될 것이다. 중요한 것은 문학에서 영원히 변하지 않는 것, 즉 문학은 궁극적으로 허구의 세계를 지향하되 무엇보다도 읽어서 즐겁고 무엇인가 가르침을 줄 수 있어야 한다는 믿음을 지니는 일이다. 이런 믿음을 항산(恒産)으로 삼는다면 문학에서 보수와 진보 혹은 순수와 참여를 가리는 일은 무의미해질 것이며, 오직 쓰고 읽는 행위가 우리에게 얼마만큼 감동을 주며 올바른 삶을 사는 데 얼마나 도움이 되는가만을 따지게 될 것이다. 그리고 그런 믿음을 지키는 항심(恒心)을 버리지 않는 한 문학의 시대는 영원히 끝나지 않을 것이다. (2003)

'최악의 번역' 유감

얼마 전 웹 브라우징 도중에 '최악의 번역'이라는 제목의 블로그 기사가 눈에 띄었다. 은근히 호기심을 끌기에 읽어 보았더니, 아니, 이럴 수가! 내가 수년 전에 번역한 책 한 권이 거론되고 있지 않은가? 허겁지겁 읽어 보니 누군가가 혹평을 해야겠다고 단단히 작심하고 쓴 글이 분명했다. 그 내용인즉 "역자는 원문을 거의 이해하지 못했다"느니, "문장들[의] 맥락을 잘못 이해하여 엉뚱한 번역을 해 놓은 구절이 부지기수"라느니, 심지어 믿을 수 있는 번역이라고는 "그날은 날씨가 흐렸다" 같은 단문밖에 없고 나머지는 "뜻을 알 수 없는 괴상한 문장들의 나열"이라고 일반화해서 질타하는 것이었다.

뜻밖의 악담에 처음에는 몹시 놀랐다. 그뿐 아니라 그 블로거가 글을 비교적 반듯하게 쓰고 또 독어 번역본까지 구해서 대조해 보았다고 하는 통에 적잖이 긴장하지 않을 수 없었다. 놀란 가슴을 가까스로 진정시키며 그가 오역의 사례라며 지적한 역문과 원문을 대조하며 읽어 보았다. 그리 매끄럽지 못하게 옮겨져 있다고 나무란다면 굳이 변명하지 않겠지만, 거듭 읽어 보아도 오역은 아니었다. 문제는 미래 조동사의 과거형 같은 낱말의 쉬운 뜻을 그가 오해한 데 있었다. 그가 제시한 독어 번역본을 보니 그것이 바로 오해의 근원이었음을 알 수 있었고, 그래서 소위 '중역의 위험'을 새삼스럽게 실감할 수도 있었다.

그 블로거는 그 작품을 읽으려는 사람에게는 다른 출판사에서 낸 다른 번역본을 권하겠다고 하면서 출판사의 이름까지 대고 있었다. 서점에서 우연히 보았을 뿐 읽어 보지는 않았지만 그쪽 번역이 더 좋아 보이더라는 것이 그 이유였다. 이런 맺음말을 보면 그가 모종의 악의를 가지고 있거나 적어도 믿지 못할 사람일 거라는 생각이 들기도 했지만 물론 쉽게 단정할 일은 아니었다.

결국 나는 「최악의 번역」에 댓글을 달게 되었고, 그것을 읽은 블로거는 적잖게 놀란 듯했다. 그는 자기 글이 "인터넷에 올린 독자 리뷰 형식의 글"일 뿐이며 감정이 격앙된 상태에서 써서 "충분히 공정했다고" 생각하지는 않는다고 했지만, 나에게는 그 말이 적잖게 무책임한 변명으로 들렸다. 그의 말대로 "지나치게 과장되고 잘못된" 글이라 하더라도 인터넷에는 올릴 수 있지 않겠느냐는 논리가 도저히 납득되지 않기 때문이다. 더욱이 그 변명이 신문이나 잡지에는 실을 수 없을 만한 글이라 하더라도 사이버 공간에서는 무방하다는 뜻이라면 정말이지 기가 찰 일이라고 하지 않을 수 없다.

나는 이메일 개설 과정에 서버 측에서 자의적으로 만들어 준 개인 블로그가 있지만 이용하지는 않으며 좀처럼 남의 홈페이지나 블로그를 기웃거리지도 않는다. 그리고 이따금 대화를 하자거나 친구 초대를 받아도 으레 외면해 버리므로 요즈음 사이버 공간에서 볼 수 있는 풍습이나 행태에 비교적 어두운 편이다. 그러므로 이번 일에서 내가 겪은 충격도 시대적 변화를 적극적으로 추종하기를 꺼린 사람이 겪어야 하는 통과의례의 고통쯤으로 여기며 넘기고자 한다.

다만 이번 일을 계기로 나는 번역이라는 문제와 관련하여 내 자신과 주변을 새삼스럽게 돌아다보지 않을 수 없다. 나는 나이가 40여 세 되던 시절부터 영문학을 우리말로 옮기기 시작했고, 비록 많지는 않지만 지금까지 열 권쯤 되는 시와 소설 및 산문을 번역해서 출간한 바 있는데, 그런 작업을 시작하던 때나 지금이나 번역은 중요하며 보람 있는 일이라는 신념이 나에게는 있다. 그 일은 대체로 어렵고 고통스러워서 종종 심한 회의(懷疑)에 시달리기도 했지만, 나는 늘 그 신념 하나로 내 자신을 추슬러 왔다고 할 수 있다. 그런데 「최악의 번역」을 쓴 그 블로거의 악담을 접하자 나는 큰 충격을 받았고, 내가 해 온 일이 과연 옳고 의미 있는 일이었을까 하는 의문이 일었다.

돌이켜 생각하건대, 1950년대 초반에 대학의 영어영문학과를 지망했을 때 내게 그리 큰 포부가 있었던 것은 아니었다. 고작 학교 선생이 되어 힘이 닿는다면 번역이나 해 보았으면 좋겠다는 것이었으니 청소년 시절의 꿈 치고 그리 화려했다고는 할 수 없을 것이다. 근 40년간 학교에서 가르치다가 정년퇴임까지 했으니 선생이 되겠다는 꿈은 실현한 셈이다. 그러나 번역가가 되겠다던 꿈을 실현했다고 장담할 수는 없다. 왜냐하면 그간 몇 권의 역서를 냈음에도 불구하고 '번역가'라는 이름에 값할 만큼의 많은 번역을 했는지 또 질적으로도 부끄럽지 않은 번역을 해 왔는지에 대해서는 도무지 긍정적인 답을 할 자신이 없기 때문이다.

약 30여 년 전에 장차 번역하고자 하는 영국 소설 몇 편을 골라 놓고 그 첫 권을 번역·출판했을 때 느낀 소감은 내가 이 일을 계속해야 하느냐였다. 우선 무엇보다 번역이라는 작업 자체가 너무 어려웠다. 어순이나 문장 구조가 판연히 다른 서양어를 우리말로 옮기는 일 속에 내재하는 문제들은 원어에 대한 해득력뿐만 아니라 국어를 능란하게 구사할 수 있는 능력과도 관련 있기 때문에 아무나 쉽게 번역을 하겠다고 나설 일이 아니라는 것을 절감했던 것이다.

그리고 영어와 영문학을 가르치는 사람으로서 느끼는 특유의 압박감도 무시할 수 없었다. 원문을 잘못 해독했다는 지적을 받을까 노심초사하며 작업에 임해야 하는 것이 나에게는 여간 스트레스가 아니었다. 영어영문학을 본업으로 삼지 않는 사람이라면 그런 심리적 제약으로부터는 자유로울 것이니 얼마나 좋을까 싶기도 했다. 뿐만 아니라 편집, 문선, 조판 및 교정 과정에서 빚어질지도 모르는 착오가 끝내 오역으로 비치게 될지도 모른다는 걱정도 하나의 중압감으로 작용했다.

그리고 또 한 가지, 번역이 어려운 일인 데 비해 거기서 얻을 수 있는 보상은 너무 미미했다. 어려운 일을 성취했다는 데서 얻을 수 있는 보람이 아무리 크다 하더라도 그 과정에서 겪어야 하는 고통을 쉽게 상쇄할 수는 없다. 더욱이 요즘처럼 학술연구비라는 것이 풍성해져서 논문 한 편만 쓰더라도 연구비를 수천만 원씩 지원받을 수 있는 시대에 번역을 하겠다고 나서는 것은 미련하고 바보스럽게 비칠 수도 있다.

이처럼 번역은 잘해 봐야 시쳇말로 겨우 '본전치기'나 할 수 있는 사업이요, 자칫하면 오역했다는 지탄이나 받게 되는 등 리스크만 크기 때문에 별로 '수지 맞지 않는' 사업이다. 그러므로 여간 어리석은 사람이 아니고야 이런 밑지게 되어 있는 사업에 함부로 뛰어들려 하지 않을 것이다. 그러나 이런 어려움이 상존함에도 불구하고 언제 어디서나 번역은 필요하며 번역을 통해서 달성할 수 있는 것들의 대부분은 다른 대안을 통해 이룰 수도 없다. 특히 오늘날처럼 언어, 문화 및 역사가 서로 다른 민족 사이의 소통과 교류가 단순한 생존뿐만 아니라 경제적 번영을 위해 필수불가결한 시대에는 번역의 중요성을 새삼스럽게 강조할 필요조차 없다. 따라서 누군가가 번역은 해야 하며, 하되 아주 잘 할 필요가 있다. 그러므로 누가 그 일을 해야 할 것이며 어떻게 할 것인가 하는 근본적인 물음은 꾸준히 제기되어야 한다.

우선, 누가 번역을 해야 할 것인가? 무엇보다 원전의 언어에 대한 완벽한 독해력을 갖춘 사람이 번역해야 한다. 번역가는 그 언어의 구문이나 문법 및 발달사는 말할 것 없고 그 언어권의 역사와 문화에 대한 해박한 지식까지 있어야 한다. 뿐만 아니라 번역자는 원전을 옮겨서 담을 언어도 능란하게 구사할 줄 알아야 한다. 사실 이 번역어로 자기 자신의 글을 유려하게 쓸 수 있는 사람이 아니라면 번역을 하겠다고 나서지 말아야 한다. 그러므로 이 두 가지 조건을 다 충족하는 사람만이 역자가 되어야 할 텐데 사실 이런 사람은 많지 않을 것이며, 혹시 있다고 하더라도 그가 반드시 번역이라는 고통스러운 일을 떠맡겠다고 나선다는 보장이 없다는 데 근원적 어려움이 있다.

다음으로 번역을 어떻게 해야 할 것인가? 번역 문제를 거론할 때마다 우리는 통상적으로 직역(直譯)과 의역(意譯)을 대립시켜 놓고 그 장단점을 따지곤 한다. 직역은 원전의 낱말 하나하나에 세심한 신경을 쓰면서 이른바 축어적(逐語的) 번역을 함으로써 무엇보다 원전의 의미를 충실히 옮기는 것을 목표로 한다. 이에 비해 의역은 낱말 하나하나의 뜻이 좀 희생되는 한이 있더라도 옮겨 놓은 텍스트가 유려하게 읽힐 수 있게 하는 데 그 목표를 둔다. 만약에 직역을 하면서도 술술 읽히게 번역할 수만 있다면, 혹은 의역을 하면서도 원전의 내용을 충실하게 전달할 수만 있다면, 이 두 가지는 이상적인 번역 방식으로 받아들여질 수 있겠지만 실제로는 그런 기대를 하기가 어렵다. 그래서 결국은 직역과 의역을 절충해서 최선의 번역을 해내야 할 터인데 이런 절충주의는 말이 쉽지 실제로는 달성되기 어렵다.

이런 고민에 휩싸일 때면 으레 떠오르는 것이 소위 명역(名譯)이라고 알려져 있는 몇몇 문학작품들이다. 이를테면 20세기 프랑스 작가 마르셀 프루스트의 장편『잃어버린 시간을 찾아서』를 C. K. 스콧 몬크리프가 영어로 옮긴 *Remembrance of Things Past*는 흔히 원작보다도 더 훌륭하므로 번역가들의 귀감이 될 만하다는 평을 듣는다. 하지만 그 텍스트를 영어로만 읽을 수 있을 뿐 원작의 묘미를 충분히 감상할 수 있을 정도의 프랑스어 실력을 갖추지 못한 사람으로서는 도대체 영역본의 어떤 장점들 때문에 그런 신화가 만들어지게 되었는지를 짐작할 수가 없다.

그래서 생각나는 것이 김소운(金素雲)이 일본어로 번역한『조선시집』이다. 1940년대 초반에 처음 번역되기 시작하여 1954년엔가 단권 문고판으로 출간된 이 책이 거론될 때마다 으레 등장하는 것은 "김소운의 일어 구사력은 일본 작가들을 능가한다"는 말이었고, 결국 김소운은 "일본의 문학이 우리의 모국어를 집어삼키려고 덤벼들 때 거꾸로 우리의 문학을 일본으로 역수출하여 저들의 가슴을 서늘하게 한 개척자"라는 칭송을 받기까지 했다. 이렇게 생겨난 신화 덕분에 『조선시집』은 지난 반세기가 넘도록 번역문학의 한 전범(典範)으로 존중되어 왔지만, 근자에 한 일본문학자가 이에 반론을 제기하였다. 그의 주장에 의하면, 김소운은 『조선시집』의 번역에서 "일본에게 지나치게 동화된 모습"을 보였으며, "원시의 세계를 일본 전통의 시적 규범과 정서 속으로 수렴시키는 번역 태도"를 보였는데, 바로 그런 이유에서 김소운의 『조선시집』은 수록된 조선 시인들에 대한 "폭력"이요 "배반"이라는 것이다. 이 주장은 '훌륭한 의역'을 하는 데에도 지켜야 할 규범이 있으며, 아무리 '좋은' 번역이라고 하더라도 그 규범을 배반할 때는 용납될 수 없다는 것을 명백히 하고 있다.

여기서 '배반'이라는 말은 항간에 떠돌아다니고 있는 "번역가는 곧 반역자(traduttore, traditore)"라는 말을 상기시킨다. 이 이탈리아 격언에서 '반역'이라는 말은 이중적인 의미를 가지고 있지 않나 싶다. 즉 번역은 원전을 배반하는 일이 있더라도 읽힘새를 높이는 쪽으로 이루어져야 한다는 뜻으로 풀이될 수 있는가 하면, 좀 변변찮은 번역이 될지언정 원전을 배반해서야 되겠느냐는 뜻도 함축되어 있다. 또 이탈리아 사람들에게는 "번역은 아내와 같다. 아름다운 번역은 충실하지 않기 쉽고 충실한 번역은 못생겼기 쉽다"라는 속담도 있는데 이 말도 표현만 다를 뿐 "번역은 반역"이라는 격언과 같은 맥락에서 이해될 수 있을 것이다. 결국 이런 말들 속에는 바람직한 번역이 되자면 '반역'이나 '충실함'이 모두 적정한 수준에서 이루어져야 한다는 것이지만 그 수준을 가늠하기는 언제나 쉽지 않다.

앞서 언급한 그 블로거 이야기로 되돌아가서, 그의 주장은 블로거 스스로 인정하고 있듯이 격한 감정에서 쓰여진 것이기 때문에 그런지 '반역'적 측면만 과장해서 공격한 편이라 할 수 있다. 그래서 그의 주장은 사리에 어긋나 보이지만, 그가 어찌하여 일삼아 그런 발언을 하게 되었을까를 한번 곱씹어 볼 필요는 있다. 그가 그토록 무례하고 비이성적인 투로 내 번역을 질타하게 된 데에는 그럴 만한 이유가 있지 않을까 싶다. 왜냐하면 그가 서툰 번역이라고 여기거나 오역이라고 험을 잡는 대목들은, 지나친 의역의 과정에서 빚어진 것이든 고지식한 직역에서 빚어진 것이든, 그런대로 지적당할 만한 근거가 있을지도 모르기 때문이다.

결국 근본 문제는 직역과 의역 간의 바람직한 조화, 다시 말해, 충실과 반역 사이의 원만한 절충의 길을 어떻게 모색해야 할 것인가에 있지만, 번역가에게는 언제나 이 문제가 풀리지 않는 화두처럼 남아서 번역 작업에 임할 때마다 소진되지 않는 스트레스의 원인이 되곤 한다. 이런 스트레스가 싫다면 당장에 번역을 그만두어야 할 것이고, 그래도 번역을 해야겠다고 마음먹는다면 고통스럽더라도 그런 스트레스를 감내하는 일을 힘겨워하지 말아야 할 일이다. (2010)

죽음의 그림자 혹은 슈베르트의 만년

얼마 전에 음반 가게에 들러 이것저것 뒤져보고 있는데 슈베르트의 〈교향곡 제4번〉(D. 417)이 눈에 띄었습니다. 일삼아 들어 본 기억이 없는 곡인 데다 '비극적(Tragic)'이라는 부제가 호기심을 부추기기에 얼른 사 들고 왔답니다.

잔뜩 기대를 걸고 그 교향곡을 들어 보았지만 도무지 아니더군요. 처음 몇 마디가 장중하게 시작되기에 아니나 다를까 싶었지만, 그것도 잠시 동안이었을 뿐 이내 저의 기대는 배반되고 말았습니다. 차이코프스키의 〈교향곡 제6번〉이야 듣는 이들로 하여금 '비창'이라는 닉네임을 수긍케 하는 두드러진 대목들이 있고, '비극적'이라는 별명을 달고 다니는 말러의 〈교향곡 제6번〉도 경청해 보면 비장한 느낌을 주는 대목이 없지 않지요. 하지만 이 슈베르트의 교향곡에서는 그런 명시적 의미에서의 비극적 성격은커녕 도대체 조금이나마 비극적이라거나, 하다못해 애처롭다고 할 만한 구절도 마주칠 수 없었습니다. 그래서 그 곡의 내력을 알아보니 1816년에, 그러니까 슈베르트가 열아홉 살 되던 해에, 작곡되었는데 '비극적'이란 별칭을 달아 준 것도 슈베르트 자신이더군요. 이 사실을 확인하는 순간, "열아홉 살 소년이 가당치 않게 비극 타령을 하다니!" 싶어 황당하다는 느낌이 들었습니다.

하지만 누가 알겠습니까. 아무리 인생 경력이 얄팍한 사람이라 하더라도 삶에 대한 비극적 성찰이 불가능하다고 단정할 수는 없지요. 연소한 슈베르트에게도 자기 나름의 비극적 인식이 있었지만 그것을 한 교향곡 속에 성공적으로 담아내기에 아직은 경륜이나 솜씨가 미흡했을 뿐일지도 모릅니다. 문제는 그에게도 만년(晩年)이랄까 아니면 적어도 원숙기라는 것이 있었느냐 또 있었다면 언제쯤 시작되었느냐 하는 것이 될 텐데, 바로 이 점이 슈베르트의 경우는 그리 간단치 않아 보입니다. 왜냐하면 그는 서른한 살이라는 아주 젊은 나이로 이 세상을 떠났으니까요.

다른 많은 작곡가들 중에서 이를테면 베토벤의 경우에는 작곡 연대를 초기, 중기, 말기 등으로 나누어 생각하기도 합니다. 나 같은 아마추어의 그리 계몽되지 않은 귀로 들어 보아도, 가령 그의 아홉 편의 교향곡과 열다섯 편의 현악4중주 중에서 마지막 곡들은 초기의 곡들과 완연히 다르다는 것을 쉽게 알아낼 수 있습니다. 그리고 그 차이는 만년에 그가 달성한 삶에의 심오한 통찰과 원숙한 경지에 다다른 기법에서 빚어졌다는 것도 짐작됩니다.

그런가 하면 베토벤보다 16년이나 앞서 태어나서 서른다섯이라는 아까운 나이로 세상을 떠난 모차르트의 경우는 아주 대조적인 모습을 보여 줍니다. 그는 그리 길지 않은 창작 기간 동안 6백여 곡이라는 경이로운 양의 작곡을 했고, 그중의 많은 것이 노련한 솜씨로 만들어졌지만, 그에게서 참된 의미의 '만년의 작품'이라고 할 만한 특징을 보이는 것이 있는지 모르겠습니다. 혹시 그가 죽기 직전에 작곡을 시작했다가 완성하지 못한 「레퀴엠」이 있지 않느냐는 의견이 있을 수 있겠지요. 그가 갑자기 다가오는 죽음을 예감하면서 마치 자신의 묘비명이라도 쓰는 기분으로 이 진혼곡을 지었을 것이라는 추리가 가능하겠으나, 이 한 곡만으로 그에게 '만년'의 티가 보인다는 말을 하기는 어렵습니다. 그러므로 모차르트에게는 단순한 원숙함이 아니라 삶과 자아에 대한 깊은 성찰을 곁들인다는 의미에서의 참된 만년은 없었다고 보는 것이 옳을 듯합니다. 그리고 베토벤에게는 말년(末年)이 곧 만년(晩年)이기도 했지만 모차르트에게는 말년이 그냥 말년으로 그쳤다고 해야 하지 않을까 싶습니다.

그러나 슈베르트의 경우는 좀 특이합니다. 살리에리나 베토벤 같은 당대의 대음악가들로부터 '천재'라는 평가를 받았던 그는 열여섯 살 때 첫 교향곡을 작곡했고 열여덟 살 때는 두 개의 교향곡과 미사곡, 네 개의 소나타, 146개의 가곡을 짓는 등 소년 작곡가로 이름을 떨쳤습니다. 하지만 세상은 이 천재 작곡가를 제대로 대접하지 않았다더군요. 별로 내세울 것이 없는 용모에 타고난 성격까지 내성적이고 소심했던 그에게 가난과 실연(失戀) 그리고 비평가들의 혹평 등은 견디기 어려운 고통을 주었을 것입니다. 좌절감과 실의에 빠져 있던 그가 설상가상으로 성병에 걸려 당한 고통은 청년 시절의 삶을 참으로 견디기 어렵게 했을 것입니다. 그가 한 친구에게 보낸 편지에서, "매일 밤 자리에 들 때마다 나는 잠에서 깨어나지 않게 되길 바란다네. 아침마다 전날의 내 상처들이 덧나기 때문"이라고 한 적이 있는데 이런 구절은 그의 정신적·육체적 고통이 얼마나 혹심했던가를 말해 줍니다.

그러므로 모차르트보다 4년이나 빨리, 서른한 살이라는 정말 아까운 나이로 세상을 떠난 슈베르트가 마지막 몇 해 동안 그 나름대로 '만년'의 징후를 드러내고 있었다 해도 그리 놀랄 일은 아닙니다. 서른 살을 전후한 말년에 이르렀을 때 그는 이미 60, 70년에 걸쳐 긴 일생을 살아온 사람들처럼 삶에 대한 처절한 회의 그리고 어쩌면 체념까지 하고 있었을지도 모릅니다. 그의 말기 작품들 중의 많은 것들이 듣는 이의 영혼을 흔들어 놓는 것도 바로 그 점을 증언하고 있습니다.

그는 세상을 떠나던 해인 1828년에 실로 기념비적인 작품들을 내놓았습니다. 마지막 피아노 소나타 19번(D.958), 20번(D.959), 21번(D.960), 그리고 〈현악5중주 C장조〉(D.956), 〈E플랫장조 미사〉(D.950), 연가곡 〈백조의 노래〉 등이 바로 그것들이지요. 이 중에서 특히 피아노 소나타들은 슈베르트의 생전에는 출판도 되지 못했다고 합니다. 그러나 세 편에 일관되게 흐르는 서정적 기조나 구구절절 표명된 심오한 달관의 경지는 만년에 이른 작곡가가 아니고는 이런 곡을 지을 수 없었을 것이라는 생각을 하게 합니다.

이를테면 19번 소나타의 처음 두 악장에서 슈베르트는 고통과 실의로 일관되었던 그간의 삶을 조용히 관조하는 듯하지만 차츰 그 밑바닥에 불안감이 깔리면서 평정(平靜)은 흔들립니다. 하지만 마지막 두 장에서는 갈등이 극복되고 적어도 살아온 삶을 체념 속에서 수용하고 있음이 분명합니다. 한편 흔히 슈베르트의 작품 중에서 가장 비극적 성격을 보인다는 평을 듣기도 하는 20번 소나타의 안단테 악장에서는 억제된 원망 속에서 하소연하듯 애처롭게 전개되던 가락이 이내 격정에 휘말리게 되지만, 마지막 악장은 긍정적이랄까 희망적인 면모를 보이기도 합니다. 그래서 그런지 이 A장조 소나타는 거듭해 들을수록 더욱더 마음이 끌리게 되지요. 마지막 소나타인 21번에서는 19번과 20번에서 볼 수 있는 고요한 명상과 격정적 동요의 교차가 속절없이 받아들일 수밖에 없는 체념으로 옮겨가는 듯한데, 이는 슈베르트가 궁극적으로 성취하기를 원했을 정신적 경지의 높이 혹은 깊이를 아름답게 표현하고 있었음을 말해 주지 않나 싶습니다.

슈베르트의 만년을 가장 확실하게 증언하는 작품은 저 유명한 〈현악5중주 C장조〉라는 데에 아무도 이의를 제기하지 않을 것입니다. 그가 생을 마감하던 해의 마지막 몇 달 동안에 작곡된 것으로 알려져 있는 이 5중주곡을 두고 슈베르트가 자신의 죽음을 예감하고 쓴 레퀴엠이라는 말을 하는 사람도 있는 모양인데, 그럴듯한 의견이라고 생각됩니다. 1악장은 비장한 슬픔을 토로하듯이 시작되고 이내 그 어조는 엘레지 풍의 가락으로 바뀌지만, 그 가락이 너무 아름다워서 어찌 이런 데다 죽음을 실어 노래할 수 있을까 싶을 지경입니다. 2악장에서는 슬픔이 애절한 오열을 띤 몸부림으로 바뀌지만 그 몸부림은 줄곧 단정하게 억제되어 있을 뿐 조금도 흐트러짐을 보이지 않습니다. 다시 악장이 바뀌면 마치 죽음과 갈등이라도 벌이듯이 고통스러운 감정의 격동이 나타나다가 이내 그것마저 조용히 체념하듯 가라앉고 맙니다. 마지막 악장은 죽음과 화해를 이루고 다시 삶을 긍정하자는 의지를 보이는 듯하나 맨 끝에 이르러 마치 앞서 펼쳐 왔던 긍정적 어조를 조금은 비틀어 버리는 듯한 느낌도 줍니다. 그러므로 슈베르트가 이 곡을 지으면서 영혼의 안식을 염두에 두었다 하더라도 여느 레퀴엠에서처럼 마음 편히 "저들에게 안식을 주소서(*Dona eis requiem*)"라고 부르짖는 데는 이르지 못하고 만 것이 아닌가 싶습니다. 그러나 이 곡이 슈베르트의 절창(絶唱)이라고 하는 견해에 나는 주저 없이 동참하겠습니다.

이처럼 슈베르트는 세상을 떠나던 1828년에 마치 자신의 임박한 죽음을 예견한 듯 일련의 무거운 곡을 짓고 있었지만, 그것이 갑작스럽게 드러나게 된 작풍(作風) 전환의 결과는 아닙니다. 왜냐하면 그가 죽기 한 해 전인 1827년에 지은 두 곡의 피아노 3중주와 〈겨울 나그네〉(D.911) 등도 심상치 않게 어두운 그림자를 던지고 있기 때문입니다. 그중에서도 〈피아노 3중주 E플랫장조〉(D.929)는 실로 40여 분 동안 어느 한 대목도 헛되이 흘려듣지 못하도록 듣는 이를 붙잡아 둡니다. 특히 안단테 악장에서 피아노 반주로 선도되는 첼로의 멜로디는 우리의 영혼을 사로잡습니다만, 그 밑바닥에 암울함이 깔려 있어서 듣는 이에 따라서는 엘레지나 장송행진곡으로 받아들여질 수도 있을 것 같습니다. 한편, '야상곡'이라는 닉네임을 붙이고 다니는 〈E 플랫 아다지오〉(D.897)라는 단악장의 트리오는 원래 〈피아노 3중주 B플랫장조〉(D.898)의 안단테 악장을 대체하기 위해 나중에 따로 작곡되었다는 설이 있는데, 그 진위 여부를 떠나, 마치 죽음을 마주하고 있는 사람의 차분한 내면적 성찰이나 영혼 탐색을 노래하고 있는 듯해서 각별히 경청할 만합니다.

더욱이 〈겨울 나그네〉에서는 삶과 죽음에 대한 비극적 인식이 명시적으로 표명되고 있습니다. 그 무렵 견디기 어려운 육체적·정신적 고통 속에서 절망하고 있던 슈베르트는 자기의 암울한 심경을 〈밤 작별〉, 〈보리수〉, 〈홍수〉, 〈회상〉, 〈봄 꿈〉, 〈우편마차〉, 〈여인숙〉, 〈거리의 악사(樂士)〉 등의 주옥같은 노래 속에서 토로하고 있거든요. 어느 날 그는 친구들에게 "이리들 와 보게. 내가 일련의 노래를 불러 주겠네. 자네들이 들으면 몸서리를 치게 될 거야"라고 말했다고 합니다. 「겨울 나그네」의 노래들을 다 부르고 나서 그는 "다른 노래보다도 이 노래들이 내 마음에 들어. 자네들도 좋아하게 될걸세"라고 덧붙였다고 합니다.

스물네 곡 중에서도 특히 〈여인숙〉이 잔잔하게 심금을 울리기에 그 노랫말을 뒤져 보았더니, 글쎄, 다음과 같네요.

길을 따라 가다 보니
망자(亡者)들의 땅,
이곳에 머물리라
혼자서 생각했네.

초록색 화환은
지친 나그네를
시원한 여인숙으로
초대하는 상장(喪章)이런가.

하지만 이 여인숙에는
빈방이 없다네.
지쳐서 쓰러질 듯
병약한 이내 몸.

매정한 주인장이여,
나를 쫓아내려는가.
내 충실한 지팡이여,
길을 나서자, 길을 나서자.

〈겨울 나그네〉가 작곡되던 해에 베토벤이 세상을 떠나자 슈베르트는 존경하던 선배 작곡가의 죽음을 애도하면서 자기가 죽거든 베토벤 곁에 묻어 달라고 했다는데 이런 당부 또한 그 무렵에 그가 다가오는 죽음을 예사롭지 않게 절감하고 있었음을 말해 줍니다. 그러니 임박한 죽음을 예감하면서도 시시각각 그것을 유예 받으며 살고 있던 말년의 슈베르트에게 당대의 시인 빌헬름 뮐러가 지었다는 위와 같은 노랫말이 얼마나 애절히 와 닿았을까 싶습니다.

그런데 놀라운 것은 〈겨울 나그네〉보다 4년이나 앞서 그가 스물여섯 살이었을 때 쓴 연가곡 〈아름다운 물방앗간 처녀〉(D.795)도 곰곰이 살펴보면 죽음과 심상찮게 연계되어 있다는 사실입니다. 첫 노래 〈방랑〉에서 떠돌이 생활의 들뜬 기쁨을 노래하던 방랑자가 삶의 방향을 찾아 헤매다가 사랑하는 방앗간 처녀에게 외면당하고, 마지막 노래인 〈시냇물의 자장가〉에 이르러서는 물속에 뛰어들어 영원한 안식을 찾을 것이라는 암시에서도 우리는 그 무렵 슈베르트를 사로잡고 있었을 죽음을 읽을 수 있습니다.

그리고 이 연가곡보다 한 해 뒤인 1824년에, 그러니까 슈베르트가 스물일곱이 되던 해에는 그가 '죽음과 소녀'라는 부제가 붙어 다니는 〈현악4중주 제14번〉(D.810)을 작곡했더군요. 그 닉네임은 2악장의 기본 멜로디의 일부를 7년 전에 작곡된 〈죽음과 소녀〉라는 짤막한 가곡에서 따온 데서 유래했다고 합니다. 그래서 사람들은 흔히 이 4중주곡에는 죽음의 그림자가 드리워 있다고 여기는 모양입니다. 그러나 이런 선입견 없이 이 곡을 들어보는 사람이라면 죽음의 흔적을 찾기가 쉽지 않을지도 모릅니다. 오히려 느린 악장에서 반복되는 아름다운 멜로디를 들으며 사람들은 죽음이 이렇게 마음을 편안하게 해 주는 것이라면 누가 죽음을 두려워하랴 싶어질 것입니다.

그래서 그런지 그 멜로디의 원본이 된다는 동명(同名)의 가곡을 찾아서 들어보고 싶은 충동이 일더군요. 난생 처음으로 〈죽음과 소녀〉(D.531)라는 노래를 소프라노 자넷 베이커의 목소리로 들어보니 충격적이더군요. 다급한 목소리의 애소(哀訴) 어린 절규가 있고 나서 뒤따라 침통한 저음의 가락이 그 절규를 지긋하게 누르는 듯했기 때문입니다. 도대체 노랫말이 어떻게 되어 있기에 이 노래가 이토록 가슴을 뒤흔들어 놓을까 싶어 찾아보았더니, 한 소녀와 사신(死神)의 대화로 되어 있더군요.

〔소녀〕
지나가세요, 아, 지나가세요.
저리 가세요, 사나운 사신(死神)이여,
저는 아직 어리답니다. 제발 가세요,
저를 건드리지 마세요.

〔사신(死神)〕

손을 잡아 주마, 귀엽고 여린 것아.

나는 네 친구야. 벌주러 온 것이 아니란다.

마음을 편히 먹어라. 나는 사납지 않으니

내 품에 안겨 편히 잠들어다오.

지나치게 단순화된 주장이라는 비난을 면치 못할 수도 있겠습니다만, 슈베르트의 만년의 심경은 죽기 10여 년 전에 작곡한 이 〈죽음과 소녀〉의 노랫말 속에 잘 요약되어 있었을지도 모릅니다. 사신이 아무리 다정하게 무마하고 위안을 주어도 슈베르트는 이 소녀처럼 모든 걸 체념하고 세상을 하직하기엔 너무나 야속하고 너무나 원망스러운 마음을 어쩔 수 없었을 것이라는 뜻입니다.

슈베르트의 '만년'을 두고 생각할 때 나는 〈교향곡 제8번 "미완성"〉(D.759)에 특별한 관심을 가지지 않을 수 없습니다. 이 교향곡은 미완성의 수고(手稿)로 묻혀 있다가 그의 사후 서른일곱 해가 지나서야 발굴되어 처음으로 공연되었다고 하는데, 슈베르트가 아무리 천재였다고 하더라도 스물다섯 되던 해에 이런 감동적인 교향곡을 쓸 수 있었다는 사실은 하나의 기적이라고만 여겨집니다. 비극적이면서도 감미롭고 침울하면서도 격정적인 울림으로 가득한 1악장이나 서정적이고 목가적인 성격의 차분한 멜로디로 일관하면서 듣는 이의 마음을 휘어잡는 2악장은 어느 한 대목도 소홀히 들을 여지를 남기지 않거든요.

문제는 슈베르트가 어찌하여 전통적 교향악 형식을 따라 3악장과 4악장을 추가하지 않고 말았느냐 하는 것인데 이 물음에 답하는 정설은 없는 듯합니다. 그 무렵에 병마 때문에 고통스러운 나날을 보내고 있던 그에게는 그 교향곡을 완성할 여력이 없었을 것이라는 추측이 있지만, 그 후에도 6년간이나 그가 왕성하게 창작 활동을 했다는 사실 앞에서 그런 추측은 설득력을 잃고 맙니다. 또 하나의 추측은 슈베르트가 그 곡은 두 악장만으로도 완벽한 작품이 될 수 있으며 따라서 악장들을 추가한다는 것은 부질없는 짓이라고 여겼을 것이라는 겁니다. 사실, 2악장이 내면적 격정을 억제하면서 겉으로는 마치 모든 것을 체념한 듯이 조용히 끝나는 것을 귀담아 듣고 있노라면 이 대목에서 슈베르트가 도대체 무엇을 더 추가할 수 있었을까 싶어집니다. 그리고 '미완성'이라는 닉네임을 사전에 인지하지 못한 채 이 교향곡을 처음으로 듣게 되는 사람이라면 이 곡이 그 자체로 하나의 완성품, 그것도 아주 탁월하게 잘 마무리된 작품이라고 생각할 것입니다.

겨우 서른한 해를 살다가 세상을 떠난 슈베르트의 일생에서 실제 창작 기간은 15여 년에 불과했습니다. 그러므로 쉰일곱 살까지 살다 간 베토벤이나 예순네 해를 산 브람스 같은 작곡가들과 슈베르트를 단순히 비교할 수는 없겠지요. 그러나 열아홉 살 되던 해에 스스로 '비극적'이라고 칭한 교향곡을 한 편 작곡했던 그는 훗날 어느 한 시기에 이르러 죽음이 다가옴을 예감하게 되었고 그의 '만년'이라고 여겨질 만한 시기도 그렇게 시작되었을 것입니다. 그리고 그 시기가 아마도 이 〈미완성 교향곡〉을 작곡할 무렵이 아니었을까 추측하고 싶습니다. 그 후 세상을 하직할 때까지 6년 동안 그는 실로 많은 작품을 더 썼는데 그 중에서 중요한 작품들이 모두 원숙한 만년의 티를 보이고 있다는 점이 바로 이런 추정을 가능하게 해 줍니다.

이렇게 볼 때 이 여덟 번째 교향곡과 슈베르트의 일생은 상호 간에 일종의 아날로지를 허용합니다. 30대 초엽에 세상을 떠난 그의 단축된 일생은 재래의 교향곡 형식을 절반만 채운 채 뚝 끊어지고 만 듯한 〈미완성 교향곡〉에 비유될 수 있습니다. 뿐만 아니라 비록 짧기는 했지만 그 나름으로 초년과 만년을 갖추고 있었고 그 자체로 온전했던 그의 일생을 생각하면서 우리는 '미완성'이면서도 완벽한 작품으로 아무 손색이 없는 그 여덟 번째 교향곡을 떠올릴 수도 있습니다.

부질없는 가정법이기는 합니다만, 만약에 슈베르트가 서른한 살에 죽지 않고 쉰 또는 예순이 되도록 건강히 살았더라면 어떻게 되었을까요? 더 이상 실의와 고뇌 때문에 시달리지 않게 된 그가 여전히 20번과 21번 같은 소나타며 〈현악5중주〉며 〈겨울 나그네〉 같은 연가곡을 작곡하고 있었을까요? 오히려 사회적 명성과 금전적 여유를 누리게 된 그가 현실에 안주하면서 이전보다 훨씬 못한 작품만을 양산하는 동안 그의 창작적인 삶도 안티클라이맥스 징후를 드러내지나 않았을까요? 오래 묵혀 두었던 8번 교향곡을 완성하겠답시고 어설프게 3악장과 4악장을 추가함으로써 오늘날 미완성인 채로 누리고 있는 그 작품의 성가(聲價) 또한 구제할 수 없게 추락하고 마는 일은 없었을까요?

슈베르트의 〈미완성 교향곡〉이 미완성인 채 완벽히 감동적일 수 있는 것처럼, 그의 삶 또한 서른한 살이라는 나이로 단축되었음에도 불구하고, 아니 그처럼 단명했기에, 오히려 더 알차게 불후의 명작들을 쏟아 놓을 수 있었던 것이 아닐까 싶습니다. 그는 남들이 30년, 40년씩 걸려서 이룰 수 있을 만한 일을 단 15여 년에 해냈다고 할 수 있습니다. 미인은 박명이요 천재는 요절한다는 말이 있습니다만, 슈베르트의 경우에는 이런 말을 들먹이면서 아쉬움만을 표명할 일도 아닐 듯합니다. 그는 아까운 나이에 꺾인 것이 아니라 그 나름으로 충분히 한평생을 살다가 간 사람이기 때문입니다. (2009)

기승전결,
문학예술의 한 원형인가*

3악장 연주가 끝나자 난데없이 박수가 터졌습니다. 지휘자는 청중을 등진 채 박수소리가 끝나기를 지긋이 기다리고 있었습니다. 박수가 좀처럼 끝날 기미를 보이지 않자 지휘자는 돌아서더니 청중을 향해 절을 했습니다. 박수소리가 더욱 요란해지자 그는 난감하다는 듯이 청중을 쳐다보다가 다시 절을 하고 돌아서서 지휘봉을 쥔 손을 쳐들었습니다. 그제야 박수소리는 잦아들었고 4악장 연주가 시작되었습니다.

1965년 여름철 어느 날 런던의 로열 앨버트 홀에서 있었던 일이랍니다. 그날 안익태는 런던의 한 교향악단을 지휘하고 있었지요. 거의 반세기가 지난 일이라 기억이 흐리지만 그가 지휘했던 악단은 런던 필하모닉 오케스트라였던 것 같습니다. 그는 자기가 작곡한 〈논개〉라는 소품 하나를 선보이고, 모차르트의 피아노협주곡 중의 하나를 어느

* 2012년 9월 1일 서울대학교 영어영문학과 총동창회 홈커밍데이 행사장에서 읽은 글이다.

미국 피아니스트와 협연한 다음, 마지막으로 차이코프스키의 〈교향곡 제6번 "비창"〉을 연주하던 도중에 그 박수 세례를 받았던 것입니다.

주지하다시피 〈비창 교향곡〉은 4개 악장으로 되어 있지만 악장 구성이 전래의 4악장 교향곡과는 좀 다르지 않습니까. 좀 지나치게 단순화해서 말해 본다면, 하이든 이래로 교향곡은 대체로 다음과 같은 4악장 형식으로 작곡되고 있었습니다.

1. 빠른 악장
2. 느린 악장
3. 경쾌한 악장(Menuetto / Scherzo)
4. 빠른 악장

이에 비해 〈비창 교향곡〉의 악장 구성은 다음과 같습니다.

1. Adagio - Allegro ma non troppo
2. Allegro con grazia
3. Allegro molto vivace
4. Finale: Adagio lamentoso

이 곡에서는 1, 2, 3악장이 마치 여느 교향곡의 2, 3, 4악장처럼 연주된 후 4악장 '피날레 아다지오 라멘토조'가 심금을 울리는 애가(哀歌)를 읊조리기 시작합니다.

그날 3악장이 끝난 후 청중이 박수를 친 것은 곡이 끝난 것으로 잘못 알고 빚어낸 해프닝이었을까요? 그럴 것 같지는 않습니다. 런던이 어떤 도시입니까. 세계의 주요 도시 중에 메이저급 교향악단을 네다섯 개씩이나 먹여 살리는 도시가 런던 말고 또 있겠습니까. 이처럼 고전음악을 애호하는 도시의 청중이 그렇게 무식했을 리는 만무합니다. 그러니 안익태가 3악장을 "아주 발랄하게(molto vivace)" 연주하라는 작곡가의 의도대로 열광적인 지휘를 하는 통에, 전통적 교향곡의 악장 순서에 익숙해 있던 청중이 일시적 혼란을 겪은 나머지 그만 부지불식간에 박수를 터뜨리고 만 것이 아니었을까 싶습니다.

오늘 제 이야기의 요지는 이 청중들이 익숙해 있었을 교향곡의 악장 구성이 인간의 무의식 속에 깊이 뿌리내리고 있는 한 원형(元型, archetype)과 관련이 있을 것이라는 점입니다. 여기서 제가 쓰는 '원형'은 칼 구스타프 융이 사용한 정신분석학 용어이고, 인간의 집단 무의식 속에 본능적·유전적으로 갖추어져 있는 심상이나 패턴으로서 지역과 인종을 초월하여 신화, 설화, 예술작품 등에 나타나는 모티브 같은 것을 의미합니다.

우선 제 자신의 사사로운 이야기부터 해 보겠습니다. 저는 베토벤의 〈교향곡 제3번 "에로이카"〉를 무척 좋아합니다만, 이 곡을 들을 때마다 3악장 같은 것은 왜 끼워 넣었을까 생각하곤 했습니다. 베토벤이 속설대로 영웅적 기상을 기리기 위해 이 곡을 작곡한 것이 사실이라고 치고, 그 전반부에서 작곡가가 의도했을 것이라 여겨지는 영웅적 기상과 뒤이은 장송행진곡이 차분하게 감정적 호소를 해 온 끝인데 어쩌자고 경쾌하고 활기찬 스케르초 악장이 뒤따르고 있을까 의아했기 때문이지요. 그래서 "호머도 더러 깜빡할 때가 있다(Even Homer sometimes nods)"더니 바로 이런 경우가 그 사례로 꼽힐 수 있지 않겠느냐는 어처구니없는 생각을 하기도 했습니다. 그래서 이 3악장 없이 그냥 마지막 악장으로 넘어갔더라면 더 좋았을 것이라고 아쉬워하곤 했습니다. 뿐만 아니라, 일일이 열거하지는 않겠습니다만, 베토벤을 포함한 많은 교향곡 작곡가들의 작품 속 스케르초 악장에 대해서도 같은 생각을 하고 있었으니 참으로 저라는 사람은 한심한 인간이었지요?

〈에로이카 교향곡〉의 3악장을 시들하게 여긴 것은 처음 두 악장에 대한 애착이 깊었기 때문이 아니었을까 싶습니다. 저는 그 1악장도 좋아하지만 2악장을 더 좋아하거든요. 사실 베토벤의 교향곡에서는 '안단테'니 '아다지오'니 '라르게토' 등으로 지시되어 있는 느린 악장들이 모두 다 기막히지 않습니까? 아마도 그런 악장들이 기본적으로 띠고 있는 '칸타빌레'적 성격이 우리를 매혹시키기 때문일 겁니다. 그래서 저는 한때 베토벤의 느린 악장들만 카세트테이프에 따로 모아서 차에 싣고 다니며 들어 본 적이 있답니다. 오랫동안 들어도 싫증이 나지 않을 듯싶었는데, 웬걸요, 미처 두 바퀴도 돌리지 않아 카세트테이프를 뽑아 버리고 말았습니다.

그래서 생각했지요. 아무리 매혹적인 악장도 그것을 포함하는 곡 전체 속에서나 빛을 발하는 것이지 따로 떼어 놓으면 별것 아닌 것으로 전락하는가 보다고 말입니다. 이런 생각을 하니까 그간 지루하다고 여겨지던 대목들에 대해서도 다시 생각해 보게 되더군요. 〈에로이카 교향곡〉의 스케르초 악장도 그 자체로는 호감이 가지 않을지 모르나 교향곡의 전체적 구성을 위해서는 없어서 안 될 소중한 역할을 하고 있을 거란 생각이 들었다는 말입니다.

그러자 문득 떠오르는 것이 한시에서 절구(絶句)의 구조를 설명할 때 흔히 들먹여지는 '기승전결(起承轉結)'이라는 말이었습니다. 1악장(Allegro con brio), 2악장(Marcia funebre), 3악장(Scherzo), 4악장(Finale-Allegro molto)로 구성된 것이 임의적인 것이 아니라 각각 기승전결의 구조로 편성되어 있으며 '스케르초' 악장은 칠언절구의 전구(轉句)에 해당하는 역할을 하고 있을지도 모르겠다는 생각이 들었다는 뜻입니다.

기승전결 구성의 전형적인 예들은 당시선(唐詩選)을 펼치면 쉽게 마주칠 수 있겠습니다만, 이를테면 심전기(沈佺期)의 칠언절구 「망산(邙山)」은 한 전형적인 예가 되지 않을까 싶습니다.

(起) 北邙山上列墳**塋**
(承) 萬古千秋對洛**城**
(轉) 城中日夕歌鐘起
(結) 山上唯聞松柏**聲**

(기) 북망산 위에 널려 있는 무덤들
(승) 오랜 세월 낙양성을 마주하고 있는데
(전) 성안에선 밤낮으로 풍악이 울리건만
(결) 산 위에서 들리는 건 송백 소리뿐

이 시가 그려 내고 있는 것은 공동묘지 풍경이므로 전구(轉句)를 제외한다고 해도 풍경 묘사에는 아무런 지장이 없을 것입니다. 하지만 이 시를 한 편의 읽을 만한 작품으로 만들어 주는 것은 바로 이 세 번째 행 아니겠습니까. 기구(起句)와 승구(承句)에는 한때 낙양에서 세도를 부리면서 살다가 죽은 사람들의 혼백이 지금은 속절없이 성을 굽어보고 있을 뿐이라는 쓸쓸한 심경을 그리고 있습니다. 그러나 전구에서는 살아 있는 사람들이 망자들의 심사를 전혀 헤아리지 않고 벌이는 가무 잔치가 언급되므로 여기서 시의 분위기는 일전(一轉)되고 맙니다. 그러므로 바람이 송백에 부딪혀서 소리를 내고 있을 뿐이라는 결구(結句)는 전구(轉句)와 다시 한 번 대조를 이루면서 북망산의 정경을 한층 더 을씨년스럽게 만들 수 있습니다.

그리고 이 시에서 기, 승, 결의 세 구(句)가 운(韻)을 맞추고 있는데 비해 전구(轉句)만이 따로 놀고 있는 것이 흥미롭지요? 이는 의미 구조에 있어서 전구의 역할이 다른 세 구와 다르다는 것을 명시적으로 보여 주기도 합니다. 이처럼 근체시(近體詩)의 칠언절구에서는 이런 a-a-b-a 구조의 압운 체계가 한 관행으로 존중되어 왔는데, 이는 그런 관행이 시의 의미와 흥미를 더해 줄뿐더러 형식상으로도 가장 안정적이라고 여겨졌기 때문이 아닐까 싶습니다.

이와 같은 기승전결의 구조는 우리말로 시를 쓰는 작가들에 의해서도 부지불식간에 답습되어 온 듯합니다. 그 두드러진 예로는 김소월의 「진달래꽃」을 들 수 있겠지요.

나 보기가 역겨워
가실 때에는
말없이 고이 보내 드리오리다.

영변에 약산
진달래꽃
아름 따다 가실 길에 뿌리오리다.

가시는 걸음 걸음
놓인 그 꽃을
사뿐히 즈려 밟고 가시옵소서.

나 보기가 역겨워
가실 때에는
죽어도 아니 눈물 흘리오리다.

이 네 개의 연(聯)으로 된 시에서 화자는 자기의 결의를 표명하면서 거듭 '-하오리다'라고 읊조립니다. 하지만 세 번째 연만은 '-하시옵소서'라고 하며 염원을 표출하는데, 바로 이 세 번째 연이 절구(絶句)의 전구(轉句) 같은 역할을 하면서 이 시를 한 편의 명품 애송시로 만들어 주지 않나 싶습니다. 여기서 흥미로운 것은 소월이 한시의 절구 형식을 빌려 쓰면서, 언어 고유의 성격상 압운이 허용되지 않는 우리말 시에서도 그 나름의 압운 효과까지 내고 있다는 점입니다. 이는 기승전결 형식이 예술 창작에 있어서는 일종의 원형이어서 어느 나라 말로 시를 쓰든 시인들에게 늘 편안히 수용될 수 있기 때문이라 여겨집니다.

또 다른 예로 역시 널리 애송되고 있는 서정주의 「국화 옆에서」에서도 우리는 똑같은 기승전결의 구조로 된 네 개의 연(聯)을 볼 수 있습니다.

한 송이의 국화꽃을 피우기 위해
봄부터 소쩍새는
그렇게 울었나 보다.

한 송이의 국화꽃을 피우기 위해
천둥은 먹구름 속에서
또 그렇게 울었나 보다.

그립고 아쉬움에 가슴 조이던
머언 먼 젊음의 뒤안길에서
인제는 돌아와 거울 앞에 선
내 누님같이 생긴 꽃이여.

노오란 네 꽃잎이 피려고
간밤엔 무서리가 저리 내리고
내게는 잠도 오지 않았나 보다.

소월과 미당은 모두 한시에 대한 상당한 지식을 가지고 있었을 터이므로 오언절구의 시작법(詩作法)에 대해서도 숙지하고 있었을 것입니다. 그러므로 그들이 쓴 4연시(四聯詩) 속에서 의식적으로 오언절구와 같은 시적 구성을 시도했을 것이라는 추측을 할 수도 있습니다.

하지만 오언절구에서 전형적으로 볼 수 있는 기승전결의 구성이 소월과 미당에 의해 의식적으로 채택되었다기보다는 그들의 무의식 속에 뿌리내리고 있는 한 원형의 충동으로 자연스럽게 구현되었을 것이라는 게 제 생각입니다. 다시 말해, 기승전결의 구성과 거기에 합당한 압운 체계는 중국의 옛 시인이냐 현대의 한국 시인이냐를 가리지 않고 모두에게 무의식적으로 편안하게 수용되고 있었다고 할 수 있습니다.

서양 시에서도 이런 원형의 시적 구현을 심심찮게 찾아볼 수 있는데, 결코 놀랄 일은 아닙니다. 윌리엄 셰익스피어의 유명한 18번 소네트「내 그대를 여름날에 비하리까(Shall I compare thee to a summer's day?)」는 그 좋은 예입니다.

Shall I compare thee to a summer's **day**?
Thou art more lovely and more temp*erate*.
Rough winds do shake the darling buds of **May**,
And summer's lease hath all too short a *date*.

Sometime too hot the eye of heaven **shines**,
And often is his gold complexion *dimmed*;
And every fair from fair sometime dec**lines**,
By chance, or nature's changing course, *untrimmed*;

But thy eternal summer shall not **fade**,
Nor lose possession of that fair thou *ow'st*,

Nor shall death brag thou wand'rest in his **shade**,
When in eternal lines to Time thou *grow'st*.

So long as men can breathe, or eyes can **see**,
So long lives this, and this gives life to **thee**.

내 그대를 여름날에 비하리까?
그대는 더 아름답고 더 온화하다
거친 바람이 오월의 예쁜 봉오리를 흔들고
여름철은 너무 짧기만 하다

이따금 하늘의 눈이 너무 뜨겁게 비치고
그 황금빛 얼굴도 자주 흐려지누나
미인도 더러 미모가 기울고
우연히 혹은 자연 변화의 과정에 치장을 빼앗긴다

하지만, 그대의 영원한 여름은 사라지지 않으며
그대가 지나고 있는 미모를 잃지 않으리
그대가 불멸의 시 속에서 시간의 일부가 되면
죽음도 자기 그늘 속에서 그대가 헤맨다고 뽐내지 못하리

인간이 숨을 쉬고 볼 수 있는 한
이 시는 살아남아 그대에게 생명을 주리

소네트는 하나의 연으로 된 시이므로 연으로 나누지 않으며 의미의 구조만 처음 여덟 행(octave)과 마지막 여섯 행(sestet)으로 양분해서 생각하는 것이 보통이지요. 하지만 위에서는 14행을 편의상 네 개의 연으로 나누어 보았습니다. 이 소네트의 압운 형식은 abab cdcd efef gg로 되어 있으므로, 세 개의 4행시(quatrain)와 하나의 2행시(couplet)로 된 네 부분이, 「진달래꽃」이나 「국화 옆에서」와는 달리, 칠언절구의 a-a-b-a 구성을 연상시키지는 않습니다. 그러나 그 의미만은 기승전결의 구조로 대충 나누어 생각할 수 있습니다.

起(1~4행)　그대의 아름다움 예찬

承(5~8행)　삶과 미모의 무상함

轉(9~12행)　그대의 아름다움의 불멸성/그 이유

結(13~14행)　시/문학 속에서의 영원한 존속

여기서 특히 주목해야 할 것은 세 번째 4행시에서 '하지만(But)'이라는 접속사를 내세워 의미상의 드라마틱한 반전(反轉)을 강하게 끌어내고 있다는 점입니다. 이런 시적 반전(poetic reversal)은 전래의 많은 소네트에서 하나의 작시 관행으로 존중되어 왔는데, 이는 기승전결의 원형이 서양 시인들의 무의식 속에도 깊이 뿌리내리고 있었음을 반증하지 않을까 싶습니다. 이처럼 소네트에서는 전구(轉句)에 해당하는 부분이 의미상 시의 핵심을 이루고 있습니다. 이 점을 확인하기 위해서 널리 애송되고 있는 윌리엄 워즈워드의 시 「이 세상은 우리에게 너무 벅차다(The World is Too Much with Us)」를 살펴보겠습니다.

The world is too much with us; late and **soon**,

Getting and spending, we lay waste our *powers*:

Little we see in Nature that is *ours*;

We have given our hearts away, a sordid **boon**!

The Sea that bares her bosom to the **moon**;

The winds that will be howling at all *hours*,

And are up-gathered now like sleeping *flowers*;

For this, for everything, we are out of **tune**;

It moves us not. — **Great God! I'd rather be**

A Pagan suckled in a creed out*worn*;

So might I, standing on this pleasant lea,

Have glimpses that would make me less *forlorn*;

Have sight of Proteus rising from the sea;

Or hear old Triton blow hisvwreathèd horn.

이 세상은 우리에게 너무 벅차다. 늦게 또는 일찍이

벌고 쓰느라 우리는 힘을 허비한다.

자연은 우리 것이건만 우리는 보지 못하고

하찮은 축복이라며 감정을 내다버렸다.

달을 향해 가슴을 드러낸 이 바다며,

지금은 잠이 든 꽃송이처럼 오므리고 있지만
언제나 포효하고 있을 바람 —
이 모든 것들과 우리는 어긋나 있다.

우리에게는 감동이 없다. 차라리, 위대한 신이여!
나는 낡아빠진 믿음을 먹고 사는 이교도가 되겠나이다.
이 쾌적한 초원 위에 서서
나를 덜 울적하게 할 광경이나 바라보겠나이다.
바다에서 솟아오르는 프로테우스를 보거나
트라이튼의 꽃 장식 각적 소리나 듣겠나이다.

이 소네트의 처음 여덟 행은 abba라는 같은 압운 체계를 가진 두 개의 4행시로 되어 있고, 나머지 여섯 행에서는 그 압운이 cdcdcd로 바뀝니다. 그러므로 이 소네트에서 전구와 결구가 명확히 구분되지는 않지만, 제9행에서 '차라리 … 나는 … 하겠나이다(I would rather be ...)'라는 염원 조(調)의 시적 반전이 이루어지는 가운데 화자의 중심 메시지가 호소력 있게 진술됩니다.

이처럼 기승전결의 원형은 동서양과 시대를 초월하여 시인들의 무의식 속에 깊이 뿌리내리고 있지만, 이 원형을 오직 시 속에서만 찾을 수 있는 것은 물론 아닙니다. 다른 문예작품 속에서도 이 원형이 구현된 사례를 언제나 찾아볼 수 있기 때문입니다. 이를테면 소설이나 연극 같은 장르에서 플롯을 거론할 때면 으레 다음과 같은 구성요소들이 들먹여지곤 합니다.

(기) 도입 – 발단 혹은 예비적 상황 제시

(승) 발전 – 상황의 진전 혹은 복선 깔기

(전) 클라이맥스 – 전환점

(결) 해결 – 종결 혹은 파국

이런 4분법이 대체로 기승전결의 형식과 일치되는 것을 볼 수 있습니다만, 물론 모든 소설과 연극이 이런 형태의 플롯을 가진다고는 할 수 없습니다. 그러므로 여기서는 전통적으로 위의 형식이 창작의 기본 구도로 널리 존중되어 왔다는 사실만을 짚어 보는 데 그치고 넘어가기로 하겠습니다.

다만 한 가지 그냥 넘길 수 없는 점은 문예작품 속에서 볼 수 있는 기승전결의 구조에서 세 번째 요소인 '전' 부분이 다른 세 부분과는 확연히 차별화되는 기능을 수행하고 있다는 것입니다. 이 점은 위에서 예로 든 오언절구나 소네트 및 위에서 언급한 우리나라의 시에서 거의 공통적으로 드러난 a-a-b-a 구성 속에 암시되어 있기도 합니다. 그 예시들 속에서 '전'으로 간주되는 부분은 분위기의 전환이나 어조의 변환 또는 중심 메시지의 부각을 위한 시적 반전 등의 역할을 다양하게 수행하고 있지만, 많은 경우 화자가 자아와 주변 세계에 대해 달성하는 인식의 계기를 반영하고 있기 때문에 늘 주목할 만합니다.

당나라 시인 전기(錢起)의 「늦봄에 고향 초당으로 돌아가다(暮春歸故山草堂)」는 그 전형적인 예를 보여 줍니다.

谷口春殘黃鳥**稀**
辛夷花盡杏花**飛**
始憐幽竹山窗下
不改淸陰待我**歸**

곡구에 봄이 가니 꾀꼬리가 드물고
목련꽃 떨어지자 살구꽃 흩날리니
비로소 미쁘도다 산창 아래 그윽한 대숲
맑은 그늘 변함없이 내가 돌아오길 기다리네

시인 전기는 장안(長安)에서의 벼슬길이 끊어지자 고향으로 돌아온 후에 이 시를 썼다고 합니다만, 꽃이 피고 새가 울던 좋은 시절에는 고향 초당의 대밭이 얼마나 소중한가를 미처 모르고 지내다가 뒤늦게나마 깨치게 되었다며 전구와 결구를 아주 흐뭇하게 읊고 있습니다. 그리고 이 대목에서 전구의 첫머리에 나오는 "비로소 미쁘도다(始憐)"는 시인의 자기인식 계기를 극적으로 그려내고 있습니다.

이런 면에서는 송대(宋代)의 시인 소식(蘇軾)의 칠언절구 「서림벽에 제하다(題西林壁)」도 또 하나의 흥미로운 예가 될 수 있습니다.

橫看成嶺側成峰
遠近高低各不同
不識廬山眞面目
只緣身在此山中

이리 보면 고갯마루 저리 보면 봉오리
거리와 높낮이가 제각각 다르구나
알 수 없어라 여산의 참모습
오직 몸이 이 산 속에 있기 때문이리

우리는 흔히 사물을 볼 때 일정한 거리를 두어야 그 참모습을 볼 수 있다는 말을 하곤 합니다만, 그런 메시지를 이보다 간명하게 전달하기도 어려울 것입니다. 이 시의 전구에 나오는 '알 수 없다(不識)'는 말은 물론 정말로 모르겠다는 뜻이 아니고 '이제야 알게 되었다'는 뜻이므로 여기서 소식은 무지의 상태에서 문득 달성한 깨침의 기쁨 같은 것을 넌지시 노래하고 있다고 하겠습니다.

여기서 일일이 예거하지는 않겠지만 많은 칠언절구의 전구(轉句)에는 '알지 못한다(不知)'느니 '누가 알랴(誰知)' 또는 '아는 이가 없다(無人識)', '모르겠다(不相識)' 같은 어구가 빈번히 눈에 띄는데, 이는 문학작품에서 전구나 전구에 해당하는 대목들이 화자나 주인공의 궁극적 자기인식과 깊은 관련이 있음을 말해 주고 있습니다. 그러므로 여기서 우리는 토머스 하디의 『더버빌가(家)의 테스』의 에인절 클레어와 윌리엄 셰익스피어의 『리어 왕』의 리어 왕이 달성하는 뒤늦은 비극적 자기발견 같은 고전적 사례들을 떠올릴 수도 있지만 오늘 이 자리는 물론 그런 것을 상론할 자리가 아닙니다.

다시 〈에로이카 교향곡〉으로 돌아가서, 이 곡에서도 3악장의 역할은 위에서 예시한 전구들이 하는 역할과 비슷하다고 생각됩니다. 이 세칭 '영웅 교향곡'에서 한 영웅의 활약과 죽음에 뒤이어 그의 궁극적 영광을 찬미하기에 앞서, 분위기의 반전을 위해 혹은 마지막 악장을 더욱 돋보이게 하기 위해 짤막한 스케르초 악장의 삽입이 필요했을 것이라는 뜻이지요. 일단 이렇게 생각을 고쳐먹고 나니까, 그간 느린 2악장만 들을 만하다고 여겨지던 베토벤의 2번 및 4번 교향곡에서도 3악장들이 다르게 들리는 것이었습니다. 그리고 슈만의 〈교향곡 제1번 "봄"〉과 〈교향곡 제4번〉 같은 곡에 만약 스케르초 악장이 없었더라면 각각의 곡이 전체적으로 얼마나 싱거워졌을까 싶었습니다. 그뿐만 아니라 브람스, 차이코프스키, 브루크너, 말러 같은 대표적 교향곡 작곡가들의 작품 속에서도 이런 기승전결이 있는 음악 형식이 꾸준히 존중되어 온 것이 새삼스럽게 눈에 띄었습니다.

이처럼 전구 혹은 전구에 해당하는 부분은 작품의 흐름을 살짝 비틀어 줌으로써 작품 전체를 일시적으로 뒤집거나 뒤흔드는 듯하지만 끝내 그 작품이 심미적으로 더 안정적인 종결에 이르게 해 주므로, 작가들과 작곡가들은 바로 그 점을 무엇보다 높이 샀을 것이라 여겨집니다. 마치 일대일 비율의 대칭적 균제미가 얼핏 보기에는 가장 안정적으로 보일지 모르나 실제로는 불균형을 이루고 있는 황금분할의 비율이 우리 눈에 더욱 쾌적하게 비칠 수도 있는 원리와 비슷하다고나 할까요. 그래서 기승전결 형식이 작가들과 작곡가들의 무의식 속에 하나의 창작적 원형으로 자리 잡게 되지 않았나 싶습니다.

지금까지 살펴본 것처럼, 동서고금의 문학과 음악 작품을 통해 기승전결의 구조는 하나의 정격(正格)으로 오랫동안 수용되어 왔지만, 물론 그것만이 정격의 모두는 아니었습니다. 모든 시가 칠언절구 형식이나 네 개의 연으로 쓰일 수는 없었고 또 그래서도 안 되겠지요. 더욱이 모든 시에서 시적 반전을 찾아볼 수 있는 것도 아닙니다. 마찬가지로, 많은 양식의 악곡에서 기승전결이 하나의 정격으로 존중되어 왔던 것이 사실이지만, 다행히도 많은 작곡가들은 그런 정격으로부터의 일탈을 통해 천편일률(千篇一律)의 단조로움을 깨고 있었습니다. 그들은 파격적인 곡을 쓰는 데 주저하지 않았고 그 덕분에 〈전원 교향곡〉이나 〈합창 교향곡〉, 〈비창 교향곡〉 같은 명곡들이 창작될 수 있었습니다.

이렇게 볼 때 1965년 여름 로열 앨버트 홀에서 청중이 안익태에게 보냈던 그 여분의 박수는 단순히 그의 열띤 지휘를 찬양하기 위한 것이 아니었고, 오히려 기승전결이라는 관행적 형식을 무시하고 파격을 두려워하지 않았던 작곡가 차이코프스키의 도전 정신을 향한 갈채였다고 할 수도 있겠습니다. 하지만 파격에 대한 이런 갈채가 아무리 요란하게 울린다고 해도 정격은 정격대로 늘 엄존할 것입니다. 왜냐하면 문학과 예술의 역사 속에서 한 원형으로 군림하는 창작의 틀은 언제나 작가를 위한 손쉬운 출발점이요 듬직한 자산이 될 수 있으므로 결코 가볍게 무시되거나 외면될 수 없을 것이기 때문입니다.

〈교향곡 제3번 "에로이카"〉를 작곡할 때의 베토벤도 물론 당대 교향악의 전통적 형식이던 기승전결이라는 4분법의 틀에 갇혀 있었으리라 생각됩니다. 그 결과 저같이 덜 계몽된 사람의 귀에는 베토벤이 3악장쯤에서 그만 깜박하고 만 것처럼 들릴 수도 있겠습니다. 하지만 호메로스 같은 문호나 베토벤 같은 악성이라면 더러 깜박하는 것처럼 보이는 경우조차도 그럴 만한 이유가 있어서일 것이고 어떤 경우나 넋을 놓고 조는 일은 없을 것입니다. 만약에 깜박한 쪽이 있었다면 그건 베토벤이 아니라 제 쪽임이 분명합니다. (2012)

이론 시대의 승산 없는 싸움*

— '자세히 읽기'를 위한 변명

성함을 댄다면 여러분도 잘 아실 만한 분입니다만, 1990년대 중엽에 한 젊은 영문학도가 영국 유학길에 나선 적이 있습니다. 그분은 레스터대학에서 조이스와 포스트모더니즘을 주제로 석사학위 논문을 쓴 후에 박사학위를 얻기 위해서 영국 내의 몇몇 대학과 접촉했다고 합니다. 그중의 한 곳이 콜체스터에 있는 에섹스대학이었는데 거기에는 세계적인 조이스 학자 클라이브 하트가 교수로 재직하고 있었습니다. 하트 교수에게 편지를 내어 포스트모더니즘 이론으로 『율리시스』를 공부하고 싶은데 지도해 줄 수 있느냐고 문의했던 이 유학생은 얼마 후에 답신을 받고 깜짝 놀랐습니다. 하트 교수가 "나는 이론에는 관심이 없다. 포스트모더니즘을 끌어들여서 공부하려고 하는 학생이라면 나는 지도할 생각이 없다"라는 요지의 답을 보내왔기 때문입니다.

---

* 이 글은 2011년 11월 17일 한국영미문학교육학회 학술발표회에서 강연한 내용을 수정 · 보완한 것이다.

제가 근년의 영국 쪽 사정을 잘 알지는 못합니다만, 대부분의 미국 대학에서처럼, 영국 대학의 영문학과에서도 젊고 진취적인 이론가들이 보수적 성향의 노장 교수들을 수적으로 압도하고 있지 않나 싶습니다. 그러므로 최신 이론에 해박할 뿐만 아니라 그 이론을 적용해서 가르치거나 연구하려는 적극적 자세를 가진 학자가 아니고는 대학에 발을 붙이고 있기가 어려운 것이 저간의 캠퍼스 사정인 줄 압니다. 하트 교수야 세계적 명성과 학계의 높은 위상을 누리는 학자니까 아무리 불리한 캠퍼스 환경 속에서도 살아남을 수 있겠지만, 그렇지 못한 보수적 성향의 학자들은 대학에서 버텨내기가 어려울 것입니다. 왜냐하면 하트 교수 같은 학자들이 쓰는 논문은 아무도 읽으려 들지 않고 그들의 연구실에는 지도를 받으려고 찾아오는 학생들의 발길이 뜸해진 지 이미 오래되었을 것이기 때문입니다.

아무튼 이 박사과정 지망생은 이론을 무시하기로 하고 에섹스대학으로 옮겨가서 하트 교수의 지도를 받았습니다. 에섹스에서 그가 가장 먼저 한 것은 『율리시스』를 자세히 읽는 일이었습니다. 그는 이전에 이미 이 장편소설을 두어 차례 읽은 적이 있었지만 이번에는 정말 꼼꼼히 읽어 보기로 했던 것입니다. 첫 페이지에서 시작해서 마지막 페이지에 이르는 데 8개월이나 걸렸다고 합니다. 최신 문예 이론들은 배제한 채 이 난해한 작품의 이해에 꼭 필요한 주석본과 참고 자료만 펴놓고 작품을 읽어내는 데만 그 긴 시간이 소요되었다고 하니 실로 얼마만큼이나 꼼꼼히 '자세히 읽기'를 했을지 짐작이 갑니다. 그런 읽기 끝에 그는 논문의 주제를 얻었고 끝내 "Order and Disorder in James Joyce's *Ulysses*"라는 제목의 좋은 논문을 써서 박사학위를 취득

했습니다.

1

그렇다면 '자세히 읽기'란 대체 무엇일까요? 우선 우리는 '자세히 읽기'가 속독(速讀)이나 남독(濫讀)과 상반되는 개념으로서의 정독(精讀)이 아니겠느냐고 생각할 수 있습니다. 그러나 문학을 연구하고자 하는 사람에게는 작품을 정독한다는 것이 너무나 뻔한 일이므로 '자세히 읽기'가 그저 정독에 불과하다면 굳이 이 자리에서 논의할 가치도 없을 것입니다. '자세히 읽기'는 분명히 정독을 의미하지만 모든 정독이 '자세히 읽기'가 될 수는 없습니다. 다시 말해, 정독은 '자세히 읽기'의 필요조건은 될 수 있을지언정 충분조건은 될 수 없습니다. 이 말은 '자세히 읽기'가 정독 외에도 더 많은 것을 의미한다는 뜻이기도 합니다. 여기서 편의상 '더 많은 것'이라 했습니다만, 실제로 이 말은 읽기에다 무엇 무엇을 더 보태자는 뜻이 아니고 오히려 배제하자는 뜻입니다. 즉 '자세히 읽기'는 어떤 선입견이나 선입견을 줄지 모르는 이론들을 미리 배제하고 읽기에 임하는 것을 전제로 합니다. 위 유학생의 경우처럼 작품을 이해하는 데 꼭 필요한 기본 자료 외에는 일단 모든 것을 접어두자는 것이지요. 그간 축적되어 온 비평, 작가의 의도, 사회적·정치적·역사적 상황 등도 결국은 모두 참조될 수 있을 것입니다. 왜냐하면 이런 것들을 문학 연구에서 철저히 배제한다는 것은 불가능할 뿐만 아니라 바람직하지도 않기 때문입니다. 그러나 '자세히 읽기' 행위 자체에는 일단 ‘오직 작품만 놓고 읽겠다’는 자세로 임해야 하지 않을까 싶습니다.

그렇다면 ‘자세히 읽기’는 뉴크리티시즘(New Criticism)이 권장하는 비평적 태도와 같은 것이 아니냐는 의문이 대번에 제기될 것입니다. 뉴크리티시즘이 무엇입니까? 작품을 시대적·역사적 상황 속에 담아서 읽지 말자. 작가의 의도는 무시하고 작품이 주는 감동도 외면하자. 그리고 주제니 플롯이니 성격구성이니 하는 것들과 상징이니 이미저리니 아이러니니 패러독스니 하는 것들처럼 작품 속에서 구체적으로 포착될 수 있는 것들만 집어내어 그것을 근거로 작품을 논해 보자. 뭐 이런 것 아니겠습니까. 그러므로 뉴크리티시즘의 실천요강은 ‘작품 자체만을 중요시하면서 자세히 읽자’는 데 있을 뿐 다른 어디에도 있지 않습니다. 뉴크리티시즘의 이런 속성은 정답이 있을 수 없는 문학 연구에서 마치 정답 찾기가 가능할 것처럼 보이게 하는 데 기여했습니다. 그리고 작품을 읽고 고작 ‘재미있다’든지 ‘감동적이다’ 아니면 ‘시시하다’든지 ‘지루하다’라고밖에 평할 수 없던 종전의 담론을, 작품 속에서 논의 가능한 건더기를 찾아내어 이를 문학교실에서 분석해 보게 하는 담론으로 바꾸어 놓는 것, 바로 이것이야말로 뉴크리티시즘의 성과라고 할 수도 있겠습니다.

그런데 이 뉴크리티시즘은 이른바 모더니즘 시대의 산물이었습니다. 문학사에서 모더니즘을 있게 했던 창조적 원동력이 뉴크리티시즘까지 있게 한 것인지, 아니면 뉴크리티시즘 같은 비평 정신이 있었기에 문예창작에 있어서의 모더니즘까지 가능했는지 그 선후관계를 저는 잘 알 수 없습니다만, 어쨌든 뉴크리티시즘이 모더니즘의 전성기에 등장해서 그 위세를 떨쳤다든지, 모더니즘 문학을 해석하는 데 뉴크리티시즘만큼 큰 역할을 했던 이론이 따로 없었다는 사실만은 부인하기 어렵습니다. 그러므로 마치 뉴크리티시즘이 모더니즘 문학을 위한 시녀 노릇을 해온 것처럼 비칠 수 있었던 것도 당연하다 하겠습니다. 뿐만 아니라 시대의 변화에 따라 모더니즘 문학이 어쩌다 반동적인 문학인 것처럼 비치게 되자 뉴크리티시즘도 마치 반동적인 비평이론인양 백안시되기에 이르렀는데 이는 아주 딱한 일이지만 놀랄 일은 아닙니다.

이처럼 뉴크리티시즘에서 '자세히 읽기'가 기본적인 방법이 되고 있는 것은 사실이지만, 거꾸로 '자세히 읽기'는 곧 뉴크리티시즘의 소산(所産)이라는 주장이 있을 경우 이를 아무 유보 없이 받아들일 수 있을까요? 저는 이 물음에 대해서 긍정적인 답과 부정적인 답이 동시에 가능하리라 생각합니다. 즉 그런 주장이 대체로 옳기는 하되 반드시 옳지는 않을 것이라는 뜻입니다. '자세히 읽기'가 뉴크리티시즘의 이론을 상당히 답습하되, 동시에 그 이론에서 금기시하는 제약들을 무시할 수도 있다는 것입니다. 다시 말하면, '자세히 읽기'는 뉴크리티시즘의 방법을 도구로 원용(援用)하되 그 이론적 제약에 매일 필요는 없다는 것이지요. 이처럼 '자세히 읽기'는 뉴크리티시즘과 많은 것을 공유하면서도 일치하지는 않으며, 그 방법이 뉴크리티시즘과 관계를 맺고 있다 해도 그것은 아주 느슨하고 자유로운 형태의 관계일 뿐입니다. 그러므로 앞에서 제가 '자세히 읽기'를 위해서는 그 어떤 이론도 배제할 필요가 있다고 했을 때 그 이론들 속에 뉴크리티시즘까지 포함시킬 수도 있겠습니다.

그러면 '자세히 읽기'의 정체는 무엇일까요? 도대체 어쩌자는 것일까요? '자세히 읽기'는 무엇보다도 우리가 어떤 작품에 대한 담론을 펼 때 그 담론의 근거를 작품 자체에서 찾아내자는 것입니다. 다시 말해, 모든 담론은 작품 자체에서 나온 증거에 의해 지탱될 수 있어야 한다는 것입니다. 그러므로 '자세히 읽기'의 방법은 귀납적이라 할 수 있습니다. 가령 어떤 것이 a, b, c . . . n으로 구성되어 있을 때, a가 이러하고, b가 이러하고, c 또한 이러하고 . . . n이 역시 이러하다면 그 전체에 대해서 우리는 '이러하다'는 보편적 결론을 내릴 수 있습니다.

실제로 『더버빌가의 테스』라는 소설의 주인공 테스에 대해서 생각하고자 할 때, 우리는 이 여인이 말로트 마을에서 출발하여 트란트리지, 크리크 낙농장, 탈보트헤이즈 농장, 샌드번, 스톤헨지 등지로 옮겨 다니며 여러 고초를 겪고 여러 사람들을 만나면서 보이는 언행과 감정의 추이를 하나도 놓치지 않고 조심스럽게 주목해야 합니다. 왜냐하면 이런 것들이야말로 우리가 테스의 성격을 따지거나 운명을 살펴보려 할 때 가장 신빙성 있는 증거로 쓰일 수 있기 때문입니다. 그런데 이런 증거들은 오직 꼼꼼한 작품 읽기를 통해서만 포착될 수 있습니다. 물론 우리가 작가 하디나 작품 『테스』를 거론할 때 19세기 영국 농촌의 경제적 상황이라든지 여성의 사회적 위상이라든지 작가의 의도 등을 고려할 수도 있겠지만 이는 어디까지나 부차적인 것이고 모든 논거는 작품 자체에서 나와야 합니다. 심지어는 『테스』 속에 나타난 사회적·경제적 상황이나 여성 문제 등을 주된 논제로 삼을 경우에도 모든 담론의 근거는 작품 속에 나오는 증거들이라야 합니다. '자세히 읽기'가 뉴크리티시즘과 겹치면서도 다르기도 한 것이 바로 이 점에 있습니다.

2

이제, 여러분께서 양해해 주신다면, 저 자신에 대한 사사로운 이야기를 조금 해보도록 하겠습니다. 저는 1954년에 대학에 입학해서 거의 평생 동안 교단에 서 있다가 지난 8월에 대학에서 퇴임했습니다. 오늘 이 자리에 서기에 앞서 제 반생을 회고해 보니 저처럼 철저히 '자세히 읽기'의 미덕을 신봉해 온 사람도 드물지 않을까 싶습니다. 제가 대학에 재학하던 1950년대 중반에 사회적으로는 이른바 '전후파(après-guerre)'의 풍조가 그리고 지적으로는 실존주의가 유행하고 있었습니다. 이런 것들이 작가의 세계관과 작품의 주제에 영향을 줄 수 있었겠지만, 당대의 지배적인 비평이론은 뉴크리티시즘이 아니었던가 싶습니다. 이 말은 지금 돌이켜 생각해 보니 그렇다는 뜻이지 제가 뭐 그 당시에 뉴크리티시즘에 대해 잘 알고 있었다는 뜻은 아닙니다. 대학의 일부 고학년생들과 대학원생들이 뉴크리티시즘에 대해서 빈번히 언급하는 것을 듣고 저는 뉴크리티시즘이라는 것이 뭔가 중요한 것인가 보다고 여겼을 뿐입니다. 그러므로 저의 '자세히 읽기'는 뉴크리티시즘의 영향이라기보다도, 신봉하거나 원용해야 할 이론이라고는 전혀 가지지 못한 처지에서 부득불 기댈 수밖에 없는 일종의 자생적인 방법이었다고 할 수 있겠습니다.

저는 대학 3학년 때는 헤밍웨이의 작품을 거의 모두 읽었고 4학년 때는 D. H. 로런스의 작품을 역시 거의 모두 읽었습니다. 헤밍웨이에 대해서는 논문이랍시고 써서 『문리대학보(文理大學報)』에 발표했는데 물론 특정 이론에 근거한 글은 아니었습니다. 칼로스 베이커의 헤밍웨이 평전이 아직 나오기 전이었고 참고서라고는 거의 구해볼 수 없던 처지였기 때문에 프랑스 비평가 르네-마릴 알베레스의 『20세기의 지적 모험』이라는 책에서 얻어들은 "디오니서스적(的)"이란 용어를 빌려 헤밍웨이 문학의 특성을 규정하는 키워드로 삼고 이 특성을 증명할 자료들을 작품 속에서 찾으려 했던 기억이 납니다.

로런스는 학사학위 졸업논문을 쓰기 위해서 읽었는데 리처드 올딩턴의 전기와 그 무렵에 갓 나온 H. T. 무어의 전기를 사서 읽었습니다만 그 밖의 연구 서적은 거의 보지 못했다 해도 과언이 아닙니다. 그 긴 논문을 무엇으로 채웠는지 기억이 나지 않는데 인간관계를 주제로 삼은 후 작품으로부터의 빈번한 인용과 그것에 대한 해석으로 일관하는 논문이 아니었던가 싶습니다. 조이스에 대한 석사학위 논문을 쓰던 1960년대 초엽에는 비교적 많은 참고서를 볼 수 있었지만 역시 『율리시스』의 꼼꼼한 읽기가 논문 쓰기에서 근본을 이루고 있었습니다.

박사학위 논문은 조셉 콘래드의 소설이론에 대한 것이었는데, 방대한 분량의 논설문, 서간문 및 작품을 망라하는 일차적 자료들을 면밀히 읽고 거기서 찾아낸 많은 단서들을 논증의 근거로 삼았다는 의미에서 역시 '자세히 읽기'가 연구 방법의 근본이었다고 할 수 있겠습니다. 그러므로 지금 회고하건대, 초기에 원용해야 할 이론을 전혀 가지지 못했기 때문에 부득불 기대야 했던 '자세히 읽기'가 세월이 흐르는 동안 그만 저에게는 하나의 기댈 만한 연구 방법으로 뿌리를 내리게 되었던 것이 아닌가 싶습니다.

다음으로, 가르치는 문제에 대해 말씀을 드리겠습니다. 저는 거의 매학기 학생들에게 "일단은 특정 이론이나 이데올로기를 버려라. 자네들이 학위 논문을 쓸 때라든지 앞으로 일가를 이루어 논설을 펼 때는 자네들 고유의 이념적·이론적 색깔을 드러내도 좋다. 그러나 이번 학기만은 그러지 말고 작품 자체만 놓고 깊은 읽기를 해보자"는 요지의 설유(說諭)를 하곤 했습니다. 그리고 이런 '자세히 읽기'의 강조는 저의 교실에 어떤 이론이나 이데올로기를 끌어들일 틈새를 거의 남겨놓지 않았습니다. 저는 학사과정 강의실에서 한 학기에 장편소설을 기준으로 두 권 정도를 읽었습니다. 이를테면 한 '19세기 영소설' 수업에서는 『막대한 유산』과 『테스』를 다루었습니다. 한편, 대학원 과정에서는 장편소설을 기준으로 여섯 권 정도를 읽었습니다. 가령 어느 '18세기 영소설' 수업에서는 『몰 플랜더스』, 『파밀라』, 『조셉 앤드루스』, 『험프리 클린커』, 『트리스트람 샌디』, 『맨스필드 파크』, 이렇게 여섯 권의 소설을 읽은 적이 있습니다. 혹시 『율리시스』나 『클라리사』 같은 긴 작품이 포함될 경우에는 네 권 정도로 줄이기도 했습니다. 결코 많다고 할 수는 없으나 적다고 할 수도 없는 이 작품들을 놓고 중요한 대목들을 찾아서 읽자면 한 학기에 주어진 40여 시간으로는 턱도 없이 모자랍니다. 저는 이 작품들을 기왕에 여러 차례 읽은 적이 있지만 교실에 들어가기 위해 다시 읽어 보면 늘 처음 읽는 것 같은 기분이 들었습니다. 과거에는 도대체 무얼 읽었기에 이렇게 생소하게 느껴질까 싶었습니다. 그러니 이 작품들을 처음 읽는 학생들의 경우는 어떨까 싶어서 늘 꼼꼼히 중요 구절들을 챙겨 주려고 했습니다. 그러다 보니 최신의 이론을 적용하기는커녕 한 작품에 대한 상투화된 비평을 소개하거나 거론할 시간조차 내기가 어려웠습니다. 그러므로, 연구에 있어서처럼, 가르치기에 있어서도 저는 철저히 '자세히 읽기' 방법만을 추종해 왔다고 할 수 있습니다.

3

이제 이론 자체에 대한 이야기로 넘어가겠습니다. 제가 학사과정에 재학하던 1950년대 중엽에는, 앞서 말한 대로, 뉴크리티시즘이 유일한 비평이론이었습니다. 대학 캠퍼스 내에서 이 이론은 빈번히 언급되곤 했기 때문에, 저는 저 혼자만 그것을 잘 모르고 있구나 싶어 속으로 꽤 초조하고 심란했습니다. 관련 서적이 있는 듯했지만 그 당시는 책을 사볼 돈도 없었고 돈이 있다고 무슨 책이건 쉽게 구해 볼 수 있는 시절도 아니었습니다. 뿐만 아니라, 나중에 안 사실입니다만, 혹시 구했다 하더라도 그 어려운 내용의 책들을 쉽게 읽어내지 못하고 말았을 겁니다. 뉴크리티시즘에 관련되는 문헌 치고 쉽게 읽히는 것이 별로 없거든요. 그러던 중 1960년대에 이르러 로버트 펜 워런과 클렌스 브룩스 공편의 『소설의 이해』와 『시의 이해』를 구해서 읽으면서 실제 작품 분석의 사례들을 많이 겪어 보고 나서야, 저는 뉴크리티시즘이라는 것이 이런 거구나 짐작할 수 있었습니다. 그러나 제가 그 이론의 정체를 조금이나마 짐작할 수 있게 되었을 때는, 행인지 불행인지, 뉴크리티시즘이 이미 퇴조하고 있더군요.

1970년대는 우리나라의 젊은이들 사이에 민중문학론과 분단시대 문학론이 인기가 있었고 헤르베르트 마르쿠제와 게오르그 루카치가 크게 유행했지만, 저는 그런 것들이 무엇인지 알아보려고 잠시 기웃거렸을 뿐 그 어느 하나에 대해서도 심취하거나 신임을 주지는 않았습니다. 그리고 1970년대에는 구조주의(structuralism)가 크게 위세를 떨치던 시기이기도 했지요. 저는 혹시 뒤처질세라 로버트 스콜스의 『문학에 있어서의 구조주의』니 조너선 컬러의 『구조주의 시학』 같은 책을 구해서 읽어 보려고 했는데 별로 재미도 없었고 또 어느새 그 유행도 끝나고 있더군요. 러시아 형식주의자들(Russian formaslists)에 대한 저의 관심도 사실 그런 식으로 지나가고 말았고요.

1980년대가 되자 더 많은 새 이론들이 숨가쁘게 등장하였습니다. 포스트모더니즘(post-modernism), 탈구조주의(post-structuralism), 탈식민주의(post-colonialism)처럼 '포스트(post-)'라는 접두어가 붙은 이론들이 앞다투어 나타났고, 거의 같은 시기에 독자반응(reader-response) 이론이니, 페미니즘(feminism)이니, 해체주의(deconstructionism)니, 신역사주의(new historicism)니, 문화론(cultural studies)이니 하는 새로운 이론들이 구미에서 수입되었습니다. 이런 이론들에 관계되는 서적이 본바닥에서 출판되면 사흘이 멀다 하고 우리나라의 서점가에서는 그 복사본이 팔리고 있었습니다. 이런 홍수처럼 밀려드는 이론을 새로 읽고 익히기는 커녕 그냥 멀찍이 지켜보기만 해도 저 같은 사람은 현기증 때문에 실로 정신을 가다듬기가 어렵더군요. 저는 그 이론들에 대해 뒤늦게 관심을 보이곤 했지만 늘 낙오자 신세를 면치 못했고, 그 어느 한 이론에 대해서도 잘 알게 되기는커녕 그 대강의 뜻을 짐작하기도 전에 밀어닥치는 다른 이론들과 다시 맞서야 했습니다.

그러면 우리 시대에 이르러 문예이론들이 이처럼 기승을 부리게 된 원인은 어디 있을까요? 이 물음에 대답하겠다고 선불리 나설 일은 아닌 줄 압니다만, 적어도 한 가지는 분명하게 말할 수 있지 않을까 싶습니다. 그것은 이 이론의 수요가 미국의 연구 중심 대학들이 개설하고 있는 영미문학 박사과정과 관련 있을 거라는 겁니다. 미국현대어문학회(Modern Language Association of America)의 통계에 의하면, 미국에서는 오랫동안 해마다 1천 명 내외의 영미문학 박사학위가 수여되어 왔습니다. 그런데 미국 대학에서 박사학위 논문을 쓰는 학생들에게 요구하는 것이 무엇입니까? 제가 겪은 바에 의하면, 그 요구가 무엇보다도 '학구적(scholarly)'이고 '비평적(critical)'인 논문을 쓰라는 데 있지 않나 싶습니다. 대충 말해서, '학구적'이라는 말이 넓고 깊은 문헌 읽기를 요구한다면, '비평적'이라는 말은 독창적이고 설득력 있는 논문 쓰기를 요구합니다. 그리고 이 두 가지 요구가 궁극적으로 노리는 것은 되도록 아무도 건드리지 않은 논제로 무언가 새로운 아이디어를 제시해 보라고 하는 데 있습니다. 그런데 재래의 문헌 섭렵이나 '자세히 읽기' 방법만으로는 이미 논구될 대로 논구된 영미의 작가들에 대해서 새로운 담론을 개진하기가 불가능하지 않겠습니까. 그래서 절실히 필요해진 것이 새 방법이나 새 관점 같은 것이지요. 그리고 새 이론이 등장하면 적어도 한동안은 같은 문제를 보는 새 방법과 새 관점을 풍족히 제공해 줄 수 있지 않겠습니까.

앞으로도 매년 1천 명의 박사학위 수요가 있는 미국 같은 곳에서는 적어도 몇 년에 한 차례씩 새 이론의 등장이 절실히 요망될 것입니다. 그리고 미국 대학에서 수여한 학위를 숭상하고 미국 대학에서 닦은 학업 경험을 귀하게 여기는 우리 영문학계의 분위기가 지속되는 한 적어도 당분간은 우리나라에서도 새 이론들이 등장하는 즉시 기승을 부릴 공산이 높습니다. 더욱이 우리 나름의 정전(正典) 모색과 우리 나름의 교수법 개발을 통한 영미문학 교육 및 연구의 토착화를 위한 구체적 논의가 거의 없는 오늘의 학계 상황 속에서는, 외래의 이론에 대한 무방비적인 노출과 집착이 계속될 수밖에 없을 것입니다.

4

다음은 영문학을 가르치고 연구하는 데 있어서의 이론의 공과(功過)에 대해 말해 보겠습니다. 아주 원초적인 단계에서 문학은 작품을 쓰고 그것을 읽는 일과 관련되어 있을 뿐입니다. 그리고 작품을 쓰거나 읽는 데에 무엇이건 대단한 이론이 필요할 성싶지도 않습니다. 다만, 작품을 쓰는 일과는 달리, 그것을 읽고 이해하는 데에는 아주 소박한 형태로나마 이론이 개입되지 않을까 싶습니다. 같은 작품을 읽고도 독자마다 소감이 다르고 반응이 제각각인 것은 작품을 이해하는 방식이 서로 다르기 때문입니다. 그런데 이런 이해의 차이를 일으키는 것은, 다름이 아니라, 바로 독자의 읽기 행위에 모종의 이념이나 이론이 작용하고 있기 때문일 공산이 높습니다. 더욱이 문학 작품을 가르치고 연구하려고 할 때는 상당히 세련된 형태의 이론이 개입될 수밖에 없으리라 여겨집니다. 왜냐하면 모든 형태의 이론을 철저히 배제하고는 어떤 식으로든 문학적 담론을 행할 수 없을 것이기 때문입니다.

위에서 이미 말한 것처럼, 미국에서 박사학위 논문을 쓰는 데 있어서 이론이 결정적인 기여를 할 수 있다는 것은 곧 이론에 여러 가지 긍정적 측면이 있다는 것을 말해 주기도 합니다. 무엇보다 이론은 교수와 연구의 방법론적 지평을 넓혀 줌으로써 작품을 보는 안목을 개선하거나 다양화해 줄 것입니다. 한 작가 또는 한 작품에 대해서 모더니즘, 포스트모더니즘, 구조주의, 탈구조주의, 신역사주의, 탈식민주의, 해체주의, 문화연구론, 페미니즘 같은 이론들을 적용함으로써 그 작가 및 작품에서 기왕에 밝혀지지 않았던 면모와 특성이 새로이 밝혀진다면, 그리하여 그 작가와 작품에 대한 이해가 심화된다면, 그 이론들은 곧 정당화될 수 있을 것입니다.

제인 오스틴의 경우를 예로 들어보겠습니다. 오랫동안 비평가들은 오스틴을 기성 질서 속에서 편히 안주하고 있는 여류 작가로 보았고 그녀의 작품에서 기껏 세태희극(comedy of manners)적 요소라든지 아이러니를 찾는 데 만족하고 있었습니다. 결혼과 돈 그리고 계층 문제가 오스틴에 있어서 중요한 사회문제로 부각되고 있음이 분명하지만, 이를 이데올로기적 측면에서 천착하려는 비평적 노력은 드문 편이었습니다. 그러나 근년에 이르러 등장한 여러 문예이론은 오스틴을 그 안온한 전통 세계 속에 내버려두지 않습니다. 페미니즘의 기치를 들고 나온 비평가들은 오스틴이 당대의 지배적 가치에 도전하는 여자 주인공들을 형상화하고 있다든지 남성 중심적인 문학 전통과 갈등하고 있다고 주장하곤 했습니다. 페미니즘은 이처럼 오스틴에 대한 재래의 판에 박힌 담론을 극복하고 이 여류 작가의 문학세계에 대해 새로운 시각의 조명을 가능하게 했습니다. 나아가서 페미니즘은 조지 엘리엇이니 버지니아 울프 같은 여류 작가들의 작품은 물론이고 토머스 하디나 D. H. 로런스 같은 대표적 남성 작가들의 문학세계를 가르치고 연구하는 데도 단단히 한몫의 기여를 하고 있습니다.

이처럼 이론은 문학을 가르치고 연구하는 데에 긍정적으로 기여할 수 있습니다만, 그 역기능 또한 만만찮게 눈에 띕니다. 이를테면 탈식민주의 이론에 밝은 비평가가 『맨스필드 파크』를 읽으면서 작가가 당대의 영국 제국주의 이데올로기에 동조하고 있었던 것을 두고 아쉬워한다면 이게 과연 오스틴에게 공평한 처사가 될 수 있을까 하는 의문이 듭니다. 왜냐하면 20세기 말엽에 유행하게 된 문예이론을 가지고서, 그것도 우리 시대의 정치적 이데올로기에 젖은 이론을 가지고서, 약 2백 년 전에 소설을 썼던 한 여류 소설가를 평가하는 잣대로 삼는다면 그것은 적절치 않을 것이기 때문입니다. 게다가 오스틴으로 말하자면 나폴레옹이 세상을 시끄럽게 하던 시대에 살면서도 그가 벌인 전쟁 따위를 완벽히 외면했다고 해서 유명하지 않습니까? 오스틴보다도 우리 시대에 훨씬 더 가까운 다른 영국 작가들에 대해서도 저는 똑같은 말을 할 수 있을 것이라 생각합니다. 가령 콘래드의 『암흑의 핵심』을 놓고 작가가 서구의 제국주의나 식민주의를 올바로 규탄하는 데 한계를 보인 작품이라고 하며 꼬집는다면, 이 또한 쉽게 납득될 수 없습니다. 콘래드가 이 작품을 쓴 것은 19세기 말이었다는 사실이라든지, 그가 작품 속에서 노린 것은 반식민주의 문서를 작성하자는 것이 아니라 극한 상황에 처한 인간이 자기인식 혹은 자아발견을 성취하는 과정을 그리는 문학작품을 쓰자는 데 있었다는 사실이라든지, 식민주의를 규탄하는 문학작품 치고 『암흑의 핵심』만큼 설득력 있는 작품도 드물 것이라는 사실을 완벽히 외면한 채 특정 문예이론의 기준에 비추어 볼 때 이 작품은 함량이 부족하다는 식으로 평가한다면 그야말로 공평치 못한 처사라고 해야 할 것입니다.

저는 여기서 18세기 소설과 19세기 소설은 각각 당대의 안목으로만 읽어야 하고 당대의 잣대로만 평가해야 한다는 뜻으로 이런 말을 하지는 않겠습니다. 오래된 고전 작품을 읽으면서 어떻게 그 당대의 사정만 감안하거나 당대의 관점에서만 읽을 수 있겠습니까? 이는 불가능할 뿐만 아니라 그 작품에 대한 보다 원만한 이해를 위해서도 불행한 일이 될 것입니다. 만약에 이런 불행한 일이 학계에서 정당한 일로 받아들여지게 된다면 그 즉시 문학에 대한 모든 담론은 중단되고 말 것이고 더 이상의 문학 박사들을 생산해 낼 필요도 없어지고 말 것입니다. 그러므로 그런 사태에 대해서는 생각조차 하고 싶지 않습니다.

오스틴과 콘래드를 읽되 우리 자신의 안목과 우리 시대의 시각으로 읽겠다는 자세는 늘 정당화될 수 있을 것입니다. 그리고 최신 이론이 제공하는 시각에 의존해서 이런 작가들의 작품을 살펴보겠다는 것도 늘 경계해야 할 일만은 아니라고 생각합니다. 그러므로 문제는 이론 자체에 있는 것이 아니고 이론을 적용하는 사람들의 온당치 못한 자세에 있다고 해야 할 것입니다. 그리고 이런 온당치 못한 자세는 이론에의 지나친 심취나 경도(傾倒) 때문에 불가피하게 빚어지는 현상이기도 합니다. 왜냐하면 이론은 그 신봉자들로 하여금 그것을 작품 탐구에 연역적(演繹的)으로 적용하도록 유도하는 속성을 가지고 있기 때문입니다. 다시 말해서, "이론에 의하면 이러이러해야 하는데 작품에서는 어떠한가?"라는 기본적인 물음을 출발점으로 삼고 교수나 연구에 임하는 사람이라면 작품 자체에서 논거를 찾으려 하기보다도 이론을 작품 위에 전횡적으로 부과하려 할 것입니다. 이렇게 되면 이론이 작품을 받드는 것이 아니라 작품이 이론의 시녀로 전락하게 될지도 모릅니다. 그 과정에 작품을 자세히 읽는 일은 소홀히 될 가능성이 높아지고, 그 대신 이론의 타당성을 검증할 자료들을 작품 속에서 추출하는 일이야말로 작품을 읽는 유일한 이유라고 여겨질 것입니다. 그 과정에 문헌 연구의 가치는 몰각될 것이고 작품 속에서 그 고유의 가치를 찾아내려는 노력도 실종되고 말 것입니다. 이론이 기승을 부리는 것을 우리가 경계해야 할 이유가 있다면 바로 이 점에 있습니다.

저는 이렇게 말하면서도 제 주장이 어떤 의미에서든 이론 무용론(無用論)으로 비칠까 두렵습니다. 저는 무조건 이론을 배격할 생각이 없고 또 그럴 수도 없습니다. 이론이 문학의 교수나 연구에 긍정적으로 기여할 수 있을 것이라는 근본적인 믿음이 저에게도 있기 때문입니다. 잘 모르기는 해도 클라이브 하트 교수가 이론을 꺼리는 이유도 이론을 무용지물이라고 여기기보다도 이론만이 판을 치게 된 저간의 학계 사정을 개탄하고 경계했기 때문이 아니었을까 싶습니다. 그리고 이론이 건잡을 수 없게 창궐하는 과정에 작품을 자세히 읽고 그 속에서 값진 것들 꼼꼼히 챙겨 보려는 노력이 그만 무산되고 말지도 모른다는 두려움이 그분의 마음을 무겁게 했을 것이라 생각됩니다. 그런데 오늘날 학계의 사정을 살피면서 억측해 보건대, 하트 교수나 제가 가진 두려움이 아주 근거 없지는 않을 것이라는 생각이 드는 것은 웬일일까요? 그리고 하트 교수나 제가 아무리 '자세히 읽기'의 미덕을 강조한다고 해도 우리는 결국 패배하고 말 것이라는 생각도 버릴 수가 없습니다.

5

'자세히 읽기'가 오늘날 궁지에 몰려 있지만 아무도 그 가치를 부정할 수는 없을 것입니다. 아마도 이론의 값어치를 가장 집요하게 신봉하는 사람들까지도 '자세히 읽기'의 필요성만은 서슴없이 인정할 테니까요. 하지만 '자세히 읽기'를 아무리 강조하고 권장하려 해도 우리 주변에는 그런 노력에 유리한 환경이 전혀 조성되어 있지 않습니다. 우선 영미문학은 우리에게 외국문학이 아닙니까? 그러기 때문에 영미문학을 읽는 일은 외국어로 된 텍스트를 읽어야 하는 스트레스를 포함하는 힘겨운 일이기도 합니다. 그리고 이 스트레스는, 무엇보다도, 우리에게 영미문학의 텍스트 읽기가 어려운 어학적 해석과 문화적 이해를 포함하는 가외의 노력을 요구한다는 사실과 관련되어 있습니다. 그런데도 우리나라에서는 독자적 영문학 연구가 시작된 지 반세기가 지나도록 이런 노력의 어려움을 조금이나마 들어줄 학구적 성과가 별로 축적되어 있지 않습니다. 그런 성과물로 생각할 수 있는 것으로는 학술 논문, 해제(解題), 주석(註釋), 번역 등을 들 수 있겠습니다만, 여기서는 주석과 번역 문제에 대해서만 생각해 보기로 하겠습니다.

우리나라의 수많은 대학 영문학과에서는 해마다 수천 명씩의 신입생을 받아들입니다만, 그들은 언제나 텍스트 읽기를 원점에서 시작해야 하는 것이나 다름없습니다. 새로운 세대의 신입생은 선배 세대보다는 좀 더 수월하게 공부할 수 있는 유리한 지점에서 출발할 수 있어야 할 텐데 그렇지 못하다는 뜻입니다. 참고할 수 있는 주석본이나 번역본이 별로 없고, 있다고 해야 변변치 않은 것이기 일쑤입니다. 저는 일찍이 주석본이나 번역본의 중요성을 인식하고 그 방면의 노력을 조금은 들여왔다고 자부합니다만, 사실 제 자신이 해 놓은 것을 곰곰이 들여다보면 틀린 데가 많고 한심하기만 합니다. 그러므로 능력을 갖춘 더 많은 학자들이 좋은 논문만 쓰겠다고 덤빌 것이 아니라 이 방면으로도 관심을 쏟고 노력을 기울여야 할 필요성이 절실하지만, 그럴 기미가 별로 보이지 않습니다. 뿐만 아니라 그런 작업에 도움이 될 환경도 조성되어 있지 않습니다.

그 이유를 두어 가지 들어보겠습니다. 첫째로 주석 달기와 번역하기는 긴 시간에 걸친 엄청난 노력을 요합니다. 자세한 사전 뒤지기와 참고문헌 섭렵을 포함하는 많은 학구적 노력을 들이지 않고는 그런 작업을 해낼 수가 없기 때문입니다. 그런 노력이야말로 학자들에게는 당연할 것으로 여겨져야 할 것이지만, 잦은 오류 범하기라는 위험부담을 내포하고 있는 데 반해 금전적 보답은 보잘것없기 때문에 학자들 사이에서는 외면당하기 일쑤지요. 그러나 이보다도 더 심각한 문제는 주해 작업이나 번역의 학구적 가치를 학계에서 인정해 주지 않으려 하는 데 있습니다. 저는 고전적 가치를 지닌 한 편의 작품에 자상한 주석을 달고 그 작품에 대한 비평적 해제(解題)를 써서 붙일 수 있다면 그 작업이야말로 여느 학술 논문에 비해서 조금도 손색없는 학술적 가치를 지닐 수 있다고 생각합니다. 그러므로 이런 작업의 결실을 가지고서 석사학위 논문이니 박사학위 논문을 대신하지 못할 이유가 없습니다. 그리고 그런 식으로 당당하게 취득한 학위를 가지고서 교원으로 임용되고 승진을 하지 못할 이유가 어디 있겠습니까?

번역의 경우에 대해서도 똑같은 말을 할 수 있을 것입니다. 탁월한 번역을 해서 박사학위까지는 아니더라도 적어도 석사학위 정도는 받을 수 있어야 하지 않을까 싶습니다. 그리고 번역은 그 파급 효과가 단순히 해당 학계에서만 끝나지 않고 일반 독서 대중에게까지 미칠 수 있기 때문에 또 다른 의미를 지닐 있습니다. 그러므로 가령 "앞으로 적어도 한 세기 동안은 다시 번역할 필요가 없을 정도로 잘된 번역"이라는 평을 들을 만한 번역물을 낼 수 있다면 그야말로 외국문학도가 거둘 수 있는 최고의 값진 성과일 것입니다. 이런 의미에서 근자에 영미문학연구회가 기관지 『안과밖』을 통해서 기존 번역물들을 짚어보는 작업을 시작한 것은 높이 평가되어야 할 것입니다.

이처럼 훌륭한 주해와 번역은 작품의 '자세히 읽기'가 있어야 가능하며, 영미문학 공부를 처음 시작하거나 깊은 공부를 하고자 하는 사람들이 '자세히 읽기'를 하는 데에 더없이 긴요한 도구를 제공해 주기도 합니다. 다시 말하면 주해와 번역 작업은 '자세히 읽기'의 결과이면서 동시에 그 출발점이 되기도 하므로 서로 상생 또는 상승관계에 있다고 하겠습니다. 그러므로 우리 영미문학계에서는 좀 더 유능하고 의욕적인 연구 인력이 주해와 번역 작업에 관심을 기울여야 할 때가 되었다고 생각합니다.

지금까지 저는 '자세히 읽기'의 중요성을 강조하기 위해서 그것과 관련된 몇 가지 문제점들을 두서없이 거론해 보았습니다. 제가 그 중요성을 아무리 강조한다고 해도, 저의 느낌으로는, '자세히 읽기'를 옹호하려는 노력이 승산 없는 싸움으로 되고 말 듯합니다. 오늘날 우리 학계나 사회를 지배하는 연구 풍토나 가치관이 도대체 '자세히 읽기' 같은 미련한 짓을 용납할 것 같지 않기 때문입니다. 하지만 '자세히 읽기'야말로 우리가 영미문학을 공부함에 있어서 가장 믿음직하고 값진 방법이라는 신념만 있다면 비록 가망 없는 싸움이라 하더라도 한번 집요하게 덤벼들 필요가 있습니다. 어찌 꼭 이긴다는 보장이 있어야만 모든 싸움을 걸 수 있겠습니까? 더러는 뻔히 질 줄을 알면서도 신념 때문에 목숨을 걸고 싸워야 할 때도 있습니다. 이런 싸움은 세속적으로 어리석은 짓이 되겠지만 이 정도의 우직(愚直)함이 없다면 어찌 학문이라는 높은 경지를 넘볼 수 있겠습니까. (2001)

영미소설과 나

1

이런 말을 하면 믿지 못하겠다는 사람들이 많겠지만, 내 일생을 통해 정서적으로 가장 큰 영향을 끼친 책은 조지 오웰의 『1984년』과 콘스탄틴 게오르규의 『25시』이다. 나는 이 두 권의 책을 한국전쟁이 한창이던 1950년대 초에 읽었다. 우리말로 된 읽을거리라고는 별로 구해 볼 수 없었던 시절에 고등학교 학생이던 나는 구할 수 있는 책이면 무엇이건 닥치는 대로 읽고 있었으므로, 마침 번역되어 나온 이 소설들과 이내 마주쳤으리라 생각된다.

지금 확실히 기억되지는 않으나, '25시'라는 말은 '모든 구원의 가망성이 완전히 상실된 시간'을 의미하지 않았던가 싶다. 강대국 사이에 벌어진 전쟁의 소용돌이에 휘말린 한 약소 민족의 젊은이가 아무 영문도 모르고 당해야 하는 고초와 악운은 한국전쟁 당시에 청소년기를 보내고 있던 나에게 너무나 큰 충격으로 다가왔다. 아무 죄가 없고 착한 사람이라도 『25시』의 주인공처럼 몹쓸 악운에 처할 수 있다는 것이 도시 나에게는 남의 이야기로만 여겨지지 않았던 것이다. 아직 징집 연령 미달이었던 내가 전쟁의 참화를 뼈저리게 느끼고 있었다고 할 수는 없겠지만, 나의 운명도 그 주인공의 운명과 같이 될지도 모른다는 예감으로 나는 무척 시달리게 되었다.

한편, 오웰과의 첫 만남은 『동물농장』과 『1984년』의 번역본을 통해서였다. 『동물농장』은 스탈린주의 같은 포악한 정치적 독재를 풍자하고 있지만, 그 당시에 스탈린주의의 정치적 함의에 대해서 별로 관심에 없던 나에게는 이 소설이 그저 재미나는 동물우화로만 읽혀졌다고 해도 과언이 아니다. 그러나 『1984년』의 경우는 달랐다. 이 가공소설에서 '빅 브러더' — '대형'이라 번역되어 있었다 — 가 지배하는 나라의 숨 막히는 정치적 환경은 이내 나에게 악몽의 원인으로 되었다. 이 소설의 주인공처럼 늘 빅 브러더의 감시 아래 언동의 제약을 받으면서 산다는 것은 확실히 과장된 상황이었지만, 어쩐지 나에게는 그 상황이 곧 나의 상황으로 되고 말 것처럼 느껴졌던 것이다. 그 후 1950년대와 1960년대에 걸쳐 깡패들과 깡패나 다름없는 정치 집단이 휘두르던 폭력이라든지 1960년대 중엽의 동백림사건 때의 공포 분위기 그리고 '유신'의 이름으로 자행되던 압제정치 등 일련의 사건 및 사태를 거쳐 오면서, 나는 언제라도 내가 아무 잘못이나 죄도 없이 정보 당국에 불려가서 실컷 얻어맞게 될지도 모른다는 불안감에서 자유로웠던 날이 하루도 없었다.

지금 생각하면, 내가 오늘날에 이르도록 질기게 시달려 온 불안한 예감이나 악몽의 단초도 모두 열대여섯 살 때 읽었던 그 두 권의 소설에 있었음을 나는 주저 없이 단언할 수 있다. 사실주의 풍의 소설이었던 『25시』가 우주적 차원의 운명론적 불안감을 자아냈다면, 비현실적 가공소설 『1984년』은 오히려 현실 차원의 공포심을 자아냈다고 하는 점에 있어서 구별될 수 있다. 그러나 이 두 권의 소설은 희한하게도 서로 결탁해서 나에게는 일생에 걸치는 질곡 하나를 씌웠다고 할 수 있다. 훗날 나는 지적 성찰과 정신적 순화를 가능하게 하는 작가들의 소설을 더러 마주치기도 했지만, 적어도 정서적인 면에 있어서는, 소년 시절에 읽었던 이 두 소설만큼 나에게 지속적으로 충격을 준 작품이 없었다.

2

내가 영어 원전으로 읽은 첫 장편소설은 오스카 와일드의 『도리언 그레이의 초상화』이다. 영어영문학과에 입학하던 1954년 첫 학기에 이 소설을 읽었는데, 와일드를 읽게 된 데는 특별한 이유가 있었던 것이 아니라 그저 그 책이 수중에 들어왔기 때문이었다. 그 당시에는 교재를 구할 수가 없어서 교수가 가진 책을 원지에 타자로 쳐서 등사판으로 밀어낸 것을 나누어 읽던 시절이었으므로 영어 원전을 구하는 일이 쉽지 않았다. 전쟁 중에 고본점으로 흘러나온 책과 미군부대에서 음식 쓰레기와 함께 버려진 페이퍼백들이 그나마 영문학도들에게는 독서의 갈증을 해소하는 주요 자산이 되고 있었다. 그러므로 어쩌다 와일드의 소설을 한 권 손에 넣자 나는 그 서문을 읽고는 상당한 충격을 받고 읽기 시작했던 모양이다. 그때까지 영어 원전이라고는 한 권도 읽어 보지 못했던 내가 처음 몇 페이지를 읽어 보고 이럭저럭 읽을 수 있을 것 같은 생각이 들어 감히 덤벼들었던 것이 아닌가 싶다.

『도리언 그레이의 초상화』를 읽고 내가 심미주의니 와일드의 사상이니 하는 것을 알게 되었다고 한다면 그것은 당치도 않은 수작이 될 테고, 유일한 성과가 있었다면 그것은 나도 영어로 된 책을 읽을 수가 있겠구나 하는 자신감이었다. 마침 전후에 정부에서 미국 원조자금의 일부를 서적 구입비로 배정하자 영국의 펭귄북스와 미국의 시그넷북 같은 값싼 원전들이 다량으로 수입되었고 책을 구하기도 한결 수월해졌다. 그래서 대학 저학년 시절에 나는 그레이엄 그린과 서머싯 몸을 많이 읽었는데, 이는 권중휘 선생이 『사건의 핵심』 및 『달과 6펜스』 같은 작품을 소설강독 시간의 교재로 쓴 덕분에 우리가 이 두 작가를 가장 중요한 현대 영국 작가로 여기게 되었기 때문이다. 이 밖에도 우리는 올더스 헉슬리와 존 스타인벡을 많이 읽었는데, 요즈음 영문학과 학생들은 『대위법』, 『크롬 옐로』 및 『분노의 포도』 같은 작품을 읽기는 커녕 그런 작품이 있다는 것을 알기나 하고 졸업하는지 모르겠다.

지금 기억을 더듬어보건대, 대학 저학년 시절에 읽은 책으로는 올리버 골드스미드의 『웨이크필드의 목사』, 조지 엘리엇의 『사일러스 마너』, 에드거 앨런 포의 단편들, 토머스 하디의 『테스』와 『귀향』, 헨리 제임스의 『나사의 회전』 및 『데이지 밀러』, D. H. 로런스의 『아들들과 연인들』, 헤밍웨이의 단편들 및 『노인과 바다』와 『무기여 잘 있거라』 등이 생각난다. 모두 어쩌다 책을 손에 넣을 수 있었기 때문에 읽게 된 것들이라 할 수 있다. 이 중에서 골드스미드, 엘리엇 및 로런스의 작품은 일본 겐큐샤(研究社)판 주석본으로 읽었는데, 내가 훗날 텍스트에 주석 다는 일을 얼마쯤 중요시했던 것도 그 필요성을 학사과정 재학 시절부터 절감했기 때문이 아닌가 한다.

1955년경에는 영어영문학과의 대학원생들과 학사과정 상급생들이 함께 학술발표와 토론을 위한 모임을 만들었는데, 그 정확한 명칭은 기억나지 않고 '영문학연구회'쯤 되지 않았던가 싶다. 내가 1956년에 3학년이 되었을 때 헤밍웨이의 작품을 구해 읽은 것도 바로 그 모임에서 발표하기 위해서였다. 그때는 이미 그의 작품이 펭귄북스 등으로 수입되고 있었기 때문에 나는 일부 산문과 『오후의 죽음』을 제외한 모든 장·단편 소설을 읽어 볼 수 있었다. 그해 여름 어느 날 나는 문리대 운동장 옆에 있던 붉은 2층 벽돌 강의동에 마련된 발표장으로 나갔고, 강의실을 가득 채운 청중 앞에 난생 처음으로 서게 되었다. 너무 오래전의 일인지라 발표 내용에 대해서는 별로 기억나는 것이 없지만, 대체로 헤밍웨이의 소설 주제가 그의 문체와 어떤 관계에 있는지를 말하려고 했던 것 같고, 지금 생각하건대, 진부하기 짝이 없는 논지로 떠들고 있었을 것이다. 발표장에 임석하셨던 이양하 선생이 내가 'hard-boiled'라는 형용어를 '비정(非情)한'이라고 번역해서 쓴 것에 대해 '냉철한'이 더 적절하지 않겠느냐고 논평해 주던 일이 지금도 기억난다.

그때의 헤밍웨이 공부는 결국 한 편의 논문으로 결실되었다. 작품은 거의 다 읽었다고 하지만 작품의 이해에 도움을 받을 만한 참고서는 거의 읽지 못했기 때문에, 논문을 쓰는 일이 사실 구름잡기처럼 막연하기만 했다. 1950년대 초에 이미 필립 영이나 칼로스 베이커 같은 초기의 주요 평자들의 저술이 간행되어 있었지만, 그런 것을 구해 읽는다는 것은 꿈조차 꾸기 어려웠다. 그래서 논문의 아이디어는 엉뚱한 곳에서 얻게 되었다. 나는 마침 입학 동기였던 어느 국어학도로부터 알베레스라는 프랑스 비평가가 쓴 『20세기의 지적 모험』이라는 책의 일어 번역본을 빌려서 읽고 있었는데, 저자가 현대 작가의 지적 성향을 '아폴로적'인 것과 '디오니소스'적인 것으로 크게 양분해서 거론하는 데 대해 내 나름으로 공감하고 있었다. 그 결과 헤밍웨이야말로 디오니소스적인 경향을 대표하는 작가가 아니겠느냐고 단정한 나는 바로 그런 방향에서 헤밍웨이를 다시 생각해 보면서 논문을 썼다. 결국 2백 자 원고지로 1백 매 남짓한 글이 완성되었고 1958년 2월에, 그러니까 내가 학사과정을 졸업하기 한 달 전에 간행된 『문리대학보』(제6권 제1호)에 게재되었다.

요즈음의 캠퍼스 풍경과는 달리, 동숭동 시절의 문리대에서는 문학부의 어문계와 철학, 역사학 및 정치학 계열 학과들 사이에 장벽이 별로 없었다. 학생들은 학과의 경계를 넘나들면서 강의를 들었고 따라서 영문학과 학생들의 독서 범위도 자연히 넓어질 수밖에 없었다. 마침 서유럽의 실존주의 사상이 대유행이었으므로 우리는 사르트르와 카뮈를 탐독했고, 쇼펜하우어, 니체, 키르케고르 및 프로이트 등을 읽기도 했다. 나 개인적으로는 도스토옙스키 및 숄로호프 같은 러시아 작가들과 플로베르 및 모파상 같은 프랑스 작가들의 영역본 소설도 구해 읽는 데 재미를 붙이고 있었다. 어학 공부를 열심히 하는 풍조 덕분에 나는 고등학교 때 배운 독어를 밑천으로 독문학과 강의를 듣는가 하면, 대학 입학 후에 불어를 배우기 시작하여 불문학과 강의를 듣기까지 했다. 뿐만 아니라 수입된 불어 원전들도 구할 수 있는 시절이었기 때문에 샤토브리앙, 뒤마, 프레보 같은 19세기 작가들과 지드 같은 현대 작가의 원전을 구해서 '독파'(!)하고는 흐뭇해하기도 했다.

나는 한 권의 책을 시작하면 재미가 있건 없건 기어이 끝까지 읽고야 마는 편이었지만, 물론 예외가 없지는 않았다. 신입생 시절에 조이스가 현대 영국의 대표적 작가라는 말을 듣고 『젊은 예술가의 초상』을 구해서 읽다가 너무 어려워서 그만둔 적이 있다. 후에 대학원생이 되어서야 이 소설을 처음으로 읽은 나는 결국 1970년대 중엽에 이를 번역하기까지 했다. 또 포크너라는 미국 작가가 높은 인기를 누리고 있다는 소문을 듣고 나는 『소음과 분노』를 읽으려 했지만 역시 너무 어려워서 몇십 페이지를 넘기지 못하고 던져 버리고 말았다. 그 결과, 대단히 부끄러운 이야기이지만, 이 소설을 비롯한 포크너의 주요 소설은 거의 15년쯤 뒤에 미국 유학을 하던 시절에 이르러서야 읽었다. 또 한 권의 책으로는 『트리스트람 섄디』가 생각난다. 이 책이 영문학에서 굴지의 기서(奇書) 중의 하나로 꼽힌다는 말에 넘어간 나는 일찍이 '모던 라이브러리'판으로 한 권 구해서 덤벼들었지만 미처 몇 페이지를 읽지 못하고 포기했다. 이 책 역시 미국 대학에서 18세기 분야의 논문 제출 자격시험을 위해서 읽을 때까지 나는 다시 펴지 못했고 늘 책꽂이에 모셔놓고 쳐다보며 외경(畏敬)만 표했을 뿐이다.

3

나는 학사학위 졸업논문으로 로런스를 썼다. 재학 중에 헤밍웨이에 대한 구두 발표를 했을 뿐만 아니라 학보에 논문을 게재하기도 했기 때문에 오늘날까지도 동급생들은 내가 졸업논문으로 헤밍웨이를 쓴 줄로 잘못 알고 있다. 그러나 사실 헤밍웨이는 3학년 때 주로 읽었고 4학년으로 올라가기 전에 나는 새 작가에 도전해 봐야겠다고 마음먹고 있었다. 그래서 택한 것이 로런스였고 작품 수집은 3학년 때부터 이미 시작되었다. 명동이나 광화문 네거리 인근의 고본점에서는 미군 부대서 버린 페이퍼백으로 주요 장편 소설과 단편집을 여러 권 구할 수 있었고 나머지는 펭귄판 새 책을 샀다. 지금 기억하기로는 『침입자』라는 작품 — 이 작품은 아직까지도 읽지 못하고 있다 — 만 구하지 못했을 뿐 소설작품은, 장·단편을 막론하고, 거의 모두 구했다. 『채털리부인의 애인』의 경우는 그 삭제판을 신간 시그넷북으로 구했고, 일본 동경에선가 프리다 로런스의 서문을 붙여 간행된 원본의 해적판도 누구에겐가 빌려 읽었다. 산문의 경우는 사실 무엇이 있는지도 잘 모르는 가운데 많은 부분을 외면하고 만 셈이지만, 마침 신간으로 수입되었던 하이네만판의 *Selected Literary Criticism*과 *Sex, Literature and Censorship*이라는 제목의 로런스 평론집 등을 구하고는 얼마나 행복해 했는지 모른다.

헤밍웨이의 경우와는 달리, 대학의 중앙도서관에는 로런스 관련 참고서가 조금은 있었지만 거의 모두 1930년대에 나온 케케묵은 것으로 별 도움이 되지 않았다. 그러므로 논문 집필을 위해서 주로 참고한 책이라고는 새 책으로 구입한 리처드 올딩턴의 사사로운 전기 *Portrait of a Genius But....*와 그 당시 막 출간된 해리 T. 무어의 권위 있는 평전 — 제목이 'Life and Works of D. H. Lawrence'이던가? — 이 사실상 거의 전부였다고 해도 과언이 아니다.

그 당시 영문학과에는 모든 중간고사와 기말고사는 말할 것도 없고 졸업논문까지도 영어로 쓰게 하는 불문율이 있었다. 부실한 고등학교 외국어 학습과정을 거쳐 대학에 들어온 내가 이런 학과의 풍습에 적응하기란 처음부터 쉽지가 않았다. 더욱이 대학과정에서 영어 작문을 별도로 가르치는 일도 없었다. 그러니 누구나 자기 요량으로 능력껏 시험을 치고 논문을 쓰는 수밖에 없었다. 게다가 그 많은 로런스의 작품을 읽어내기도 쉽지 않았다.

나는 4학년 1학기에 학점 이수를 필했고 2학기에는 동화통신사라는 곳에 견습기자로 출근하고 있었다. 통신사에서는 주로 영어를 다루었기 때문에 영문 타자기 치는 법을 익혔고, 가을철부터는 아예 회사의 남아도는 타자기 한 대를 하숙방에 옮겨 놓고 본격적으로 논문을 쓰기 시작했다. 우리말 초고를 잡지 않고 바로 영어로 써 나갔는데, 이때 생긴 버릇 탓인지 나는 그 후 영문 타자기가 없이는 편지 한 장도 못 쓰는 이상한 병에 걸리게 되었다.

47년 전에 있었던 일이고 그 논문의 원고가 남아 있지 않으므로 무슨 내용을 썼는지 기억이 흐리기만 하다. 다만 남녀관계와 동성관계 등 인간관계를 폭넓게 다루지 않았던가 싶은데, 그 길이는 요즈음 식으로 환산한다면 A4 용지에 더블 스페이스로 쳐서 약 80매쯤 되었을 것이다. 그 하찮은 영작문 실력으로 그처럼 길게 썼으니 지금 생각하면 놀랍기는 한데, 한편 그 질적 수준을 생각하면 등에 식은땀이 흐를 지경이다. 물론 논문지도라는 것은 없었다. 영어의 윤문을 부탁할 데도 없었을뿐더러 처음부터 그럴 생각은 하지 않았다. 논문을 제출한 후에 고석구(高錫龜) 선생을 만났더니 논문 속에 나오는 한두 개 단어의 뜻을 물어보았다. 그래서 그분이 논문을 읽고 평가했나 보다고 생각했을 뿐이다. 그도 그럴 것이 당시의 영문학과에는 고 선생이 소설 강의를 전담하고 있었기 때문이다.

1958년에 학사과정을 마치고 나는 바로 대학원에 진학했다. 입학시험의 전공시험 문제는 “Distinction between poetry and prose”였던 것으로 기억된다. 대학원 첫 학기에는 통신사에서 틈틈이 시간을 얻어서 강의를 들으러 다녔다. 그러나 그해 여름에 징집되어 육군에 입대하느라 휴학원을 냈다. 그 당시에는 대학에 적이 있는 사병들을 ‘학적 보유자’라고 우대하면서 일찍 학창에 복귀하도록 귀휴(歸休) 조처를 하는 제도가 있었는데 대학원 재학생으로서 나도 그 혜택을 받고 18개월만 복무하고 학창으로 귀휴했다. 대학원 과정 이수를 마친 나는 5.16 군사혁명 직후에 서울고등학교에 취직했다. 그러므로 석사학위 논문은 서울고등학교 재직 시절에 썼다고 할 수 있다.

석사학위 논문의 주제를 조이스로 잡은 것은 대학원 과정에서 조지 레이너 교수로부터 『율리시스』를 배울 기회를 얻었기 때문이었다. 레이너 교수는 의과대학 구내에 있는 외인 교수 숙소에 머물고 있던 영국인이었다. 그분은 여러 해 동안 전임대우를 받으며 영문학을 가르치고 있었는데, 그 당시에 『율리시스』에 대한 방대한 주석을 달고 있었던 것으로 알려져 있었다. 오늘날에는 『율리시스』에 대한 전문 주석이나 해설서를 여럿 구해 볼 수가 있지만 1960년대 초엽에는 물론 그런 것이 없었다. 그러므로 레이너 선생 같은 분의 지도가 없었다면 우리나라 영문학계에서는 감히 어느 누구도 『율리시스』 읽기를 엄두 내지 못했을 것이다.

조이스의 작품은 빤해서 구하기는 쉬웠다. 『율리시스』는 모던 라이브러리 자이언트 판이 그 당시 구할 수 있는 유일한 판본이었고, 『젊은 예술가의 초상』과 『더블린 사람들』은 펭귄 판을 포함해서 몇몇 판본이 있었다. 학사과정 때 읽으려다 팽개쳐 두었던 『초상』을 독파한 것도 바로 그때였고, 훗날 강의실에서 가르칠 때마다 감탄하며 점점 더 깊이 빠지곤 하던 『더블린 사람들』과 첫 인연을 맺은 것도 그때였다. 그리고 바이킹 포터블 판에 수록되어 있던 조이스의 희곡과 시도 읽을 수 있었다. 『피네건즈 웨이크』는 처음부터 읽을 생각을 하지 않았으므로 텍스트도 구하지 않았다. 그러므로 소위 일차적 자료를 구해서 읽는 데는 별 문제가 없었다. 그러나 『율리시스』 읽기에 필수불가결이라고 할 만한 이차적 자료들은 그 당시에 희귀했을 뿐만 아니라 우리나라에서는 구하기도 쉽지 않았다. 그 유명한 돈 기포드의 『율리시스』 주석이 나온 것이 1970년대 초반이었으니 그보다 10년 이상 앞서서 논문을 써야 했던 나는 물론 그 혜택을 입지 못했다. 그래서 고작 휴 케너의 *Dublin's Joyce*와 스튜어트 길버트의 *James Joyce's "Ulysses": A Study*, 그리고 윌리엄 요크 틴돌의 *A Reader's Guide to James Joyce* 등을 포함하는 여남은 권의 참고서를 펴놓고 『율리시스』 읽기를 감행했다.

요즈음과는 달리 그 당시에는 지도교수가 아무개라고 딱히 지정되어 있지 않았다. 그저 막연히 레이너 교수가 아니겠느냐는 생각을 했지만 그분으로부터 논문 주제를 놓고 일대일로 지도를 받아 본 적은 한 번도 없었다. 그분이 만들고 있었다는 그 전설적인 주석을 참고하면 좋겠다고 생각했지만 좀 빌려 달라는 청을 감히 넣어 보지도 못했다. 그러므로 다른 학생들도 마찬가지였겠지만 나는 살벌한 황야에 버려진 채 혼자 생존하기 위해 끙끙대야 하는 사람의 심경으로 『율리시스』 읽기를 해야 했다.

『율리시스』는 레이너 선생의 강의 시간에 몇몇 장을 읽고 기말 논문으로 제8장("Lestrygonians")을 한 번 거론해 본 것이 고작이었기 때문에, 내가 이 작품을 통독하기는 물론 어렵기 짝이 없었다. 처음 읽고 나니 무언가 감이 조금 잡히는 듯했을 뿐 작품의 전체적 구도나 이야기의 줄거리조차 파악되지 않았다. 그래서 두 번을 더 읽었고 그래도 미진해서 1962년 여름방학 때는 매일 문리대의 텅 빈 강의실을 독서실로 삼아 네 번째의 통독을 하며 논문 제목을 생각해 보았다. 그렇게 해서 얻은 논제는 『율리시스』에서 몇 가지 작은 주제들이 이원적으로 대립하고 있다는 점이었다. 즉 『율리시스』가 삶과 죽음, 다산성(多產性)과 불모성(不毛性), 그리고 부성과 모성 같은 작은 주제들의 대립구조로 구성되어 있다는 것이었다. 그러므로 당시의 동숭동 캠퍼스에서 유행하고 있던 뉴크리티시즘의 방법과 용어들이 푸짐하게 동원되었고 따라서 틴돌의 *A Reader's Guide to James Joyce*는 참으로 유용한 지침으로 활용되었다.

내용이 부실한 논문이었으나 그 길이만은 상당해서 A4 용지에 더블 스페이스로 쳤다면 1백 매에 달하는 분량이었을 것이다. 그보다 5년 전에 쓴 학사학위 논문과 마찬가지로 이 논문도 영어 원어민의 윤문을 받지 못한 채 제출했으니, 내용은 그렇다 치고 그 영어를 읽은 사람들이 무어라 평했을지 지금 생각하면 그저 아찔하기만 하다. 1962년 가을학기가 끝날 무렵에는 석사학위 논문 발표회라는 것이 있었는데 나를 포함하여 세 명 정도가 발표를 했고 교수진 측에서는 이양하 선생만 참석하셨다. 그러나 일단 논문이 제출된 후에는 내가 그 어느 교수에게도 불려 간 일이 없으며 누가 그것을 읽고 뭐라고 평했는지 지금까지도 알려진 바가 없다. 다만 레이너 선생이 읽어 보고 심사·평가를 하지 않았을까 싶을 뿐이다. 지금 돌이켜 생각하건대, 참으로 모든 것이 느슨하고 허랑(虛浪)하기 짝이 없는 시절이었다.

4

내가 콘래드와 인연을 맺은 것은 영국에서였다. 서울고등학교에서 가르치기 시작한 지 3년이 지난 1964년 여름에 나는 영국문화원의 장학금을 얻어 서섹스대학으로 비학위과정의 공부를 하러 갔다. 서섹스대학은 그보다 몇 년 전에 신설된 아주 새로운 개념의 대학 중 하나였는데, 떠나기 전에 나는 데이비드 데이쉬스(David Daiches) 교수가 그 대학 영미학부의 학부장(dean)으로 있다는 것을 알고 있었다. 그래서 그분의 자서전 『두 세계(*Two Worlds: An Edinburgh Jewish Childhood*)』를 구해서 읽었다. 그리고 출국 때 내 여행가방 속에는 그의 주저(主著) 중의 하나라 할 수 있는 『소설과 현대세계(*The Novel and the Modern World*)』의 초판본이 들어 있었다.

10월에 가을학기가 시작되자마자 나는 데이쉬스 학장을 면담했다. 그분은 내가 한국에서 제출했던 연구계획서를 훑어보더니 "너는 현대소설을 공부하고 싶다고 했는데, 나는 콘래드, 조이스, 로런스 및 울프가 현대 영국의 주요 소설가라고 생각한다. 너는 이미 로런스와 조이스를 많이 읽은 듯한데, 이 두 작가를 계속해서 공부하겠느냐 아니면 다른 작가를 해보겠느냐?"라고 물었다. 그 자리에서 나는 울프와 콘래드 중의 하나를 고르리라 마음먹었다. 그 이유는 무엇보다도 내가 이 두 작가를 거의 읽지 않았기 때문이었다. 울프는 『등대로』를 읽어보았을 뿐이고 콘래드는 겨우 『청춘』이라는 중편을 하나 읽은 것이 고작이었다. 이 두 작가 중에서도 나는 거의 즉흥적으로 콘래드를 택했는데 그것은 아마도 그 당시의 내 안목이 『등대로』의 그 꿈결 같은 세계를 그리 탐탁하게 여기지 않았기 때문이었을 것이다. 내가 그때까지 콘래드를 소홀히 했던 것은 서울대학에서의 학·석사과정을 통해 아무도 이 현대 작가의 중요성을 강조하지 않았기 때문이었다. 그것도 그럴 만한 것이 영국과 미국에서도 콘래드는 사후에 한 세대쯤 잊혀져 있다가 1950년대에 들어서야 소위 '리바이벌'이라는 것이 있게 되었으니, 우리나라에서 그를 박대했던 것은 너무나 당연했다고 할 수 있다.

어쨌든 그날 그 자리에서 데이쉬스 선생은 콘래드라면 자기가 지도해 주겠다고 하면서 첫 과제로 『로드 짐』을 읽고 페이퍼를 써서 제출하라고 했다. 그는 또 자기가 편집하고 있던 아놀드 출판사의 작품론 총서 중의 한 권인 토니 태너의 『콘래드: 로드짐(*Conrad: Lord Jim*)』을 참고하라고 빌려주면서 "내 제자가 쓴 책"이라고 했다. 이리하여 나는 콘래드의 작품세계로 사실상 처음 들어가게 되었고 『로드 짐』에 이어

『비밀정보원』, 『서구인의 눈으로』, 『노스트로모』 등의 개별 작품과 몇 가지 일반 주제에 대해 예닐곱 편의 페이퍼를 썼다. 데이쉬스 선생은 매번 페이퍼를 정성스럽게 읽은 후에 고치고 논평까지 해주었으며 언젠가 한번은 "이제 네가 콘래드 속으로 깊이 들어가고 있구나"라고 격려의 말씀까지 해주었다. 서섹스에 머무는 동안에 나는 콘래드만 읽지는 않았다. 나는 많은 여행을 하는 틈틈이 필딩과 스몰렛 같은 18세기 소설가에서 킹슬리 에이미스와 아이리스 머독 같은 당대 작가에 이르는 많은 영국 작가들 및 에밀 졸라와 토마스 만 같은 유럽대륙 작가들의 작품도 읽을 수 있었다. 귀국할 때 나는 오늘날까지 콘래드 연구의 결정판 텍스트로 꼽히고 있는 덴트(Dent) 판 전집 한 질을 갖추고 있었지만, 훗날 미국 유학 시절에 그에 대한 관심을 되살리기까지 나는 사실상 몇 년 동안 그를 묻어두고 있었다.

5

내가 미국 유학을 마음먹은 것은, 영국에 공부하러 갈 때와는 달리, 내적 동기가 있었기 때문이 아니고 외적인 충동 때문이었다. 나는 1965년에 영국서 돌아오자마자, 참으로 운이 좋게도, 권중휘(權重輝) 선생의 추천으로 농과대학의 전임강사로 쉽게 취직했다. 그때는 교양과정부라는 것이 생기기 전이었고 관악 캠퍼스라는 종합화 계획도 미처 구상되기 전이어서, 서울대학교의 단과대학들은 여러 곳에 흩어진 채 제각기 임의로 교양과목 전담 교수를 전임으로 두고 있었다. 그리고 요즈음 같은 공개채용이니 논문의 심사·평가니 하는 제도도 없었다. 그래서 너무나 수월하게 전임강사 발령을 받은 나는 몇 년 동안 수원에서 교양영어를 가르치면서 그것이 내 일생의 직업이 되려니 생각하고 있었다.

교양영어 과목은 일주일에 아홉 시간만 가르치면 되기 때문에 별로 부담스럽지 않았다. 나는 남아도는 시간을 어떻게 쓸 것인가를 두고 고민하는 한편 내가 참으로 하고 싶은 일이 무엇인가를 스스로에게 물어보기 시작했다. 내 딴에 꽤 진지한 자기추궁 과정을 거치며 얻은 결론은 민속학을 한번 공부해 봐야겠다는 것이었다. 그래서 몇몇 도서관들을 찾아다니며 송석하(宋錫夏)의 『조선민속고(朝鮮民俗考)』를 비롯하여 민습, 민요, 무속(巫俗) 및 세시풍속과 관련되는 자료를 구해 읽기 시작했다. 이런 자료들을 들여다보면 들여다볼수록 민속학이야말로 일생을 걸 만한 가치가 있다는 생각이 점점 더 굳어졌다. 한편 국내의 민속학이 학술적으로 전혀 체계화되어 있지 않으며 따라서 하나의 학술 분야로 정립될 여지가 많다는 사실도 알게 되었다. 그래서 혼자서 한문 공부를 시작했고, 음악대학 국악과에서 대학원과정을 이수 중이던 영문학과 동기생 한만영(韓萬榮) 군과는 매주 한 차례씩 모여 함께 김부식(金富軾)의 『삼국사기(三國史記)』를 읽기도 했다. 한편 나는 서양에서 나온 인류학 관련 개론서를 구해서 읽기도 했고 민속학과 인류학의 국제적 동향을 알기 위서 해외의 학술 저널을 몇 가지 구독해야겠다는 생각까지 하게 되었다. 결국 나는 인디애나대학의 유명한 민속학연구소의 소장 리처드 도슨 교수에게 편지를 내어 구독해야 할 잡지의 추천을 요청하기에 이르렀는데, 엉뚱하게도 도슨 교수는 자기 연구소에 와서 박사과정 공부를 해볼 생각이 없느냐고 하면서 입학지원서 등의 관계 서류 한 묶음을 보내왔다.

박사학위 말이 났으니 말인데, 1960년대 전반기만 해도 참으로 좋은 시절이라 대학에서 영어나 영문학 선생을 하기 위해서는 박사학위가 필수라는 생각을 아무도 하지 않았다. 그런데 1967년 무렵이 되자 새로운 풍조가 일기 시작하더니 내 주위의 사람들이 하나씩 둘씩 미국과 영국으로 유학 갈 준비하고 있었다. 그중의 하나였던 어느 동기생에게 내가 "이미 대학에 취직했는데 왜 박사학위가 필요하냐?"고 묻자 그는 "학위가 있으면 자유로워질 것"이라고 잘라서 대답했다. 영문학으로 박사학위 공부를 하겠다는 꿈조차 꾼 적이 없었던 나는 이 말을 듣고 일종의 충격을 받았다. 그리고 도슨 교수의 제의에 귀가 솔깃해 있던 나는 이내 "박사학위를 꼭 해야 한다면 민속학이 아니라 영문학으로 해야 할 것 아니냐"라는 생각을 하게 되었다. 그래서 결국 나는 풀브라이트위원회의 주선으로 1969년 여름에 미국 유학 길에 올랐는데, 앞서 말한 대로, 나의 미국 유학은 내적 동기가 있었다기보다도 외적 충동에 부화뇌동한 결과라고 해야 옳을 것 같다. 그리고 지금 돌이켜 생각하건대, 민속학 대신에 영문학을 택했던 것은 분명히 현명한 결정이 아니었다.

미국에 갈 때는 미국문학을 하겠다고 마음먹고 있었고 그중에서도 청교도 시대의 문학이나 아니면 남부 문학을 공부해 볼까 싶었다. 그래서 도미 도중에 오리엔테이션을 위해 삼주 동안 머물고 있던 하와이대학에서는 매일 도서관에 들러 마크 트웨인의 작품과 전기를 읽으면서 미국소설 쪽으로 마음을 굳히기도 했다. 그러나 나의 최종 행선지였던 스토니브룩 소재의 뉴욕주립대학에 와보니 미국문학을 해야겠다는 생각이 대번에 싹 가시고 말았다. 무엇보다도 교수진의 구성이 영문학 쪽에 편중되어 있었다. 미국문학 전문가가 두세 분 있었을 뿐 수십 명의 교수가 고대에서 현대에 이르는 영국문학 전문가들이었다.

미국에서의 학위과정 이수가 내게 유익했던 것은 세 차례에 걸친 논문제출자격시험을 준비하는 과정에서 많은 작품을 읽을 수 있었기 때문이다. 15년쯤 전에 내가 읽으려다 포기하고 말았던 『소음과 분노』와 『트리스트람 섄디』도 그때 읽었다. 나는 18세기 문학, 19세기 문학 그리고 한 장르로서의 영미소설, 이렇게 세 분야의 시험을 거의 1년에 걸쳐 치렀는데 그 과정에 물론 논문 제목도 찾고 있었다. 소설에 대해서 논문을 쓴다는 것은 진작에 정해져 있었지만 어느 작가 혹은 어떤 주제로 쓸 것이냐는 마지막 순간까지도 결정하지 못했다.

한동안 영문학에도 교양소설(Bildungsroman)이라는 것이 있느냐, 있다면 어떤 전통 혹은 어떤 고유의 특색을 가지고 있느냐 하는 문제를 놓고 곰곰이 생각해 본 적이 있었다. 그리고 피카레스크 소설의 전통을 영문학에서 찾아보는 것도 의미가 있을 것이라는 생각도 했다. 한편, 내가 기왕에 통독했다고 자부하던 로런스, 조이스 및 콘래드는 일단 배제하고 다른 작가를 공부해야 할 것 같은 일종의 결벽증이 나를 사로잡고 있었다. 그래서 나는 필딩이니 오스틴이니 디킨스니 하는 주요 작가들 중의 하나를 곰곰이 생각해 보기도 했다. 그러나 결국은 콘래드로 정하고 말았는데 거기에는 두 가지 이유가 있었다. 첫째는 그때 내 나이가 이미 서른다섯 살이 넘었기 때문에 되도록 시간을 아껴야 한다는 것, 그리고 둘째는 비교적 가까운 과거에 콘래드를 통독한 적이 있을뿐더러 20여 권에 달하는 결정판 전집이 이미 내게 갖춰져 있다는 것이었다.

6

나는 그간 소설을 전공한 사람으로 알려져 왔을 뿐만 아니라, 실제로 영미소설이나 한국소설에 대해 글이랍시고 써보기도 했고 또 부끄럼도 없이 단행본을 몇 권 엮기도 했다. 그러나 누가 소설이 무어냐고 물어 온다면 아직도 나는 잘 모른다고 대답할 수밖에 없다. 이는 내가 겸손해서가 아니라 실제로 소설문학에 대해 아는 것이 별로 없기 때문이다. 소설문학의 성격이나 속성을 놓고 딱 부러지게 여사여사하다고 정의하기는 어렵겠지만, 어쨌든 나는 어떤 특정 정의나 이론을 앞세워 놓고 소설을 읽은 적이 없다. 또 그런 식의 소설 읽기에 대해서는 늘 못마땅하게 여겨 온 편이기도 하다.

다만, 언제나 나는 문학이, 특히 소설이, 우리가 사는 데 뭔가 도움을 줄 수 있을 것이라고 은근히 믿어 왔다. 앞서 나는 대학 신입생 시절에 와일드의 『도리언 그레이의 초상화』 서문을 읽고 충격을 받은 적이 있다고 했는데, 그것은 와일드가 "예술가는 아름다운 것을 창조하는 사람"이라고 했기 때문이 아니고 "도덕적인 책이니 부도덕한 책이니 하는 구분은 없다. 책은 잘 씌어지거나 잘못 씌어질 수 있을 뿐이다"라고 했기 때문이다. 잘 쓴 소설이냐 아니냐를 따지는 것은 어느 시대 어느 지역 사람들에게나 하나의 절대적 평가 기준이 될 수 있겠지만, 그 기준이 어떤 경우든 도덕적 판단을 초월할 수 없고 초월해서도 안 된다는 것이 그때나 지금이나 나에게 일관된 믿음이다. 내가 소설에서 기대하는 것도 소설에 근원적으로 내재하는 도덕성이며 이 도덕성은 무엇보다도 우리가 어떻게 살아야 하는가와 관련되어 있다고 생각한다.

여기서 "사는 데 도움을 준다"라는 말은 뭔가 거창한 것을 의미하는 것이 아니라 그저 "우리 자신이나 주위의 세상에 대해 성찰할 수 있게 해 준다" 정도의 의미일 뿐이다. 그리고 그 성찰은 도덕적 판단이나 심미적 향유, 종교적 명상 및 철학적 사색 같은 것들까지 곁들일 수 있을 만큼 포괄적인 것이다. 내가 소설에 있어서의 개인과 사회의 문제에 대해 늘 깊은 관심을 가져 온 것도 바로 그것이 문학적 성찰에서 하나의 핵심 문제로 될 수 있으리라 믿었기 때문이다. 나는 뉴크리티시즘이 유행하던 시절에 대학생이었고 그 후에도 뉴크리티시즘적 방법의 효용성을 중요시해 온 편이지만 그것이 작가의 전기적 배경이나 작품의 역사성을 배격하는 데 대해서만은 경계했다. 그 이유는 물론 그런 비평의 방법적 한계가 문학에 대한 내 소박한 믿음과는 상치되었기 때문이다.

앞서 언급한 대로, 미국에 체류하고 있을 때 나는 교양소설이라는 것이 소설 장르 속에서 하나의 하위장르(sub-genre)를 이룰 수 있을까 하는 문제를 놓고 꽤 오랫동안 고민했으며 논문제출자격시험을 지도해 준 어느 18세기 분야의 교수와도 그 가능성을 놓고 몇 차례 만난 적이 있다. 내가 교양소설에 대해 그처럼 집착한 것도 그 전통적 형식이 “자아와 주위 세계에 대한 성찰”을 제고하는 데 있어서 하나의 이상적 모델로 될 수 있으리라 생각했기 때문이다. 더욱이 여기서 ‘교양’이란 용어의 원어인 ‘Bildung’의 뜻을 좀 확대해서 넓게는 ‘교육소설(Erziehungsroman)’ 그리고 좁게는 ‘예술가소설(Künstlerroman)’까지도 ‘교양소설’에 포함시킨다면, “사는 데 도움을 준다”는 소설관을 지탱하는 데 있어서 이 성장소설의 의의는 더 잘 부각될 수 있지 않을까 생각하기도 했다.

물론, 영미문학에서는 독일문학의 ‘교양소설(Bildungsroman)’에 정확히 해당하는 작품들을 찾기가 쉽지 않을 수도 있다. 이를테면, 주인공이 어린 시절부터 여러 상황에서 교육을 받고 또 주변 인물과의 만남과 사회적 부대낌을 겪으면서 성장한 후 필생의 직업이 될 만한 것을 얻어 정착하기까지의 과정을 그리는 것이 전형적 교양소설의 유형이라고 한다면, 영문학에서는 교양소설이 그리 흔하지 않다는 말이다. 그래서 고전 작품들 중에서는, 기껏 디킨스의 『데이비드 코퍼필드』와 『막대한 유산』, 조이스의 『젊은 예술가의 초상』 정도가 교양소설에 근접할 수 있을지도 모른다. 그러므로 나는 영국소설에서 ‘교양소설’을 찾으려면 그 개념을 조금 느슨하게 함으로써 그 포괄성을 확대할 필요가 있다고 생각했다. 그렇게 할 수 있다면 오스틴의 『엠마』, 엘리엇의 『애덤 비드』와 『미들마치』, 버틀러의 『모든 육신의 길』, 하디의 『무명학자 주드』, 로런스의 『아들들과 연인들』 그리고 샐린저의 『호밀밭의 파수꾼』 같은 소설들도 교양소설로 분류될 수 있지 않을까 싶다.

다른 한편으로 생각하면, 한 작품이 교양소설이냐 아니냐를 가리는 일은 중요하지 않다. 왜냐하면 우리에게 자아와 주위 세계에 대한 성찰을 가능하게 하는 소설이 반드시 교양소설의 형식으로만 씌어질 필요는 없기 때문이다. 오스틴의 소설들 중에서 재미로만 따진다면 『오만과 편견』이 단연 발군이라 하겠는데, 나는 늘 재미가 좀 떨어지기는 하지만 『엠마』에 대해서도 흥미를 느낀다. 이는 엘리자베스 베넷이 지극히 영리하고 발랄한 여주인공이면서도 그 성격적 변모나 인간적 성장의 모습에서는 엠마 우드하우스만큼은 흥미롭지 않기 때문이다. 다시 말해 주인공이 통과의식이랄까 이니시에이션이랄까 하는 과정을 거쳐 궁극적 자아발견에 이른다는 면에서는 엠마가 엘리자베스보다 우리의 주목을 더 끈다고 할 수 있다. 이는 『엠마』가 『오만과 편견』에 비해 '교양소설'적 측면을 더 많이 지니고 있는 데 기인한다. 한편 조이스의 『죽은 사람들』이나 콘래드의 『암흑의 핵심』 같은 작품은, 그 형식이 교양소설과 별로 관련이 없어 보임에도 불구하고, 가브리엘 콘로이나 말로 선장 같은 주인공들이 개인적 고뇌와 자기발견의 과정을 겪으면서 값진 정신적 성장을 이루기 때문에, 그리고 우리가 작품 읽기를 통해 그 모든 성장 과정을 대리체험할 수 있기 때문에, 우리에게 감동적으로 다가올 수 있다.

나는 늘 영미소설 속에서 이런 형태의 대리체험을 통한 감동을 추구하려 했고, 또 그런 감동의 유무와 그 깊이를 잣대로 작품의 값어치를 가늠하려 했다. 한 작품이 나로 하여금 부단히 내 자신과 내 주위를 돌아보게 하고 나의 의식을 늘 깨어 있고 열려 있게 충동한다면 나는 일단 그 작품을 좋은 작품으로 평가하려 했다. 반면에, 아무리 흥미있어 보이는 주제도 그 전개 과정에서 나에게 자기성찰의 계기를 제공하지 못한다면 나는 그 작품을 업신여기려 했다. 독자로서의 이런 자세는 나의 안목을 좁힘으로써 문학에서 통속적 가치나 정치·사회적 이념만을 귀하게 여기는 비평적 견해를 비딱한 눈으로 보게 했다. 그리고 자칫 자기도취에 빠지는 우를 범할 수도 있다는 것을 잘 알면서도 나는 그런 자세에 대한 집착을 버리려 하지 않았다. 이는 나 자신의 한계를 말하고 있음을 나 스스로도 잘 알고 있다. 그러나 나는 그 한계를 벗어나려고 노력한 적이 없으며, 이 점에 대해서는 추호도 후회가 없다.

7

나는 1965년부터 대학 전임 교원 노릇을 시작했지만 처음 10년 동안은 교양영어 전담 교원으로 또는 미국 유학생으로 지냈기 때문에 영문학을 가르친 것은 1975년부터 2001년까지의 26년 동안이었다고 할 수 있다. 나는 이 기간 동안 학사과정에서는 소설보다는 '영문학개관'이나 '영문학서설' 같은 기초과목들을 더 많이 가르쳤다. 그러나 대학원에서는 물론 '소설'이라는 제목이 명시된 과목이든, 아니면 '특강'이든 거의 언제나 소설만을 가르쳤다. 그것도 영국소설만 주로 다루었다. 미국소설도 내게는 흥미 있었지만 학과 내에 그 방면의 전문가들이 두어 분 계시는 한 언감생심 내가 넘볼 일이 못 되었다.

1977년 여름에는 일본 교토(京都)에서 개최된 연례 미국학 세미나에서 A. C. 루이스 교수의 강의를 열흘 동안 들은 적이 있는데, 그때 19세기 미국소설 속에 이미 현대 문학의 특성이 드러나고 있었다는 주제의 열강에 감복하고 귀국한 나는 19세기 미국소설도 한번 가르쳐 봤으면 좋겠다는 생각을 하게 되었다. 그러던 중 딱 한 번의 기회가 왔다. 1983년 봄학기에 동료 교수의 해외파견 등으로 빈틈이 생기자 나는 '미국문학특강'이라는 과목을 신청했고, 한 학기 동안 석·박사 과정의 학생들과 함께 호손의 장·단편 소설을 거의 모두 읽을 기회를 가질 수 있었는데 그때 얼마나 흐뭇했는지 모른다.

한 학기에 읽을 교재를 예고할 때는 언제나 학생들에게는 조금 과중하다 싶을 만큼의 양이 되게 작품을 골랐다. 그런 방침을 고수한 데에는 두어 가지 이유가 있었다. 첫째는 뭐니뭐니 해도 작품을 많이 읽은 사람을 당해낼 수는 없을 것이라는 믿음이었고, 둘째는 공부는 수월하게 할 때보다도 약간 과중하다 싶을 정도의 부담을 느낄 때 가장 효과적이라는 소신이었다. 이 두 가지 이유 말고도 제3의 이유가 있었으니, 그것은 내가 학사과정 시절에 "만약에 내가 대학 선생이라면 절대로 휴강을 하지 않을 것이고 학생들에게는 많은 양의 교재를 읽게 하겠다"고 한 내 자신과의 맹세였다. 그러나 이런 포부를 실제로 강의실에서 실현하기란 쉽지 않았다. 그 이유는 일부 학생들을 제외한 대부분의 학생들이 자율적으로는 작품을 읽지 않을뿐더러 교과서 이외의 책은 거의 거들떠보지도 않는 풍조가 만연하는 시대에는 학기 중에 많은 책을 읽도록 유도하기가 쉽지 않았기 때문이다.

나는 또 늘 '자세히 읽기' 또는 '꼼꼼히 읽기'의 미덕을 신봉했고 학생들에게도 그 미덕을 실천할 것을 요구했다. 워낙 세상살이에서 편익만 찾는 풍습이 지배하는 시대인지라 대학생들도 작품을 읽지 않고 읽은 것처럼 행세할 수 있게 해주는 참고서들을 거리낌 없이 활용하는 눈치였으므로 나는, 학생 쪽에서 보기에, 거의 악랄하다고 할 정도의 꼼꼼한 교재 읽기를 요구했다. 더욱이 학생들이 첨단 문예이론에만 집착한다든지, 특히 변변히 읽지도 않은 작품에 좌파 이론을 무성하게 덧씌우는 것을 눈여겨보며 나는 꼼꼼히 읽기를 더욱 강조할 수밖에 없었다.

이론 이야기가 나왔으니 말이거니와, 나는 교실에서 이론을 끌어들이는 것을 되도록 삼갔다. 이는 물론 내가 이론을 잘 모르는 탓이기도 했지만, 그것보다는 학생들이 특정 이론에 매혹된 나머지 문학을 보는 안목을 좁히게 되는 것을 경계했기 때문이다. 그래서 나는 학기마다 학생들에게 "너희가 특정 이론을 숭상하는 것은 좋다. 그러나 학창시절에는 여러 이론을 접해 보되 되도록 중립적 자세를 취하도록 하라. 특정 이론에 대한 비평적 존중은 훗날 여러분이 일가(一家)를 이루고 난 후에 해도 된다. 지금은 작품을 꼼꼼히 읽는 일만큼 중요한 것이 없다"고 타이르곤 했다.

학사과정의 과목을 가르칠 때에도 거의 그랬거니와, 대학원 과목을 맡을 때마다 나는 으레 전에 가르쳐 본 적이 없는 소설들을 고르곤 했다. 다시 말해, 나는 거의 언제나 새 작품들을 읽어야 했는데, 이는 물론 가르치는 것이 곧 배우는 것이라는 믿음 아래 학기마다 내 자신이 무언가 새로운 것을 배울 수 있게 하기 위해서였다. 내가 새뮤얼 리처드슨의 『클라리사 할로』, 로런스 스턴의 『트리스트람 섄디』, 토비아스 스몰렛의 『험프리 클링커』, 엘리자베스 개스켈의 『메어리 바튼』, 조지 엘리엇의 『플로스강의 물방아간』, 앤서니 트롤럽의 『바체스터 타워즈』, 조지 메러디스의 『리처드 페버럴의 시련』, 토머스 하디의 『광기 있는 군중을 멀리하고』, 제임스 조이스의 『율리시스』 같은 소설까지 리딩 리스트에 올린 것도 바로 그런 의도에서였다.

그러므로 대학원생을 가르치는 학기가 되면 나는 되도록 '처음' 가르치는 작품들을 '여러' 편 골라서 이론 따위는 애써 배제하며 오직 텍스트만 '꼼꼼히' 읽히려고 한 셈인데, 이런 방침이 나에게는 적지 않게 부담이 되기도 했다. 워낙 영어 문헌의 속독에 능하지 못한 데다가 잘 이해가 되지 않는 구절을 만나면 오랫동안 사전과 참고서를 뒤져야 했고, 또 교실에서 거론할 핵심 구절들을 표시해서 주제나 토픽별로 분류해 놓는 일이 여간 어려운 일이 아니었기 때문이다. 그래서 나는 나이가 50세 되던 해에 어느 동료 교수 앞에서 55세까지만 대학원을 맡고 그 후는 맡지 않겠다고 했다. 그 결심을 슬그머니 되돌리는 일이 없도록 배수진을 치기 위해서 그렇게 선언적인 장담을 했던 것이다. 그리하여 1991년 봄학기의 '현대영소설'을 끝으로 나는 2001년에 정년퇴임할 때까지 10년간 대학원 강의를 사실상 하지 않았다. 속사정을 잘 모르는 분들이 내가 혹시 후배들을 위해서 대학원 강의를 사양한 것이냐고 묻기도 하는데, 절대 그런 것은 아니고 다만 내 개인적 취향을 추종한 결과였음을 이 자리에서 밝혀 두고 싶다.

대학원 강의를 그만두는 것과 때를 맞추어서 박사과정 학생들의 지도도 사양했고 학술논문을 써서 발표하는 것도 사실상 중단하고 말았다. 이제 돌이켜 생각하건대, 퇴임을 10년 앞두고 이런 결심을 실행한 것이 학자로서나 교원으로서 크게 자랑할 만한 일은 되지 못할 듯싶지만 아무런 후회도 없다. 그것이 내 자신을 위해서는 좋았을 뿐이고 학과를 위해서도 전혀 누가 되지 않았음이 분명하기 때문이다.

8

나는 1961년부터 교단에 서기 시작하여 2001년에 퇴임했으므로 중간에 해외에서 보낸 몇 년을 제외하고도 참으로 오랫동안 가르치는 일을 해온 셈이다. 이제 지난날을 돌이켜보면 흐뭇하거나 보람 있었던 일보다는 아쉬운 일들이 더 많이 생각난다. 그중에서도 가장 아쉬운 것은 내가 더 많은 작가를 읽고 관심 분야를 좀 확대하지 못했다는 것이다. 이를테면, 나는 영국소설에 있어서의 고딕 소설가들과 월터 스콧 같은 작가들, 그리고 미국문학에 있어서의 멜빌, 트웨인과 제임스 같은 작가들을 좀 더 깊이 있게 읽어 보지 못한 것이 유감스럽다. 나는 40대 중반부터 대학의 보직을 맡기 시작해서 도합 13년간 학과장, 연구소장, 학장, 대학원장 등의 일을 했는데, 이런 보직을 찾아 나선 적은 한 번도 없었지만 내게 부과되어 온 것을 매몰차게 사양하지도 못했다. 그 결과 나는 언젠가는 읽어야지 하면서도 셰익스피어의 희곡 중 아직도 여남은 권은 읽지 못했으며, 소위 소설을 전공했다는 사람에게는 부끄러울 정도로 읽지 않은 주요 작품이 많다. 나는 교실에서 학생들에게 학창 시절에 해야 할 독서의 중요성을 들먹이면서 "학생 때 읽지 못한 책은 영영 읽지 못할 가능성이 높다"고 경고하곤 했는데 이는 내 자신의 경우에게만 해당하는 말이기를 바란다.

다음으로는 한 문학 장르로서의 소설을 생각하는 일을 소홀히 한 것이 아쉽다. 그러기 위해서는 적어도 서양에 있어서의 내러티브 문학의 역사를 망라하는 책읽기를 해야 했을 것이고, 교실에서도 관심의 범위를 영문학의 울타리 밖으로 확대했어야 했다. 우리 대학의 분위기로는 이런 식의 관심 확대가 허용되기 어렵겠지만 적어도 조심스러운 시도는 할 수 있지 않았을까 싶다. 나는 미국서 공부하던 시절에 대학원의 카프카 세미나를 수강한 적이 있다. 그때 영역본으로나마 카프카의 작품을 모두 읽으면서 "이런 식의 비교문학적 접근도 중요하겠구나" 하고 생각하며 부러워했고, 귀국해서도 그런 방면의 공부를 해야 할 필요성을 절감했다. 그러나 연구실에서나 교실에서 그 방면의 연구나 교수는 별로 하지 못하고 말았다. 앞으로 학사과정에서 학과 간의 장벽을 허물고 좀 넓은 안목으로 인문학 혹은 문학에 접근하는 학풍이 정착되어야 동서양 문학을 가리지 않는 협동이 이루어질 수 있을 것이다.

나는 그간 단행본이랍시고 몇 권 출간했고, 그중 두 권은 작가론적 성격을 띤 책이다. 그러나 그 어느 것도 반듯하게 씌어진 것이 없다. 논설집이라고 할 만한 것도 두어 권 엮었고 그 속에서는 소설에 관한 글들이 더러 섞여 있지만, 그 어느 것이든 잡문 수준을 넘어서지 못한다. 나는 또 아주 젊은 시절부터 장차 어느 날 '소설의 이론'이라는 책을 한 권 쓰리라 마음먹고 있었다. 1980년대의 어느 대학원 시간에 한 학기 동안 소설의 이론에 관계되는 문헌을 교재로 읽은 것도 그 책을 집필하는 첫 걸음을 내딛기 위함이었다. 그러나 끝내 그 책은 한 줄도 씌어지지 않았다. 보직으로 인해 빼앗기는 시간이 많아 정규 과목의 교재 읽기에도 급급했기 때문이다. 그러던 중 내 가까운 친구들 중의 한 사람이 어느 재단으로부터 지원금을 받고 『소설의 이론』을 쓴다는 말을 듣고는 내 꿈을 아예 접고 말았다. 그 친구와 경쟁하는 것처럼 비칠까 두려웠기 때문이었다. 그러나 지난 10여 년 동안 지켜보는데도 그 친구의 책은 아직도 나오지 않고 있다.

1975년 관악 캠퍼스로 종합화된 직후 나는 영어 선생으로서 최소한 열 권의 영미소설을 우리말로 번역하는 동시에 주요 작품에 대한 주석 작업을 해야겠다는 결심을 했다. 그 첫 작업으로 조이스의 『젊은 예술가의 초상』을 번역하는 한편 콘래드의 『암흑의 핵심』에는 주석을 달았다. 그러나 번역이나 주석은 모두 어려운 작업이었다. 게다가 들이는 시간이나 노력에 비해서 금전적 보상은 거의 없는 거나 마찬가지였다. 보상이 적은 데서 오는 결손감은 사명감으로 극복할 수도 있지만, 동료들이나 후배 영문학도들이 "이건 오역이군" 또는 "이 주해는 틀렸잖아" 하고 나무라는 소리가 들리는 듯해서 괴로웠다. 사실 논문 한 편만 써도 1천만 원이나 그 이상의 연구비를 받을 수도 있는 좋은 시절인데 누가 수지에 맞지 않고 기껏 핀잔이나 들을 만한 짓을 할 만큼 어리석을까? 그러나 나는 이런 일은 결국 누가 해도 해야 할 일이며 그것도 아주 썩 훌륭하게 해내야 한다고 생각한다. 그렇지 않고야 궁극적으로 우리 영문학계가 참으로 큰 발전을 이룰 수 없을 것이라는 것이 내 오래된 생각이다. (2004)